KB049601

더 위험해질 미국에 주목하라!

"여러분의 인생 어느 대목에서 실패를 피할 순 없겠지만, 절대 포기를 용인해선 안 됩니다!"("Failure at some point in your life is inevitable, but giving up is unforgivable!")

2008년 조 바이든이 민주당 전국 대회에서 지지자들에게 호소한 연설 내용이다. 존재감 없는 부통령으로 8년, 그리고 공화당 정부 하에서의 절치부심….

실패는 있었지만 포기가 없었던 집념의 정치인 바이든이 급기야 미국을 대표하는 수장의 자리에 올랐다. 스스로 했던 말대로 이제 그 자신이 실패를 피할 수도 없으며, 절대 포기를 용인할 수도 없는 자리, 대통령에 오른 것이다.

2020년 한 해 동안 코로나19로 사망한 미국인은 34만 명을 넘어섰고, 이는 베트남 전쟁에서 사망한 숫자의 6배에 달한다. 실물 경제는 좌초 위기에 놓였고 미국은 미증유의 재앙 속에서 자신들을 구원해줄 영웅의 등장에 주목하고 있다. 전세계도 새로운 리더가 선보일 새로운 리더십을 주시하고 있다.

180도 다른 미국이 온다

많은 이들이 바이든을 일컬어 무색무취의 호인(好人)인 양 평한다. 별명도 이웃집 삼촌에 해당하는 '엉클 조'(Uncle Joe)이다. 그러나 오랜 측근들, 그리고 정계 내부자들의 평가에 따르면 그는 겉으로만 부드러운 사람이다. 자신이 결심한 바에 대해서는 무서운 뚝심으로 밀어붙이는 심지의 소유자라고 알려져 있다. 미국 국민들을 향해 바이든은 '더 강하고 더 힘 있는 정부'가 될 것을 웅변하고 있다.

변덕스럽고 구체성 없는 행보로 '불확실성'을 극대화시켰던 트럼프 행정부와는 전혀 다른 행보를 예고한 것이다. 일관성 있으면서도 철학이 뚜렷한 정책을 통해 강자로 우뚝 서는 미국의 모습을 재창조하겠다는 약속이다.

바이든과 민주당의 공약은 그 어떤 역대 정부보다 야심차다. 팬데믹으로 야기된 극심한 경제 불황을 타개하기 위해 정부가 모든 변화를 주도한다. 이미 트럼프 행정부와는 180도 다른 미국의 재건이 시작됐다.

더 위험해지는 미국, 그에 대한 우리의 대응은?

이 책은 수장으로서 바이든이 이끌어갈 미국과 지구촌의 변화를 입체적이고 다각도로 조망한, 대한민국에서 거의 유일한 책이다.

바이든은 8년 동안 미국 상원의 외교위원장을 지낸 베테랑 정치인이다. 또한 그는 승부에 강한 인물이다. 유화적 제스처를 취

저자의 글

하다가도 중동 분쟁 등에 대처할 때는 전광석화처럼 강력한 조치로 상대의 허를 찌르는 데 능숙했다. 어떤 때는 공화당 측 노선보다 더 강경하다는 평가를 받기도 했다. 한마디로 장사꾼이 아니라 수가 잘 보이지 않는 능란한 정치꾼의 면모를 갖췄다. 본래 싸울 때도 죽자고 덤비는 상대보다, 주머니 밑으로 서슬 퍼런 칼날을 꺼내 슬쩍 보여주는 상대가 더 무서운 법이다. 싸움의 수를 아는 노련한 정치인 바이든은 미국 경제의 안살림을 다독이면서 밖으로는 덤벼드는 중국의 기세를 다스리고 세계 리더로서의 면모를 보여줄 전망이다.

변화하는 미국의 기조는 '큰 정부', 정부 주도의 강력한 '경제 부흥', 첨단 기술과 신산업 분야에서의 '중국 죽이기', 그리고 '그린 혁명'을 앞세운 세계적 리더십 발휘 등을 손꼽을 수 있다. 기축 통화국가로서 이론적으로는 무제한까지 달러를 찍어낼 수 있다는 장점을 100% 활용할 것으로 보인다. 이를 통해 다시 세계를 선도할 산업 경쟁력을 키워 향후 100년을 구가할 강한 미국을 만든다는 계획이다. 이를 위해 바이든 행정부는 일련의 조치들을 체계적이고 조직적으로 밀고 나갈 전문성과 경험을 쌓은 숙련된 사람들을 핵심 관료로 포진시켰다.

바이든식 경제는 힘을 앞세워 밀어붙이는 파워 게임, 바이든식 외교 안보는 겉으론 점잖은 듯 실제로는 곤혹스러운 요구를 압박하는 실리(實利) 게임이 될 전망이다. 따라서 막연히 잘될 것이라는 낭만적인 기대만 갖고 접근해선 곤란하다.

대한민국 정부, 산업, 기업, 개인… 어떤 대비 필요하나?

필자는 바이든이 만들어갈 미국의 미래를 조망하면서 그들의 '영리하고 담대한 행보'에 대해 감탄을 금할 수 없었다. 자국의 강점을 최대한 살린 대담한 경제 정책, 주력 산업을 전환하면서 확보하고자 하는 새로운 경쟁력의 실체, 중국을 비롯해 치고 올라오는 후발국들을 제어할 1등만의 비책까지. 실로 놀라움을 넘어 모골이 송연한 두려움마저 생겼다. 새로운 미국이 펼칠 글로벌 경제 질서 대전환 정책이 국제 사회를 송두리째 바꿔놓을 것이라는 예감마저 들었다.

트럼프 행정부보다 더 위험해질 바이든 행정부의 대담한 정책들이 한국과 세계 경제를 새롭게 재편시킬 것이라는 확신까지 들었다.

여기, 한국 사회를 끌어가는 리더들과 기업 경영자, 창업자들, 정부의 정책 담당자들, 그리고 미래 사업과 투자를 고민하는 독자들을 위해 이 책《더 위험한 미국이 온다》를 기획했다. 지금 이 시간 반드시 분석해봐야 할 미국과 세계 경제의 대전환 청사진을 오롯이 담아냈다. 모쪼록 이 안에서 이 책의 독자만이 발견할 수 있는 새로운 기회와 미래를 만나볼 수 있길 기대한다.

CONTENT

PART 1. GRAND TRANSFORMATION OF AMERICA

미국의 대전환 예측
더 강하고 더 '위험한 미국'이 온다

PART 2. BUILD THE SUSTAINABLE #1 AMERICA
바이든 정책 대예측
100년을 내다보는 '독보적 1등 국가' 전략

PART 3. GLOBAL ECONOMIC WAR RETURN
세계 경제전쟁 대예측
★ 최후의 1등 가리는 지구촌 패권 전쟁 시작됐다

G2 경제 패권 전쟁
'2등 중국 죽이기'로 세계 경제 요동친다 · 151

미국의 중국 때리기, 다방면에 걸쳐 확대된다 | 중국의 급격한 부상_ 그 어떤 도전

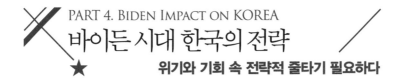

PART 4. BIDEN IMPACT ON KOREA
바이든 시대 한국의 전략
위기와 기회 속 전략적 줄타기 필요하다

우여곡절 끝에 미국의 바이든 호가 항해를 시작했다.

돌이켜보면 지난 2020년 미국 대선은 유사 이래

최악의 팬데믹 사태로 불능 상태에 빠진 미국 정치가 회생하느냐,

더욱 나락으로 떨어지느냐 기로에 선 선거였다.

온갖 잡음에도 불구하고 정권교체가 이뤄졌다.

이제 바이든 호의 첫 임무는

독불장군 트럼프가 어질러놓은 것을 정돈하고

위기의 경제를 구출하는 것이다.

그런데 트럼프 행정부보다 더 위험한 '바이든의 미국'이 오고 있다.

전세계가 바이든의 행보에 주목하는 이유다.

바이든 시대 경제 대전환
'큰 정부' 날개 달고 '캔두 경제' 작동시킨다

미국, 세계를 더 강력하게 장악한다

바이든의 대표적인 경제 공약 슬로건은 'Build Back Better'이다. 번역하자면 '더 나은 재건'이다. 즉 화려했던 과거 미국의 영광을 재현하되, 기존보다 더 강력하게 세계를 장악하겠다는 구상이다. 새로운 미국이 펼칠 글로벌 경제 질서 대전환 정책이 국제 사회를 송두리째 바꿔놓을 것이라는 예감마저 든다. 여기에는 중국을 따돌리고 1945년 이후 75년 넘게 주도해온 미국에 의한 세계평화,

즉 팍스 아메리카나(Pax Americana) 시대를 부활시키겠다는 속내가 담겨 있다.

어딘가 모르게 계몽적인 향기마저 풍긴다. 미국을 재건하기 위해 무엇보다 가장 필요한 것은 국가 리더십의 회복이다. 즉 국가의 역할을 최대로 늘리겠다는 선언이다.

결국 '큰 정부'(Big Government) 리더십이 바이든 행정부의 핵심 국가 철학이 될 전망이다. 큰 정부, 즉 국가가 직접 시장에 개입해 시장의 역할과 기능을 똑바로 세워야 한다고 주장한 영국의 경제학자 존 메이너드 케인스(John Maynard Keynes)경제 정책으로의 회귀다.

케인스주의 혹은 케인지언으로 명명되는 경제학자들은 자유주의 시장 경제가 만들어낸 양극화와 빈부격차 문제를 바로잡기 위해 정부가 적극 개입해야 한다고 주장한다. 케인스는 자유방임 상태로 둬도 시장이 문제를 해결하겠지만, 무조건 시장의 논리에만 맡겨서는 시간이 너무 오래 걸리고 그 과정에서 중산층이 붕괴되는 등 사회적 부작용이 커진다고 판단했다. 따라서 그는 정부가 적극적으로 시장에 개입해 자본주의 문제점을 개선하는 '수정 자본주의'를 주창했다.

바이든의 배후에는 정부의 적극적 개입을 옹호하는 케인지언 경제학자들이 자리 잡고 있다. 주지하듯이 바이든은 오바마 행정부 8년 동안 부통령으로 재임하면서, 민주당 정부의 경제 정책을 입안하고 실천하는 데 핵심적인 역할을 맡아왔다. 오바마 행정부와 궤를 같이하는 다수의 케인지언들이 바이든 행정부에 합류했으며, 거기에 덧붙여 더 젊고 개혁적인 인물들까지 다수 포진해 있다.

더 많은 재정 투입, 더 적극적 정부 개입

바이든 선거 캠프는 이른바 '큰 정부 정책'의 인큐베이터로 불렸다. 정부가 앞장서서 불평등을 해소하고 인프라 투자를 대폭 확대해 경제를 살려내야 한다는 적극적 정부 역할론 지지자들이 포진해 있기 때문이다. 자문 그룹 구성원들의 면면을 보면, 바이든 행정부의 경제 정책 방향을 쉽게 알 수 있다.

가장 중심에는 바이드노믹스를 구체화한 주역으로 꼽히는 경제 참모 벤저민 해리스(Benjamin Harris) 노스웨스턴 대학교 교수가 있다. 그는 바이든 공약의 좌클릭을 이끈 대표적인 인물이다. 심지어 민주당 내 중도파들 다수가 그의 영입에 우려를 표했다는 후문이다. 해리스는 최고 소득계층에 대

바이든의 미국 (2)
좌클릭

최고세율을 높이고 부유세를 거둬들여 소득 분배·중산층 복원

한 최고세율 인상(소득세율 조정)을 통해 조세 수입을 늘리는 한편, 러스트 벨트로 불리는 낙후 지역에 도로와 철도를 확충해야 한다는 입장이다. 오바마 케어로 불리는 건강보험에 연방 예산을 투입

해 경제를 효율화해야 한다고 주장한다. 이런 정책을 통한 중산층 지원이 장기적인 경제 성장에 도움이 된다는 것이다. 중산층이 붕괴되고 양극화가 심화되면, 궁극적으로는 산업이나 금융도 장기적인 번성을 누리기 어렵기 때문이다. 나아가 물건을 만들어도 사줄 소비자가 없고 돈을 벌어 금융 시장에 투자해줄 사람들이 없어지면 시장은 존속할 수 없다. 일견 급진적으로 보이는 해리스의 주장은 최고세율을 높여 부유세를 거둬들임으로써 소득 분배를 서둘러야 한다고 주장하는 워런 버핏 등 월가 리더들의 주장과도 맞아떨어지면서 시장에서도 호응을 얻고 있다.

바이든의 부통령 시절 경제 멘토로 꼽히는 재러드 번스타인 (Jared Bernstein) 역시 경제 자문위원회에 합류했다. 그는 2008년 바이든의 요청으로 백악관에 입성했지만, 신자유주의를 주창하는 중도 보수파들에 둘러싸여 제대로 정책을 펴보지 못하고 2011년 백악관을 떠난 바 있다.

바이든의 미국 (3)
Can-do 경제학
시장에 상존하는 위험 요소들, 즉 불평등·시장 불균형 등을 진보 정책으로 해결할 수 있다.

그가 주장하는 경제학은 이른바 '할 수 있는'(Can-do) 경제학으로 정의된다. 주류 경제학자들은 시장에 상존하는 위험 요소들, 즉 불평등, 인종 문제, 과도한 재정 확대, 시장 불균형 등을 근거로 들며 사사건건 '할 수 없다'(Can't-do)고 주장한다. 이와 달리 정부가 적극적으로 정책의 역효과를 조정하면서 과감하고 진보적인 정책을 취하면 다양한 사회문제를 해결할 수 있다고 번스타인은 주장한다.

그는 2020년 12월 3일 백악관 경제팀에 합류한다고 밝히면서 기고한 워싱턴포스트 칼럼에서 다음과 같이 포부를 밝히고 있다.

"나는 할 수 있는 경제학에 대해 이렇게 생각한다. 불평등, 기후변화, 임금 정체, 재정 지출, 인종 차별, 공공재에 대한 투자 감소 등 일련의 문제들을 '할 수 없다'는 가정하에 방치하면 이는 보이지 않는 힘으로 작용해 시장을 위축시킨다. 고통스러운 팬데믹 상황을 극복하면서 우리는 역설적으로 기후변화 문제에 대한 새로운 접근법을 배울 것이다. 뿐만 아니라 경제를 재건하고 불평등을 해소하기 위해 일하는 이 나라 구성원들의 삶이 지속적으로 나아질 수 있는 더욱 적극적인 방법을 도출해낼 것이다."

번스타인은 바이든에게 '제2의 루스벨트가 돼라'고 주문한다. 루스벨트(Roosevelt)는 미국이 대공황에 신음하던 시기 대통령에 취임해 뉴딜(New Deal) 정책을 펼침으로써 최단기간 내에 경제위기를 극복했을 뿐 아니라 미국의 성장을 견인했다.

역시 경제 자문위원회 위원으로 합류한 인물이며 싱크탱크 중 한 명인 '공정 성장을 위한 워싱턴센터' 대표 헤더 부셰이(Heather Boushey) 역시 불평등이 성장을 저해한다고 주장한다. 미국의 부유층이 교육과 사회적 기회를 독점하고, 긴축 정책 탓에 보육, 교통, 통신 인프라 등 수많은 공공투자가 좌절됨으로써 오히려 성장의 기회를 사라지게 만들었다는 것이 그녀의 분석이다. 헤더 부셰이 역시 대대적인 경기 부양 지지론자다.

"돈은 얼마든지 푼다!" 비둘기파 옐런의 귀환

돈을 무제한 풀어 경제를 살려야 한다는 비둘기파 재닛 옐런(Janet Yellen)이 재무장관으로 화려하게 귀환했다. 인선이 발표되자마자 미국을 비롯한 전세계 증시가 일제히 상승했다. 재정 확대 정책과 일자리 창출 정책이 경제를 회생시킬 것이라는 기대가 반영된 것이다.

바이든의 미국 (4)
비둘기

돈을 무제한 풀어 경제를 살려야 한다는 비둘기파 옐런·파월 등이 미국 경제 정책 주도

온화한 인상의 옐런 전 연방준비제도(Fed, 이하 연준) 의장은 연준 안팎에서 신망이 두터운 인물이다. 재무부가 현재 연준 의장을 맡고 있는 제롬 파월과 긴밀한 협력을 통해 최적의 정책조합을 이끌어낼 수 있을 것이라는 평가를 받는다. 이 때문에 바이든이 'Build Back Better'를 실현할 최적의 인물로 옐런을 발탁한 것이다.

바이든의 미국 (5)
현대통화이론

완전고용을 위해 정부가 무제한 돈을 풀어 실업·불평등을 해결해야 한다는 입장

대규모 경기 부양 정책을 포함해 확장적인 재정 정책을 핵심 공약으로 내건 바이든과 민주당의 철학 기조에는 현대통화이론(MMT, Modern Monetary Theory)이 자리 잡고 있다. 이 이론의 신

봉자인 스테파니 켈톤(Stephanie Kelton) 미국 스토니브룩 대학교 경제학 교수가 바이든의 경제 정책을 자문하고 있다. 그는 바이든 정부의 정책 기조를 배후에서 조율하는 핵심 인물이다. 현대 통화이론은 정부가 완전고용을 실현하기 위해 돈을 무제한 찍어내야 하며, 이를 위해 중앙은행은 국채 매입을 통해 무제한 돈을 풀 것을 주문한다. 통화 정책은 저금리가 근간이다. 쉽게 말해 큰 정부, 대대적인 경기 부양, 실업 해소와 불평등 극복을 위한 가장 현실적인 해법은 정부의 재정 정책, 그리고 중앙은행의 통화 정책을 결합한 '돈 풀기'라는 입장이다. 유동성 공급 과잉으로 유발되는 인플레이션은 증세와 국채 발행으로 제어할 수 있다고 믿는다.

코로나19로 추락한 위기의 경제를 살려내려면 통화 정책과 재정 정책이 핵심적인 역할을 해야 한다. 우선 통화 정책 측면에서 바이든 행정부가 원하는 경기 부양 정책을 펼 수 있도록 미국의 중앙은행인 연준의 연방공개시장위원회(FOMC)는 2023년까지 제로금리를 유지하겠다고 발표했다.

2020년 10월 FOMC 의사록에 따르면, 연준은 향후 몇 년간은 즉각적으로 자산 매입 속도와 구성을 조정하지 않겠다는 입장을 분명히 했다. 2021년 들어서도 연준은 제로금리를 앞세워 매달 1,200억 달러에 달하는 규모의 국채와 주택저당증권(MBS)을 매입해주는 방식으로 시장에 유동성을 공급하고 있다. 파월 의장은 시의적절한 타이밍마다, 즉 바이러스 확산세가 지속되고 경기둔화 조짐이 보일 때마다 자산 매입을 확대해 시장을 안정시켰다.

이렇듯 미국 통화 정책을 책임지는 수장과 호흡을 가장 잘 맞출 수 있는 인물로 옐런 전 연준 의장이 미국 정부의 재정 정책을 펼칠 초대 재무장관이 됐다. 기록만으로 보면 옐런은 재무장관, 세계 경제 대통령으로 불리는 중앙은행장(연준 의장), 백악관 경제 자문 위원장 등 미국의 3대 경제 사령탑을 모두 석권하며 그랜드슬램을 달성한 최초의 인물로 기록되고 있다. 1789년 미국 재무부가 설립된 이래, 231년 만에 맞이하는 첫 여성 경제 수장이기도 하다.

당연한 이야기겠지만, 옐런은 정부의 적극적인 재정 정책을 통한 시장 개입을 옹호하는 케인스 학파에 속한다. 바이든 행정부가 얼마나 강력하게 경기 부양책을 쓰고자 하는지가 이 인선에서 확연히 드러났음은 두말할 필요도 없다.

옐런은 연준 의장에 재임하던 시절인 2014년부터 2018년까지 '비둘기(통화 완화주의자)' 그 자체라는 평을 받았다. 당시 미국은 글로벌 금융 위기 여파에서 벗어나 경제가 회복 궤도에 돌입하기 시작했다. 전통적으로 연준은 금융 위기 시기에는 재정 완화(돈 풀기) 정책을 통해 시장을 떠받치고, 반대로 경기 회복 시기에는 재정 축소와 금리 인상을 통해 시장의 과열을 막는 역할을 해왔다. 이 시기에도 역시 가파른 인플레이션(물가상승)을 우려했던 매파(통화 긴축주의자)들이 금리를 빠른 속도로 높여서 긴축을 해야 한다고 옐런을 압박했다.

하지만 옐런은 고압(High Pressure) 경제 모델을 내세우며 뚝심 있게 자신의 소신을 밀어붙였다. 고압경제 모델이란 수요와 공급

추는 데도 기여했다는 평가를 받고 있다. 블랙록에 합류한 이후에도 석탄 기반의 기업들에 대한 투자를 거둬들이고 환경 친화적인 저탄소 지향의 기업들 중심으로 투자 방향을 선회했다. 이 같은 투자 전략 선회를 통해 회사에도 큰 수익을 안겨줬다.

전통적으로 행정부의 투톱이라 할 수 있는 재무장관과 NEC 위원장 자리를 골드만삭스 출신들이 상당수 독식해왔다는 사실을 감안하면, 이번 바이든 정부의 정책 기조 변화를 체감할 수 있다. 트럼프 행정부 재무장관인 스티븐 므누신과 초대 NEC 위원장이었던 게리 콘 모두 골드만삭스 출신이었다. 투자 은행인 골드만삭스가 노회한 관료주의와 전통적인 산업을 대변한다면, 자산운용사인 블랙록은 투자의 방향성을 갖고 세계적 메가 트렌드를 발 빠르게 포착하는 젊은 이미지를 띤다.

NEC 위원장뿐 아니라 재무부 차관이라 할 수 있는 부장관에 임명된 월리 아데예모(Wally Adeyemo) 역시 30대 후반의 젊은 나이인데다 블랙록 CEO인 래리 핑크의 비서실장 출신이다. 〈월스트리트저널〉은 이러한 흐름을 두고 '블랙록이 바이든 정부의 월가 플레이어로 부상하고 있다'고 분석하기도 했다. 특히 블랙록은 ESG(Environment, Social, Governance) 투자를 지향함으로써 바이든 행정부의 정책 기조와도 맞아떨어진다.

디스가 경제팀에 합류한 것은 그 자체로 바이든 행정부의 그린 정책에 대한 확고한 의지를 보여준다. 또한 바이든이 노회한 이미지와는 달리 정치권력 세대교체에 관심이 있다는 사실을 미루어

볼 때, 디스와 같은 참신한 젊은 인재 등용은 집권 후에도 지속적으로 이루어질 전망이다. 일례로 2020년 봄 선거 캠페인 기간 동안 바이든은 자신이 '전환의 대통령'이 될 것이라고 강조한 바 있다. 그는 "우리는 이제껏 당 내의 젊은 세대들에게 자리를 내주지 못했다. 주목 받을 기회, 나라를 위해 일할 기회를 주지 못했다. 재능 있는 새로운 젊은이들이 정치 교체의 주역이 되어야 한다."고 강조했다.

바이든 행정부 기후변화 TF에 합류해서 화제가 된 선라이즈 무브먼트(Sunrise Movement)를 이끄는 27세 여성 기후변화 운동가 바시니 프라카시(Varshini Prakash)는 "건강, 기후 문제, 총기 폭력, 이민 문제 등 당면한 미국의 과제들은 더 이상 좌시할 수 없을 만큼 최고조에 다다랐다."고 핏대를 세웠다. 그녀는 그린 뉴딜 정책의 열렬한 지지자이자 활동가이며《타임》이 선정한 2019년 차세대 100인에 들기도 했다.

블랙록 ETF에 투자해볼까?

한국에선 대선 유력 주자가 부상하면 증시에 관련주가 부상하면서 급등하는 현상을 보인다. 심지어 후보자와 학연, 지연 등을 동원하다 못해 멀고 먼 인연까지 갖다 붙이는 웃지 못할 해프닝도 벌어진다.

미국에서 대선 테마주라는 말은 어울리지 않지만, 바이든 경제팀의 새로운 브레인으로 꼽히는 블랙록이 운용하는 수익률 높은 펀드 상품은 주목해볼 필요가 있다. 블랙록의 투자 방향이 바이든 정부의 정책 기조와도 맞아떨어지며 앞으로의 세계 경제 트렌드를 선제적으로 짚어내고 있기 때문이다. 심지어 이들이 만든 수익률 높은 ETF 상품 내의 주식 배분 비율을 보고 산업의 흐름을 조망하려는 흐름마저 생겨나고 있다.

블랙록의 ETF 상품은 미국 증시에서 'iShares***'라는 이름으로 검색된다. 지수 추종 상품을 비롯해 각종 산업 섹터에 따른 상품 구성 및 수익률이 나와 있으니 선별해볼 만하다.

특히 ETF계의 빅3로 불리는 블랙록 · 뱅가드 · 스테이트스트리트(SSGA)의 상품에 주목할 필요가 있다. ETF란 상장지수펀드(Exchange Traded Fund)로 특정 주가지수나 금, 채권, 원유와 같은 특정 자산 가격의 움직임에 따라 수익률이 연동되도록 설계된 상품을 말한다. 거래소에 상장되어 주식처럼 거래된다. 블랙록의 핵심 투자지침인 ESG 투자에 관심을 둘 필요가 있다.

기업의 비재무적 요소인 환경(Environmental), 사회(Social), 지배구조(Governance)를 중시하는 기업이 투자하는 전략으로 좋은 사회책임투자 방법이다.

바이든 시대 외교 대전환
동맹 앞세워 세계 질서 재편한다

대북 관계 풀어낼 새로운 카드는 무엇일까?

"지금 대통령(트럼프)은 폭탄으로 세계를 위협하는 최악의 폭군과 소위 '러브 레터'를 주고받는 사이로 급격히 돌변했군요."

2020년 9월 25일 CBS와의 인터뷰에서 토니 블링컨(Tony John Blinken)이 한 말이다.

그가 국무장관에 내정되자 정관계에서는 '예상했던 카드'라며 당연한 인선으로 평가했다. 트럼프 대통령이 NATO 탈퇴를 언급하는 등 유럽 정상들과 각을 세우며 관계를 악화시켰던 것을 감안하면, 비정상적으로 나빠진 관계를 회복하는 데 블링컨 만한 적임자가 없기 때문이다. 그는 미국인이긴 하지만 속내는 '유럽인'이나 다름없다. 어렸을 때 어머니를 따라 프랑스로 이주한 이후 그곳의 외국인 학교에 다녀 불어를 제2의 모국어처럼 사용한다. 그만큼 유럽 문화와 방식에 익숙한 정치 명문가 출신이어서 세련되고 숙련된 외교 활동을 이어가는 데 적합한 인물로 꼽힌다. 게다가 바이든과 인연이 깊은데다 두터운 신임을 얻어 복심으로 평가받고 있다. 정치 전문 매체 〈폴리티코〉는 "그는 적당히 흉내 낸 오믈렛 따위가 아닌 진짜배기 프랑스 음식이다."라고 평가했다.

블링컨의 외교무대가 유럽과 중동임을 감안할 때, 그가 대북 관계 해결을 위해 얼마나 적극적인 행보를 보일지는 미지수다. 다만 국무장관으로서 북미 관계 실패 30년사의 해법을 내놓을 첫 단추를 끼울 만한 인물이라는 점에선 이의가 없다. 적어도 민주당 정부였던 오바마 행정부가 취한 '전략적 인내'(Strategic Patience)라는 모호한 정책으로 북한 문제에 손을 놓고 있는 사이, 북한이 핵을 개발한 것과 같은 뼈아픈 실수는 다시 반복하지 않을 것으로 보인다. 또다시 그렇게 할 경우 경제적 어려움에 직면한 북한 정부가 어떤 도발을 해올지 알 수 없기 때문이다.

바이든 정부 역시 대북 정책의 기본 방침으로 '당사국 존중' 원칙을 적용할 전망이다. 즉 한반도 정책

바이든의 미국 (9)
당사국 존중

한반도 정책의 방향성을 한국 정부의 역량과 의지에 상당 부분 맡긴다는 대북 정책의 기본 방침

의 방향성을 한국 정부의 역량과 의지에 상당 부분 맡긴다는 입장이다. 다행인 것은 바이든 시대에는 최소한 한반도 정책의 방향키를 우리가 잡게 될 가능성이 높다는 점이다. 다만 미국의 대(對) 중국 견제 정책이나 한·미·일 공조의 관점에서, 필요에 따라 미국은 대한민국에 구체적인 역할을 적극적으로 요구할 것으로 보인다.

블링컨은 지난 2015년 이란 핵 합의(JCPOA, 포괄적 공동행동계획)를 체결하는 데 주도적인 역할을 했다. 이때 적용된 원칙이 바로 단계적·점진적 접근법이다. 북핵 문제 해결을 위해 합의 방식으로 접근하게 된다면 동일한 방법론이 적용될 것으로 보인다. 블링컨은 2018년 6월 11일 〈뉴욕타임스〉에 게재한 '북한과 최선의 핵 합의 모델'이라는 칼럼에서 "단기간 내에 완전한 북핵 폐기는 현실적이지 않다"고 평가했다. 그는 "따라서 북한의 농축·재처리 시설 동결과 같은 조치와 일부 제재 완화를 서로 교환하는 방식의 잠정적 합의가 필요하다."며 현실적 접근법을 제시했다. 트럼프 외교부가 끈질기게 주장했던 일괄타결식 비핵화는 사실상 불가능하다는 입장인 셈이다. 블링컨은 '단계적 접근이 훨씬 더 현실적인 해법'이라는 주장을 되풀이하고 있다.

바이든의 미국 (10)
단계적 접근법

북핵 문제 해결 방식으로 일괄타결식 비핵화가 아니라 단계적·점진적 접근법이 현실적이라는 입장

"우리는 트럼프 대통령이 파기하기 전까지 아주 잘 작동했던 이란 핵 합의를 이뤄냈다. 북한과도 검증 가능한 합의가 가능하다고 본

다. 북한이 당장 모든 무기를 포기하지는 않을 것이므로 단계별로 진행하는 것이 타당하다고 본다."

다행히 이러한 블링컨의 생각과 그간 우리 정부가 제안해왔던 '포괄적 합의와 단계적 이행'이라는 방법론은 그 궤를 같이하고 있다. 북한 역시 트럼프 정부와의 비핵화 협상에서 '단계적·동보적'(동시적) 이행을 적합한 방법론이라고 주장해왔다. 바이든 시대에 북한과의 교집합을 찾을 수 있는 희망을 우리는 여기서 찾을 수 있으며, 그 길로 가기 위해서는 우리 정부의 좀 더 적극적이고 주도적인 실행 전략이 수반되어야 한다.

'다시 세계를 리드하라' 특명 수행할 외교 · 안보팀

바이든이 처음으로 인선을 발표한 외교 및 안보 분야의 라인업은 '다시 세계를 리드한다'(America must lead again)는 그의 외교·안보 방향성을 고스란히 반영하고 있다. 미국은 세계무대의 존경받는 주인공으로 다시 복귀하기 위해 3가지 목표를 설정했다.

첫째, 동맹을 복원하고, 둘째, 자유주의 국제 질서를 회복시키며, 셋째, G2인 미중 간 갈등 해결에 동맹국을 동원한다는 것이다. 즉 직접적이거나 노골

바이든의 미국 (11)
다시 세계를 리드하라

동맹을 복원하고 국제 질서를 회복시켜 다시 세계를 리드하는 미국을 만들겠다는 외교 · 안보 정책

적인 자국 이기주의를 표방하는 대신 동맹을 동원하여 외교적 프로세스에 입각한 정공법을 구사할 방침임을 재천명한 것이다.

트럼프 행정부는 제2차 세계대전 이후 미국이 전세계적인 패권을 유지하는 데 밑바탕이 되어왔던 대서양 양안(兩岸) 동맹을 취약하게 만듦으로써 오히려 미국의 입지를 약화시켰다는 평가를 받았다. 서유럽 동맹국의 지도자들에게 모욕적인 언사를 서슴지 않았고, 그 결과 유럽의 대모 격인 독일의 앙겔라 메르켈 총리의 입에서 '유럽 독립선언'까지 나오도록 만들었다. 메르켈은 2017년 5월 트럼프가 유럽 순방을 마치고 돌아간 뒤, 평소답지 않게 노기 어린 어조로 강경하게 선언했다.

"우리 유럽인들은 이제 우리 운명을 스스로 결정해야 한다. 우리가 다른 누군가에게 전적으로 기댈 수 있던 시대는 끝나가고 있다. 나는 그것을 최근 며칠 동안 통렬히 경험했다."

미국을 향한 말이었다. 뿐만 아니라 트럼프는 기존 중동 정책의 뼈대를 모조리 허물고, 오바마 정부가 공들여 성사시킨 이란 핵합의도 무력화해 중동 정세를 혼란에 빠지게 만들기도 했다.

바이든이 2020년 11월 24일 6명의 외교 안보팀 지명자를 소개하기 위해 마련한 기자회견에서 UN 주재 미국 대사로 임명된 린다 토머스 그린필드(Linda Thomas Greenfield)는 바이든의 생각을 관통하는 한마디로 말문을 열었다.

"미국이 돌아왔습니다. 다자주의와 외교가 돌아옵니다!"

바이든은 이 자리에서 "미국은 동맹과 협력할 때 비로소 최강이 된다는 나의 신념을 상징하는 팀워크"라고 자랑했다. 그린필드 외에도 앞서 소개한 토니 블링컨 국무장관, 제이크 설리번(Jake Sullivan) 국가 안보 보좌관, 애브릴 헤인스(Avril Danica Haines) 국가정보국 국장 모두 관련 분야 최고의 베테랑들이다.

2020년 12월 9일 4성 장군 출신의 로이드 오스틴(Lloyd James Austin)을 흑인 최초 국방장관에 임명한 것 역시 군이 국가 안보 최후의 보루로서 외교·안보 정책을 최우선 가치로 정해 국방 정책을 펼치겠다는 의지를 드러낸 것이다. 군사력 강화를 강조하기보다 대화 외교를 통해 이후 닥칠지 모를 도전에 미국이 대응할 수 있도록 하겠다는 구상의 일환이다.

바이든은 "군대를 최후의 수단으로만 활용하고 외교관·전문가들이 외교 정책을 주도하도록 권한을 부여한다는 게 그와 내가 공유하는 약속"이라고 언급했다.

바이든은 "외교로 세계를 주도하고 동맹을 다시금 공고히 하는 데 집중하는 정책을 구사해야 한다."며 외교팀에 메시지도 분명히 전달했다. 미국의 리더십을 복원하고 전염병 대유행에서부터 기후변화, 핵 확산, 난민 위기에 이르기까지 세계가 글로벌 위협에 대처할 수 있도록 리딩 국가로서 총력을 기울여야 한다는 사실을 안보팀에 주지시킨 것이다.

이러한 방향성에 따라 향후 중국이나 인도·태평양 지역에 대한 군사 정책 역시 동맹국과의 외교적 협력을 통해 풀어나갈 것으로 예측된다. 러시아·중국 등과의 잠재적 충돌을 억제하기 위해서는 동맹과의 연대 강화가 핵심이 되어야 한다는 의미다.

세계 호령하는 '그린 코드' 만든다

PART 2에서 더 자세히 살펴보겠지만, 미국은 경제를 부흥시킬 새로운 활로로 '그린 뉴딜'을 추진할 계획이다. 이는 유럽의 본격적인 녹색 경제 흐름과 발맞춰 전세계적인 그린 경제 붐을 만들어내겠다는 구상이다. 이러한 기후변화 정책은 진보 후보였던 샌더스 의원의 지지를 끌어내며 공약을 상당 부분 승계한 것이다.

바이든의 미국 (13)
그린 뉴딜
녹색경제 흐름에 발맞춰 미국과 전세계를 친환경 세상으로 탈바꿈시키겠다는 구상

샌더스의 기후 공약은 EU가 만든 '그린 딜'과 맥락을 같이하고 있어서 바이든의 기후 정책을 더 적극적으로 바꿔주는 데 크게 기여했다. 예를 들어, 2030년까지 전력과 수송 분야 100% 재생에너지 전환, 기후변화를 국가 비상사태로 선포, 15년간 16조 3,000억 달러(약 1경 8,000조) 투자 등 매우 공격적인 내용을 담고 있었다. 바이든은 이를 반영해 최적의 기후

더 위험한 미국이 온다

1판 1쇄 발행 2021년 1월 18일
1판 4쇄 발행 2021년 2월 23일

지은이 | 최은수
발행인 | 홍영태
발행처 | (주)비즈니스북스
등 록 | 제2000-000225호(2000년 2월 28일)
주 소 | 03991 서울시 마포구 월드컵북로6길 3 이노베이스빌딩 7층
전 화 | (02)338-9449
팩 스 | (02)338-6543
대표메일 | bb@businessbooks.co.kr
홈페이지 | http://www.businessbooks.co.kr
블로그 | http://blog.naver.com/biz_books
페이스북 | thebizbooks
ISBN 979-11-6254-188-3   03320

바이든 정부 4년, 시장과 돈은 어디로 향할 것인가?

더 위험한 미국이 온다

최은수 지음

비즈니스북스

변화 공약을 완성했다.

바이든은 당초 2035년까지 모든 신축 건물에서 온실가스 방출을 제로로 만들겠다는 목표 달성 시한을 2030년으로 5년이나 앞당겼다. 또 2050년까지 미국 발전소에서 석탄과 석유 등 화석연료를 더 이상 사용하지 않기로 했던 것도 15년 당겨서 2035년으로 수정했다. 샌더스의 영향을 받아 더욱 '대담한 계획'으로 변경된 것이다.

바이든은 '그린 뉴딜'을 추진할 6명의 핵심인재를 발탁하면서 '기후팀'(climate team)이라고까지 명명했다. 핵심 인재는 내무장관 뎁 할랜드 연방 하원의원, 에너지부 장관 제니퍼 그랜홀름 전 미시간 주지사, 환경보호청장(EPA) 마이클 리건 노스캐롤라이나주 환경품질부 장관, 백악관 국내 기후보좌관 지

바이튼의 미국 (14)
기후팀

미국의 그린 뉴딜 정책을 추진할 기후변화 관련 6명의 핵심인재

나 매카시 전 환경보호청 청장, 백악관 국내 기후부보좌관 알리 자이디, 환경품질위원회 위원장 브랜다 멀로리 환경 변호사이다. 할랜드 장관은 245년 미국의 전통을 깨는 첫 원주민계 출신 내무부 장관이다. 여성 에너지부 수장 역시 미국 역사상 처음이다. 리건 역시 최초의 흑인 환경청장이다.

할랜드는 라구나 푸에블로 부족 원주민으로 2018년 멕시코주 연방하원 의원으로 입성했다. 그녀는 지역구인 뉴멕시코 하원 천연자원위원회에서 대담한 기후 목표를 설정하며 기후변화에 적극 대응하면서 주목을 받았다. 내무부는 600개의 부족과 연방 정

부와의 관계를 감독하는 부처로 광물 등 천연자원과 수로, 문화유산의 보존·관리, 그리고 국립공원 62개를 포함한 미국의 5분의 1에 해당하는 202만 3,428㎢의 토지를 담당한다. 따라서 할랜드는 미 행정부의 환경 정책을 이행하는 데 중요한 역할을 할 것으로 보인다. 할랜드 장관은 〈뉴욕타임스〉에 "미 역사상 최초의 미국 원주민 장관으로서 바이든-해리스의 기후 의제를 진전시키겠다"고 강한 의지를 드러냈다.

환경보호청장에 마이클 리건을 임명한 것은 다소 의외였다. 메리 니컬스(Mary D. Nichols) 캘리포니아 공기자원 이사회(CARB) 의장이 유력했기 때문이다. EPA는 미 최고의 환경 규제기관으로 에너지, 농업, 제조업 등을 포함해 미 주요 경제 부문에 광범위하게 영향을 미친다. 리건 장관은 지난 2017년부터 노스캐롤라이나주 최고 환경 책임자를 맡아 듀크에너지와 수십억 달러 규모의 석탄재 정화를 합의한 경력이 있다. 환경단체인 그린피스도 적임자로 평가했고 〈워싱턴포스트〉는 "리건 장관은 기후변화와 싸우고 녹색 에너지를 포용하겠다는 바이든의 약속 실현에 중심적 역할을 할 것"이라고 예상했다. 리건의 그동안 역할을 볼 때 차량 연료효율 표준 입안, 발전소와 연료시설의 배출 감독, 오염 지역의 정화 임무를 강화할 것으로 보인다.

이른바 '기후 차르'(climate czar)로 통하는 국내 기후 정책은 지나 매카시(Gina McCarthy)가 총괄하게 된다. 매카시는 오바마 행정부에서 환경보호청장을 지낸 인물로 기후변화를 단순 환경 문제가 아닌 경제 문제이자 국가 안보 문제로 바라보고 있다.

유색인종이라는 점만 국내 언론에 부각되었던 카멀라 해리스 부통령 역시 유독 환경 문제에 관심이 많다. 유색인종 최초로 샌프란시스코 지방검찰청 검사와 샌프란시스코 법무장관을 지낸 법률 전문가지만, 상원 의원 시절부터 환경 관련 규정을 꼼꼼히 챙기는 면모를 보였다.

해리스가 상원 의원이던 시절 미국은 1994년에 체결해 26년 동안 유지해온 북미자유무역협정(NAFTA) 시대를 마감하고, 2020년 7월 1일 USMCA(미국·멕시코·캐나다 협정) 체제를 공식 출범시켰다. 그 당시 해리스는 "USMCA 조항이 기후변화와 같은 환경 보호 조치를 포함하고 있지 않다."면서 체결에 반대했다.

대선 유세 기간 동안 해리스가 밝힌 기후변화와 환경 보호에 관한 입장은 바이든보다 훨씬 진보적이고 강경했다. 연방 토지 내 시추 허가와 관련해 수압파쇄 공법을 완전히 금지시키고, 화석연료 개발(시추)을 위해 연방 소유의 토지를 임대하는 프로그램을 완전히 종료할 것이라고 공약했다. 화석연료 개발 자체를 금지하는 초강경 입장이다.

탄소 중립 달성 목표와 관련해서도 바이든보다 훨씬 더 공격적이다. 바이든은 2050년 탄소 중립을 목표로 설정했지만, 해리스는 2045년을 제시했으며 2030년까지 미국의 국토와 해양의 30%를 보호하

바이든의 미국 (15)
탄소 중립
지구온난화의 주범인 탄소 배출을 2050년까지 제로(0) 수준으로 줄이겠다는 정책 선언

기 위해 10조 달러(약 1경 1,000조)를 투자하겠다고 약속했다. 환경

단체 그린피스는 해리스의 이 같은 기후 및 환경 관련 대선 공약이 바이든보다 더 앞선 것이라며 높게 평가했다.

그는 "지구가 직면하고 있는 문제를 기후변화가 아니라 기후 위기(crisis)라고 불러야 한다."고 강조하면서 "화석연료 개발과 생산을 즉시 중단하고 재생에너지 개발로 방향을 전환해야 한다."고 말했다.

부통령으로서 해리스는 연방 토지를 육·해상 풍력 발전 개발을 위한 용도로 임대함으로써 신재생에너지 개발을 독려한다는 계획이다. 온실가스 배출 저감 전략을 시행하고 메탄 소각의 상한선까지 지정해서 운용할 것으로 보인다. 말 그대로 강력한 환경 규제를 통해 기후변화에 대응하겠다는 구상이다.

이 같은 해리스 부통령의 친환경 정책 철학은 화석연료 개발 기업은 물론 화석연료를 사용하는 수많은 기업에게 거액의 비용 부담을 안겨줄 것으로 보인다. 말 그대로 '환경 규제 폭탄'이 화석연료 관련 기업들에게 투하될 시간이 째깍째깍 다가오고 있는 셈이다.

실제 해리스는 캘리포니아주 상원 의원이었던 2017년 기후변화 위험 문제를 놓고 엑손모빌을 수사했고, 2016년에는 캘리포니아주 법무장관으로서 캘리포니아주 해상에서의 수압파쇄를 금지하기 위해 연방정부를 상대로 소송을 제기하기도 했다. 이를 볼 때 해리스 부통령은 전면적인 수압파쇄 불허 및 화석연료 수출 금지라는 초강경 기후변화 대책을 내놓을 가능성까지 있다. 그야말로 기업들에게는 트럼프 시대보다 더 위험한 미국을 만들 주요 인

사라 할 수 있다.

바이든 대통령이 기후변화 특사로 임명한 존 케리 역시 바이든식 그린 정책에서 주요 역할을 할 인물로 꼽힌다. 그는 오바마 1기 국무장관을 지낸 중량급 인사다. 그가 바이든 행정부의 '그린 경제' 밑그림을 그리는 글로벌 친환경 경제 전도사로 나섰다.

바이든의 미국 (16)
기후변화 특사
바이든 정부가 온실가스를 줄이는 글로벌 리더십을 발휘하기 위해 만든 특별 대사

케리 특사는 친환경 정책에 더욱 강력한 드라이브를 걸 것으로 보이며, 국제 사회는 미국이 제시하는 기후변화 대응 방침에 따라 커다란 규제의 영향 아래 놓이게 된다. 케리 특사의 임명은 미국이 기후변화 대응에 있어 글로벌 리더십을 발휘하겠다는 선언을 한 셈이기도 하다. 적어도 향후 4년간은 유럽이나 중국과 공조해 온실가스를 줄이기 위해 노력하는 미국의 강력한 행보를 접하게 될 것으로 보인다. 미국에 이어 중국, 일본, 한국의 연이은 탄소 중립 선언은 산업 구조의 대전환을 예고하고 있다.

미국의 기후변화 정책은 중산층 복원을 위한 일자리 창출과도 면밀히 연결돼 있다. 맥킨지 보고서에 따르면 그린 경제의 일자리 공식은 '1,100만-600만=500만'이다. 1,100만은 유럽이 탄소 중립 경제로 빠르게 전환할 때 만들어지는 일자리 수고, 600만은 사라질 일자리 수다. 결국 탄소 중립 경제로 전환할 때 오히려 500만 개의 일자리가 추가로 만들어진다는 분석이다.

케리는 미국 역시 하루 빨리 탄소 중립 경제로 패러다임을 바꾸어서 새로운 일자리를 창출해야 한다고 믿고 있다. 이를 위해 대

표적 혐오시설로 꼽히는 원전도 4세대 기술 개발에 주력해서 구시대적 에너지라는 오명을 벗고 깨끗하고 효율적인 에너지로 탈바꿈시켜야 한다고 강조한다.

1992년 브라질 리우데자네이루 기후 정상회의 이래, 전세계는 온실가스 배출량을 줄이려 애써왔다. 후속 조치로 교토의정서가 만들어졌고 2016년 마침내 파리기후변화협정 체제가 출범했다. 그러나 2000년대 내내 부시 정부가 교토의정서 동참을 거부했고 트럼프 정부는 아예 파리협약을 탈퇴했다. 바이든은 다시 기후변화 대응을 위해 깃발을 들어올렸다. 바이든은 2050년 온실가스 배출을 없애거나 상쇄해 탄소 중립을 달성한다는 목표를 내놨다. 이같은 목표 달성을 위해 미국은 초강경 환경규제 정책이 담긴 '그린 코드'를 만들어 전세계에 적용을 강요할 것으로 보인다.

미국 달러 인덱스와
채권 금리에 주목하라

달러 인덱스(USDX)란 유로, 엔, 파운드 등 통화가치가 안정적인 6개국 통화에 대한 미국 달러화의 평균적인 가치를 지표화한 것을 말한다.

인덱스가 도입된 1973년 3월을 기준점인 100으로 설정해서 미 연준이 작성해 발표한다. 달러 인덱스가 상승하면 달러화 가치가 올라간다(다른 통화 가치는 상대적으로 약화)는 의미이고, 반대로 하락하면 달러화 가치가 하락한다는 의미다.

연준의 저금리 양적 완화 기조로 인해 바이든 집권 기간 동안 달러 인덱스는 하락(한화는 강세)할 전망이다.

하지만 경제 여건 변화에 따라 연준이 금리를 인상하고 시중의 돈을 조이기 시작하면 달러 인덱스는 다시 올라가게 된다. 미국 10년물 채권 금리 역시 시장을 읽는 바로미터로 쓰이므로 이러한 수치들을 잘 관찰하면 경기의 흐름을 예측해볼 수 있다. 달러 가치 변화에 맞춰 투자전략을 세워볼 것을 추천한다.

글로벌 금융위기 직후인 2010년부터 4년 넘게 미국이 경제를 살리기 위해 달러를 쏟아 붓자 달러 인덱스는 70~80까지 추락했다. 이때 달러 값은 떨어지고 원화 값은 올라 2014년 한때 1달러 1,000원이 연출되기도 했다.

하지만 경제가 불안해지면 안전자산인 달러 수요는 늘고 달러 인덱스가 100이 되자 달러 강세로 원화 값은 1달러 1,200원대로 떨어졌다.

칼 숨긴 능구렁이 정치 9단
온건한 진보 정책 앞세워 미국 확 바꾼다

경력 50년의 정치 베테랑, 의회도 구워삶을까?

미국 46대 대통령인 조 바이든은 민주당 7선 상원 의원을 지냈으며, 미국 역대 최고령 대통령이다. 델라웨어 촌구석 상원 의원으로 1973년부터 2009년까지 무려 37년을 재임했다. 흔들리면서도 꺾이지 않고 낙마할 듯하면서도 위태롭게 지속되어온 그의 정치 생명은 마침내 대통령이라는 정점을 찍으며 화려하게 발화했다. 미국 정치 역사에도 드문 7선 상원 의원(미국 역사상 18번째로

(CBO) '장기 예산전망 보고서'에 따르면 국내총생산(GDP) 대비 연방정부 채무 비율은 2020년 98%로 늘어나는데 이어 2030년에는 109%, 2040년에는 142%, 2050년에는 195%로 급격히 불어날 전망이다. 금리가 오르기 시작할 경우 이러한 국가 채무는 심대한 이자 폭탄으로 이어질 수 있다.

관료주의 골드만삭스 지고 실용주의 블랙록 뜬다?

바이든 행정부 경제팀 중 또 다른 화제의 인물로는 브라이언 디스(Brian Deese)가 있다. 오바마 경제 고문이었던 그는 국가경제위원회(NEC) 위원장에 임명됐다. 40대 초반의 젊은 나이임을 감안하면 파격적 인선으로 꼽힌다. 세계 최대 자산운용사로 꼽히는 블랙록(Blackrock)에서 '지속 가능 투자' 담당 전무이사로 일한 이력 역시 그를 주목하게 만드는 이유 중 하나다.

바이든의 미국 (7)
블랙록

골드만삭스 출신이 퇴출당하고 환경과 실용주의를 중시하는 블랙록 출신이 백악관 경제정책 수립

그는 오바마 선거 캠프에 합류한 이래 행정부 내에서 기후변화 및 에너지 정책의 기초를 만들었다. 특히 2015년 파리기후변화협정 협상 때 중추적인 임무를 맡았으며, 자동차 관련 법률 규제를 강화함으로써 친환경 자동차 산업이 발전하는 데에도 일조했다. 또한 900억 달러에 달하는 청정에너지 연구비를 조성해 풍력 및 태양광 발전 비용을 낮

의 균형 사이에서 수요의 압력이 매우 강해진 상태를 말하는데, 거의 완전고용에 준하는 일자리가 창출되고 소비와 투자도 활발해져 경기가 활성화되는 흐름을 말한다. 하지만 같은 이유로 경기가 과열되어 인플레이션을 촉발하고 금리를 끌어올려 신용 경색을 유발할 위험도 동시에 가진다. 그러나

바이든의 미국 (6)
고압경제 모델
수요가 공급을 앞설 수 있도록 경기 부양·경기 호황을 끌어낼 수 있지만 인플레이션 우려

다소간의 인플레이션을 겪더라도 실업률을 낮추는 것이 우선이며, 경기가 회복될 때까지 인내심을 갖고 점진적으로 긴축을 해나가야 시장의 충격을 피할 수 있다는 것이 옐런의 생각이었다. 그는 연준 내부의 반대 의견을 잠재우며 그러한 소신대로 점진적인 긴축을 실시했고, 결과적으로 이는 효과적인 재정 출구 정책이라는 평가를 받았다.

옐런이 가진 이러한 비둘기로서의 면모가 팬데믹 극복 이후 미국 경제를 회생시키는 데에도 큰 도움을 줄 것이라는 관측이 우세하다. 그 덕택인지 옐런이 재무장관에 지명되었다는 발표가 나자마자, 미국 다우 지수는 사상 최초로 3만 포인트를 돌파하며 상승세로 화답했다.

하지만 옐런 앞에는 증세와 국가 채무 해결이라는 난제가 놓여 있다. 부양책 재원을 확보하려면 법인세와 소득세의 최고세율을 원상복구하고, 급여세 인상처럼 여론에 부정적인 영향을 줄 카드들을 속속 꺼내 들어야 한다. 게다가 급증하는 국가 채무도 경제의 뇌관이 될 수 있어 계속 좌시하기만은 어렵다. 미 의회 예산국

오랜 기간 상원 의원에 재임)이자 오바마 행정부에서 8년간 부통령 직을 수행해온 관록의 정치인이다. 그러면서도 결코 주인공의 자리에 오를 것이라 기대되지 않은 인물이다.

어렸을 때부터 대통령 직에 대한 야심이 커서 입버릇처럼 최연소 미국 대통령이 되겠다고 호언하곤 했다. 29세의 나이로 최연소 상원 의원이 되는 데는 성공했지만 자신의 바람과 달리 최고령 대통령이 되었다는 것은 아이러니한 일이다.

1970년 첫 주 의회 선거에 도전한 이래, 그는 정확히 50년 만에 대통령 자리에 올랐다. 바이든은 실제 대선 캠페인에서 '정치 경력 50년'이라는 슬로건을 내걸기도 했다. 스스로 '정치 9단'임을 강조했던 것이다.

사람 좋아 보이는 인상을 하고 언제나 웃는 바이든의 유순해 보이는 모습 뒤로, 집요하면서 꺾이지 않는 뚝심이 있다. 바닥의 민심을 훑을 줄 알고 누구와도 거리낌 없이 소통할 줄 아는 정치 베테랑의 본모습이 숨어 있다는 평가를 받고 있다. 실제 그는 2020년 대선을 포함해 모두 11회 본선에 진출했는데, 모든 선거에서 승리했다. 심지어 4선 이후부터는 2002년 단 한 차례(58.22%)를 제외하고 줄곧 60% 이상의 득표율을 기록했다. 실로 놀라운 저력이 아닐 수 없다.

바이든은 어린 시절 석탄업과 철도업을 하던 사업가 아버지에게서 리더십을 배웠고, 외할아버지로부터 정치를 배웠다고 한다.

그의 아버지는 주말마다 아이들을 데리고 외할아버지 집으로 가서 주말을 보내곤 했는데, 거기서 어른들이 나누는 이야기를 들으면서 정치인의 꿈을 키운 것이다.

바이든의 미국 (18)
**정치란 약속을
지키는 것**

바이든이 할아버지로
부터 배운 정치 철학으
로. 자서전 제목 역시
《지켜야 할 약속》이다.

그는 자신의 할아버지로부터 '정치란 약속을 지키는 것'이라는 가르침을 귀가 따갑게 받았다. '국가를 위해 일하는 사람이 되면 설령 상대방이 듣기 싫은 이야기라도 솔직하게 말할 줄 알아야 한다'고 배웠다. 바이든은 "정치를 올바르게 한다면 사람들의 삶을 더 좋아지게 만들 수 있다."는 강한 신념을 갖고 있다. 자서전 《지켜야 할 약속》에서 줄곧 강조하는 것도 정치가 미국 국민과 전세계, 아이들의 미래를 '희망'으로 바꿔놓아야 한다는 점이다.

바이든의 정책은 그 어떤 정부 때보다 속도감 있게 추진될 전망이다. 바이든 캠프의 수석 정책 자문이었던 제이크 설리번은 "전략은 이겁니다. 빨리 한다. 그리고 대담하게 한다!"라며 바이든 행정부의 정책이 속도감 있게 추진될 것임을 시사했다. 힐러리 클린턴의 최측근인 설리번은 바이든 행정부 초대 국가 안보 보좌관에 발탁됐는데, 역대 최연소 인선이다.

통상 행정부가 출범하면 첫 2년 동안은 상견례 기간이라고 하여 법안 추진을 위한 조율과 여론 환기에 공을 들이는 게 일반적인 정치 관례다. 바이든 행정부는 이러한 전형적인 정치 관행에 빠지지 않고 처음부터 일사천리로 일을 진행해간다는 계획이다.

팬데믹 위기 상황이라는 핸디캡이 이 대목에서는 오히려 장점으로 작용할 것으로 보고 있다.

특히 바이든이 내놓은 상당수의 파격적인 정책들은 초기 몇 개월 내에 성패가 판가름 날 것으로 보고 속도감 있게 추진하겠다는 구상이다. 설리번은 그 근거로 바이든 특유의 능구렁이 같은 정치력을 꼽는다. 공화당 상원 의원들이 좋아할 만한 인프라 투자를 앞세워 일찌감치 반대표를 포섭하겠다는 계획도 세워졌다. 바이든이 37년 의회에서 잔뼈가 굵은 문어발 인맥을 자랑한다는 점 역시 유리하게 작용할 것이다. 열광하는 사람도 드물지만 각을 세우는 적수도 별로 없는 중도 진보의 어정쩡한 스탠스가 오히려 묘수다.

경험 있는 정치 평론가들은 바이든을 역사적으로 가장 진보적인 대통령으로 평가받았던 케네디보다 오히려 더 많은 개혁 법안을 통과시킨 린든 존슨 대통령에 비유하기도 한다. 린든 존슨과 같은 허허실실 전략이 오히려 오바마 1기 시절 민주당이 행정부와 상원·하원 의회를 모두 장악했음에도 각종 혁신 법안들을 쉽사리 통과시키지 못했던 것과 달리, 속도감을 내게 할 수 있다는 것이 워싱턴 정가의 예측이다. 전문가들은 온건한 진보주의자로 알려진 바이든이 혁신적인 진보 정책을 앞세워 트럼프 시대와는 전혀 다른 새로운 미국으로 확 바꿔놓을 것으로 전망한다.

바이든은 1942년 11월 20일 펜실베이니아의 아일랜드계 가정

바이든의 미국 (19)
속도감

의회에서 37년간 잔뼈가 굵은 문어발 인맥을 앞세워 바이든 정부의 주요 정책을 일사천리로 진행한다는 계획

에서 2남 2녀 중 장남으로 태어났다. 케네디 대통령에 이어 미국 역사상 두 번째 가톨릭 신자 대통령이다. 그의 가족들이 모두 아일랜드 가톨릭 신자였기에 바이든 역시 자연스럽게 가톨릭 신자로 성경의 가르침을 따르며 성장했다. 학교도 줄곧 가톨릭 미션스쿨에 다녔다. 그는 늘 손목에 묵주를 차고 다니는데, 죽은 첫째 아들 보가 차던 것이라고 한다. 종교적 의미보다 죽은 아들을 늘 기억한다는 의미로 착용하고 다닌다고 한다.

가톨릭 신자지만 특정 이슈에 대해서는 소신이 뚜렷하다. '낙태 합법화'를 옹호하고 '동성결혼 합법화'에도 일찌감치 지지 의사를 밝혔다. 바이든의 과거 인터뷰에서 "나 개인은 낙태에 반대하지만 이러한 개인의 믿음과 견해를 사회나 다른 개인들에게까지 강요할 권리는 없다고 생각한다. 같은 이유로 정부 역시 개인의 권한에 대해 강요하지 말아야 한다."고 말했다.

흙수저, 말더듬증, 교통사고, 뇌동맥류···고난을 딛고

바이든의 별명은 '엉클 조'(Uncle Joe)다. 본래 바이든의 증조부는 도시공학자로서 큰 부를 일구고 펜실베이니아주 상원 의원까지 지냈지만, 바이든의 아버지에 이르러서는 몇 차례의 사업 실패로 급격히 가세가 기울었다. 바이든이 태어났을 무렵에는 한동안 외가에서 더부살이를 해야 할 정도로 빈곤한 생활을 이어가기도 했다. 바이든의 아버지는 냉난방 회사에서 보일러 청소 일을 하다가 바이든이 열 살 되던 해 회사가 위치한 델라웨어 윌밍턴으로 이주했고, 바이든은 거기서 평생을 지내게 된다. 델라웨어는 몰락한 '흙수저'가 되어 찾아온 피난처였다.

바이든의 아버지는 이곳에서 중고차 딜러를 하며 다시 가정을 일으켰다. 대공황과 전쟁을 거치며 궁핍한 환경 속에서도 끊임없이 재기를 위해 노력하던 아버지는 바이든에게 입버릇처럼 말하곤 했다고 한다.

> "누군가를 평가할 때는 그 사람이 얼마나 자주 쓰러졌느냐를 가지고 평가하지 마라. 오히려 그가 얼마나 빨리 다시 일어서느냐를 가지고 평가해야 한다."

부유한 가정 출신임에도 역경 속에서 아이들을 키워야 했던 바이든의 어머니 역시 포기를 모르는 낙관적인 성격의 소유자로 알려져 있다.

바이든은 어렸을 때 깡마른 체격에 말까지 더듬어 학교에서 따돌림과 놀림을 당하고, 공부도 못하는 소년이었다. 청소년기에 겨우 운동에 취미를 붙여 고등학교와 대학교 재학 시절에는 미식축구 선수로 활약하기도 했다. 델라웨어 대학교에서 역사학과 정치학을 전공했지만 평균 학점은 C였고, 688명 중에서 506등을 할 정도로 공부에 관심이 없었다. 바이든은 "대학 생활 처음 2년 동안 공부보다 미식축구, 여자, 파티에 훨씬 더 관심이 많았다."고 고백하기도 했다.

그의 여동생인 밸러리 바이든(결혼 후엔 밸러리 오언스)은 오빠의 말더듬증을 극복할 수 있도록 읽기 연습을 도와주기도 하고, 오빠가 고등학교 학생회장 선거에 출마할 때는 선거 운동을 열심히 돕기도 했다. 밸러리는 이후 여러 선거 운동과 이번 대선 과정에서 큰 역할을 담당했다. 바이든이 첫 아내와 아이를 잃고 상원 의원 직을 사직하려 할 정도로 절망에 빠졌을 때에도 아이들을 대신 돌봐주며 다시 정계에 복귀할 수 있도록 도왔다.

이렇듯 도전을 장려하는 가정 풍토 속에서 바이든은 점차 자신의 진가를 알아가기 시작했다. 그는 스무 살 때 친구들과 바하마로 여행을 갔다가 닐리아 헌터를 만나 첫눈에 사랑에 빠졌다. 당시 비싼 호텔 방값을 낼 돈이 없던 그는 호텔 타월 하나를 구해서 걸치고는 마치 자기가 그 호텔 손님인 것처럼 그녀에게 접근했다고 한다. 그러고 나서 "나는 서른에 상원 의원이 될 거고, 나중에는 대통령이 될 것"이라는 허풍을 떨며 구애를 했다.

얼마나 그 사랑에 적극적이었던지 그녀를 쟁취하기 위해 전공을 바꾸기까지 했다. 당시 닐리아는 시러큐스 대학교에 다니고 있었는데, 바이든은 그것을 알고는 벼락치기 공부를 해서 결국 시러큐스 대학교 로스쿨에 입학해 변호사가 됐다. 정치 입문을 결심하면서 자신이 최대한 빨리 의회에 진출할 수 있는 길은 변호사가 되는 것이라는 걸 깨닫고 뒤늦게 법 공부에 매진한 것도 이유 중 하나였다. 연인과 가까워진 후에는 학업에 전념했고 꿈을 찾아 나섰다. 1966년 닐리아와 결혼한 바이든은 아들 보와 헌터, 딸 나오미 등 세 아이를 갖게 된다.

아내에게 허풍으로 말했던 '약속', 상원 의원과 대통령이 되겠다는 원대한 꿈을 향해 내달렸다. 실제 그가 다니던 초등학교에 가면 7세 때 장래 희망에 '대통령'이라고 적혀 있다고 한다. 결혼 후에 기른 반려견 두 마리에게도 각각 상원 의원(Senator)과 주지사(Governor)라고 이름 붙일 정도로 꿈을 향한 야심은 집요했다. 놀랍게도 이 치기 어린 청년의 약속은 58년 후 허풍이 아닌 현실이 됐다.

그는 젊은 시절 사회 정의에 대한 감수성이 예민하고 강력했다. 환경 보호를 위해 고속도로 건설을 반대했고 대중교통 확충을 요구했으며 베트남 철군을 지지했다. 변호사가 된 바이든은 1970년 지역의회(델라웨어 뉴캐슬 카운티) 의원으로 정계에 처음 입문한다. 그리고 마침내 본인이 늘상 꿈꿔온 대로 29세에 최연소 상원 의원에 당선되었고, 서른에 그 자리에 취임했다. 1972년 델라웨어주에서 3선을 역임한 현역 공화당 의원 보그스를 꺾고 최연소 미국 상원 의원 자리에 오른 것이다. 의료 복지 강화를 촉구한 정의감이 승리의 원동력이 됐다.

그런데 얼마 지나지 않아 비극이 찾아왔다. 상원 선거에서 승리한 지 한 달이 지났을 무렵, 남동생 지미의 차를 타고 크리스마스트리를 구하러 가던 아내 닐리아와 세 아이를 포함한 일가족이 교차로에서 트레일러와 추돌하는 대형 교통사고를 당한 것이다. 그 사고로 아내와 13개월 된 딸 나오미가 숨졌고 보와 헌터는 중상을 입었다. 바이든은 2012년 연설에서 이 당시를 회상하며 자살을 죄악시하는 가톨릭 신자이지만, 당시에는 스스로 극단적인 선택을 하는 이들의 심정을 누구보다 가슴 절절히 이해할 수 있었다고 토로했다.

의원직 사퇴를 결심할 정도로 실의에 빠졌지만, 동생 밸러리의 도움 덕분에 기차로 90분 거리인 델라웨어와 워싱턴 사이를 매일 출퇴근하며 육아와 의정 활동을 병행할 수 있었고, 지역 주민은 물론 유권자들로부터 감동 어린 찬탄을 받기도 했다. 그러나 장남 보 역시 2015년 46세가 되던 해 뇌종양으로 세상을 떠나 슬픔을 안겨주었다. 바이든은 사별한 아내와 장녀의 기일인 12월 18일에는 일을 하지 않는다고 한다.

비극은 끊이지 않았다. 바이든은 상원 법사위원장 시절이던 1988년 2월 12일, 뉴욕 로체스터 행사장에서 연설을 마치고 호텔 방으로 돌아온 뒤 5시간이나 의식이 끊긴 채 바닥에 쓰러져 있었다. 깨어나자 다리가 잘 움직이지 않았다. 몇 달 전부터 뒷목과 어깨에 묵직한 통증이 느껴졌지만 바쁜 일정 탓에 타이레놀을 먹으며 버티던 것이 뇌동맥류 파열로 이어진 것이다. 병원에 실려 간 그는 13시간에 걸친 대수술을 받았다. 담당의는 만일의 사태에 대비해 장례 미사를 준비해야 할지도 모른다고 경고했다. 수술이 잘

못되면 목소리를 잃을 수도 있다고 했다. 뇌동맥류는 뇌동맥 내피에 선천적 결함이 있거나 동맥경화로 인한 혈류 때문에 뇌동맥 일부가 풍선처럼 부풀어 오르는 현상을 말한다. 뇌 속의 시한폭탄이라고 불리는 이것이 터지면 뇌출혈 증세를 일으킨다. 첫 번째 수술이 끝난 후 3개월 뒤에는 우측 뇌 뇌동맥류 파열을 막기 위한 수술이 이어졌다.

두 번의 뇌수술 전력 때문에 바이든은 중요한 선거 때마다 상대 진영으로부터 치매에 걸렸다는 공격을 자주 받았다. 실제 그는 말실수가 잦았는데 그것이 뇌동맥류로 인한 치명적인 뇌 결함 때문이라는 지적을 받기도 했다.

바이든은 처음 정치인이 되겠다는 꿈을 품기 시작한 것이 1961년 케네디 대통령의 취임식을 보았던 순간이었다고 회고한다. 말더듬증이 있던 그는 어렸을 때부터 친구들로부터 놀림을 받았고 그로 인해 깊은 마음의 상처를 입었다. 친구들은 그가 말을 더듬거리는 것을 흉내 내며 그를 발달장애를 뜻하는 라틴어 '임페디멘타'(impedimenta)를 붙여 조 임페디멘타 또는 모스 부호를 뜻하는 '대시'(dash)로 부르며 놀려댔다. 이런 문제는 말을 하는 것이 일상인 정치인에게는 치명적인 단점인데, 이를 극복하기 위해 그는 거울 앞에서 시인들의 시를 암송하거나 존경하는 유명 정치인들의 연설문을 낭독하곤 했다.

그래서일까? 그는 유독 유명 정치인들의 어록을

바이든의 미국 (21)
임페디멘타

바이든은 어린 시절 말더듬증으로 숱한 놀림을 받았으나 이를 극복하기 위해 노력했으며, 결국 핸디캡을 신의 선물로 바꿨다.

마음대로 차용해 물의를 일으키거나 나오는 대로 거르지 않고 말하다가 실수를 자주 하는 것으로 유명하다. 지금도 어렸을 때의 트라우마 탓인지 긴장하면 여전히 말을 더듬거나 단어를 잘못 말하는 실수를 종종 저지르기도 한다. 바이든은 말더듬증이라는 장애가 그에게는 신의 선물이었다고 회고한다. 그 장애를 짊어짐으로써 그는 더욱 강해졌고 그가 바라던 더 나은 사람이 되었다고 믿는다.

공감능력 뛰어난 정치인, 소통하는 협력가이자 협상가

2009년 오바마 행정부는 2008년 세계 금융 위기로 인해 경제적으로 위기에 놓인 상태에서 정권을 이양 받았다. 취임 직후부터 경기를 회복하고 투자를 활성화하기 위해 상원에서 초당적인 협력이 절실하던 시기였다. 이와 같은 절체절명의 시기에 부통령이자 상원 의장을 맡았던 인물이 바로 바이든이다. 그는 공화당 소속 의원 3명을 설득하는 데 성공하면서, 중도 진보의 위치에 서서 좌우를 조율할 수 있는 '뛰어난 협상가'로서의 면면을 다시금 확인시켜줬다.

바이든의 미국 (22)
협상가
부통령이자 상원 의장으로 중도 진보의 위치에서 좌우를 조율했던 바이든의 협상력

그는 개인적인 아픔과 실패의 경험이 많은 사람이다. 조부가 상원 의원을 역임했다고는 해도 날 때부터 금수저를 물고 나와 바닥 민심과 괴리가 있는 워싱턴 정가의 어항 속 인물들과는 달랐

다. 그저 몰락한 흙수저 출신으로 성장했다. 그 때문일까? 콧대 높은 유력 정치인들과 달리 타인의 아픔을 함께하는 공감능력이 뛰어난 정치인이라는 평가를 받는다. 수십 년 동안 서로 다른 견해를 조정하고 합의하는 의회 활동이 몸에 배어 있어서 대화와 타협을 중시한다. 나이가 많은 백인 꼰대 할아버지일 것 같지만, 실제 만나보면 매우 소탈하고 서민적이라는 평가다.

바이든의 미국 (23)
대화와 타협

개인적 아픔, 두 번의 대권 실패, 사랑의 쟁취, 서민형 흙수저, 의회 활동 등이 몸에 배어 대화와 타협을 중시

가족을 잃는 사고를 겪었고 두 번이나 대권에 도전해 번번이 패배했다. 그런데도 좌절하지 않고 꿈을 키워왔다. 절치부심, 고진감래라는 말이 어울리는 삶의 궤적이다.

비극의 늪에 빠진 바이든을 구해낸 사람은 영어교사 출신인 지금의 아내 질 바이든이다. 둘 다 재혼이며 바이든은 무려 다섯 번이나 청혼한 끝에 결혼을 성사시킬 수 있었다. 둘은 1977년에 재혼했으며, 1981년에 딸 애슐리가 태어났다.

다시 안정을 되찾은 바이든은 대권을 향한 꿈에 도전했다. 쉽지 않은 길이었다. 1988년, 2008년, 이렇게 두 번이나 민주당 대선 후보 경선에 도전했지만 그때마다 고배를 마셔야 했다. 1988년 대선에 도전했을 당시만 해도 역대 두 번째 젊은 '참신한 후보'로 경선에서 바람을 일으켰고, 온건하면서도 새로운 이미지로 주목받았다. 베이비붐 세대를 겨냥한 맞춤형 공약으로 젊은 층들의 지지 속에서 관심을 받았다.

하지만 영국 노동당 당수였던 닐 키넉의 연설문을 표절했다는 의혹에 휩싸여 중도에 하차했다. 2008년에도 민주당 대통령 경선에 출마했지만, 지지율이 너무 낮아 경선 개막전이었던 아이오와 코커스를 마감한 직후 사퇴를 선언했다. 하지만 중도 성향의 백인 표를 간절히 원했던 오바마가 그를 부통령 후보로 지명했고, 바이든이 수락해 8년간 미국 부통령으로 재임했다.

한국과의 인연으로는 2001년 김대중 대통령 시절 방한 과정에서 생겨난 일화가 유명하다. 당시 그는 상원 외교위원장 자격으로 방문했는데 대통령과의 오찬 자리에서 바이든이 DJ에게 넥타이가 아주 좋다고 칭찬했고, DJ는 그 자리에서 넥타이를 풀어 바이든에게 선물했다. 바이든 역시 자신의 넥타이를 풀어서 선물로 주어 서로 바꿔 맸다.

당시 DJ 넥타이에는 수프 국물이 묻어있었지만, 바이든은 '나도 대통령이 될 수 있다'는 희망의 상징으로 여겨 기쁘게 받았고 한 번도 세탁하지 않고 보관해왔다고 한다. DJ는 군사정부 시절 미국에서 반정부 활동을 하던 때부터 바이든과 친분을 맺은 것으로 알려졌다. 케네디와 함께 DJ의 민주화 운동에 대해 전폭적인 지지를 보냈던 미국 정가 인물 중 한 명이 바이든이었다. 바이든은 DJ의 햇볕정책을 지지하며 그가 자신이 가장 존경하는 정치인 중 한 명이라고 언급한 바 있다. 인동초에 비유되며 여러 번의 좌절을 딛고 대통령에 오른 DJ와 숱한 개인적 삶의 역경을 이겨낸 바이든의 각별한 인연을 보여주는 스토리다.

바이든의 양적 완화,
국내 부동산 시장에 영향 미칠까?

바이든 행정부는 무제한 돈을 풀 방침이다. 초저금리가 2023년까지 이어지고 달러 가치도 떨어뜨리게 된다. 재정 정책과 통화 정책이 결합해 막대한 양의 달러가 시중에 풀리면서 전세계 경제가 직접적인 영향을 받게 된다. 시중의 유동자금이 풍부해지면 자금은 투자처를 찾게 된다. 자연스레 부동산 시장은 호황을 맞게 되고 이는 자산인 부동산 가격도 밀어 올린다. 바이든 행정부는 재정 정책을 지속하겠다는 입장이어서 당분간 제로금리에 준한 저금리 상황이 유지될 것이고, 미국 기준금리와 상당 부분 연동되는 한국의 금리도 인상 요인을 찾기 어려워 보인다.

결과적으로 시중의 풍부한 유동성은 상당 기간 유지될 것이고 국내적으로 강력한 세제 불이익이나 금리 변동, 대출 규제 등의 조치가 이루어지지 않는 이상 현재의 기조에 큰 변화가 없으리라는 것이 일반적인 전망이다.

부동산 가격을 안정화시키고 싶어 하는 한국 정부의 노력과 달리, 시중 자금이 풍부해지고 금리가 낮은 시점에는 늘 부동산 상승 내지는 투기 흐름이 이어지곤 한다.

실제 한국은행은 주택 가격 전망 소비자 심리지수(CSI)가 132(1년 후 집값에 대한 의견)로 조사됐다며 2021년 부동산 가격 상승을 전망했다. KB금융역시 2021년 집값과 전셋값 상승을 예상했다. 그러나 이러한 상승 기조는 외부적 충격에 의해 얼마든지 꺾일 수 있다. 부동산은 심리의 영향을 많이 받기 때문에 한 번 기세가 꺾이기 시작하면 자산 거품의 하락이 빠른 속도로 진행될 수도 있으므로 주의해야 한다.

바이든 시대 정치 대전환
'트럼프 현상' 없애고 '미국적 가치' 복원시킨다

코로나에 무기력한 '주식회사 미국' 경영자는 안 된다!

"코로나19 팬데믹으로 인해 이 나라는 전세계에서 가장 많은 사망
자를 내고 말았다. 급증하는 불평등과 인종 간의 불화, 21세기 들
어 더욱 확대되는 첨단 기술 패권주의, 민주주의의 후퇴, 인류가
만들어낸 전 지구적인 기후변화 위기….
이 모든 도전이 현 재임자인 트럼프에 의해 만들어졌거나 무시됐
거나 더욱 악화되었다. 우리는 바이든이 미국 정부가 가져야 할 품

격과 명예, 능력을 회복해주리라 믿는다."

〈워싱턴포스트〉가 2020년 9월 28일 민주당 조 바이든 후보를
공개 지지하면서 내놓은 칼럼의 일부다. 여기에는 바이든에게 한
표를 행사하고자 하는 모든 미국 유권자들의 간절한 마음이 담겨
있었다. 이른바 '미국적 가치'를 복원시켜줄 것을
바이든에게 강력하게 주문한 것이다.

코로나19는 2020년 12월 31일 기준으로 약 30
만 3천 명에 달하는 미국인의 생명을 빼앗았고 그
피해는 세계 그 어느 나라보다 크다. 코로나19는
말 그대로 미국인의 생활, 정치, 경제 상황을 완전
히 바꿔놓았다. 무엇보다 미국인들이 느낀 정치

효능감의 실종으로 인한 상실감과 무력감은 그 깊이를 헤아리기
힘들다. 전대미문의 전염병에 대응하기 위한 연방정부 차원의 대
책은 전무했고, 트럼프는 연일 가짜뉴스를 실어 나르며 음모론으
로 사태를 잠재우는 데에만 급급했다.

이 틈을 파고든 바이든은 진중하면서도 구체적인 접근 방식을
취했다. 과학적 연구 결과에 근거해서 관련 전문가들의 조언들에
귀를 기울이며 '마스크 착용'과 '거리두기 의무화'의 필요성을 외
쳤다. 코로나19 팬데믹 피해국 중에서도 가장 많은 확진자가 발생
한 사실, 방역에 실패해 후진국으로 전락함으로써 생긴 국민들의
불안을 선거에 적극 활용했다. 즉 트럼프와는 정반대의 전략을 활

용한 셈이다. 바이든은 또한 오바마 시절 구축되었던 연방정부의 전염병 대응 프로토콜이 트럼프 행정부에 의해 무기력해졌다는 사실을 근거로 들어 트럼프의 연임은 행정 공백을 지속시키는 최악의 선택이 될 것임을 강조했다.

반면 트럼프는 처음에는 코로나19는 독감보다도 파괴력이 적은 대수롭지 않은 질병이라고 치부하더니, 사태가 심각해지자 백신이 개발되면 바로 종식될 것이라며 팬데믹을 막는 일에 손을 놓았다. 그 결과 그가 던진 경제 성장과 번영이라는 선거 운동 메시지는 저절로 퇴색되고 말았다. 심지어 그와 퍼스트레이디가 코로나19에 감염되고 선거 운동의 주요 이벤트에서 여러 참가자들이 확진되는 등 대통령으로서의 자질이 있는가 하는 의구심마저 제기됐다.

바이든의 미국 (25)
코로나 극복

팬데믹은 트럼프의 경제 성장과 번영이라는 선거 공약을 퇴색시키며 코로나 극복을 외친 바이든 지지로 연결된 만큼, 바이든의 최우선 정책은 코로나19 극복이다.

갤럽에 따르면 코로나19 팬데믹은 트럼프의 지지율에 가장 핵심적인 영향을 미친 요인이 되었으며, 여름의 한 시점에는 지지율이 38%까지 떨어졌다. 바이든 캠프는 이를 적극적으로 활용했다.

바이든은 마스크 착용을 외쳤고 유세 현장에는 마스크 착용과 거리두기와 같은 수칙들을 지지하는 수많은 유권자들이 몰려들었다. 일부 유세 현장에서는 후보와 지지자들이 대면 접촉을 하지 않고 서로 커뮤니케이션할 수 있도록 드라이브스루 방식도 동원됐다. 하지만 트럼프는 여전히 마스크 무용론을 폈고 상당수 지지자들이 그런 그의 주장을 지지하는 차원에서 마스크를 착용하지 않은 채 서로 밀집해 세력을 과시하며 유세 현장을 달궜다.

대선 승리 연설 이후 첫 공개 행사에서 바이든이 가장 먼저 강조한 것 역시 코로나19에 대한 강력한 대응이었다. "백신이 보급되기까지 향후 몇 달간 20만 명이 더 사망할 수 있는 암흑의 겨울이 기다리고 있다."면서 "제발 간청하는데 마스크를 써 달라."고 호소했다. 그는 이어서 "당신이 누구에게 투표했건 간에 우리 모두 마스크 착용만으로 수만 명을 살릴 수 있다."고 강조했다. 바이든은 나아가 "마스크만 쓰면 민주당 지지자 혹은 공화당 지지자의 목숨이 아니라 미국인의 목숨을 살릴 수 있다."며 정파와 입장을 떠난 전 국민의 단결과 연대를 당부하기도 했다.

'정치적 올바름'으로 미국을 제자리에 돌려놓자

민주당은 전통적으로 상대편인 공화당에 비해 늘 신선하고 젊은 정치인을 내세워 집권에 성공했다. 존 F. 케네디, 빌 클린턴, 버락 오바마는 모두 대표적인 40대 기수들이었다. 그런데 바이든은 이와는 전혀 다른 성격을 가진 인물이다. 고령인데다 50년 정치 경력의 '고인 물'인 셈이기 때문이다. 이전에도 대선 경선에 출사표를 냈다가 두 차례 고배를 마셨고, 이번 후보군 중에서도 유력한 쪽에는 꼽히지 못했다. 후보 경선 과정에서조차 돌풍을 일으키지 못했기 때문에, 민주당 내부에서도 승산이 크지 않다고 분석할 정도였다.

하지만 결과는 신기록 달성으로 끝났다. 투표율은 66.8%로 유권자 2억 3,920만 명 중 최소 1억 5,980만 명이 투표했다. 1900년 이래 120년 만에 최고치다. 우편 투표자는 2,910만여 명에 달했고 사전 투표자도 1억 2,000만 명을 훌쩍 넘겼다. 투표를 하려면 유권자 등록을 해야 하고 여러 번거로운 절차를 거쳐야 하는 등 선거 참여에 진입장벽이 높은 미국 역사상 있을 수 없는 신기록이다.

이 같은 투표 열기는 무엇으로 인해 분출된 것일까?

많은 이들이 그 근원을 바이든에 대한 열렬한 지지보다는 '반트럼프 현상'에서 찾는다. 트럼프 시대를 끝내야 한다는 절박감, 트럼프가 재선될 수도 있다는 위기감이 미국인들을 투표장으로 이끌었다. 20개 주에서 사전 투표에 참여한 유권자 4,790만여 명 중 45.1%가 민주당 지지자일 정도로 민주당은 트럼프를 떨어뜨리기 위해 똘똘 뭉쳤다.

'아메리카 퍼스트'를 외치며 트럼프가 벌였던 선동 정치는 백인 저학력 유권자들의 철옹성 같은 지지를 얻었지만, 대도시 젊은 유권자와 고령층은 등을 돌렸다. 코로나19 팬데믹에 대한 대응 실패로 미국인들이 속절없이 죽어갔고 흑인 인종 차별 선동에 미 대륙 전역이 분노로 들끓었다. 트럼프가 보여준 소위 좌충우돌 정치는 강력한 '반트럼프 정서'를 만들어냈고, 마침내 각성한 유권자들은 역사의 물줄기를 다시 돌려놓았다.

미국을 더 강하게 만들겠다고 약속했던 트럼프가 집권 4년간

더 위험한 미국이 온다

보여준 행보는 편 가르기와 갈등, 혐오와 반지성으로 점철됐다. 임기 내내 반환경주의적 행태를 보였고 여성 혐오를 드러내기도 했다. 파리기후변화협정에서 탈퇴하고 지구 온난화와 기후변화의 현실을 부정했다. 스스로가 보수당의 대통령이었지만 공동체와 전통적 규범, 도덕성을 중시하는 보수적 가치에도 별로 관심이 없었다. 대선 결과에 불복할 정도로 민주주의의 근간인 선거 제도 자체를 부정하는 모습까지 보였다.

바이든의 미국 (26)
정치적 올바름
인종, 종교, 성 등과 관련해 소수자에게 피해가 가지 않도록 정치적 고려가 포함된 언어나 행위를 구사해야 한다는 의미

유권자들은 트럼프를 보면서 '정치적 올바름' (Political Correctness)의 중요성에 대해 복기하기 시작했고 그 관점에서 철저히 현 정권을 심판했다. 정치적 올바름이란 인종, 민족, 언어, 종교, 성적 다양성 등과 관련해 소수자에게 피해가 가지 않도록 정치적 고려가 포함된 언어나 행위를 구사해야 한다는 의미다. 포용과 공동체를 존중하는 화합으로 가기 위해서는 이러한 사상적·정치적 태도를 갖춘 성숙한 리더가 필요하다는 절실한 자각이 국민들 사이에 소리 없이 퍼져나갔다.

트럼피즘으로 상징되는 선동정치를 경계하다

트럼프는 따지고 보면 2008년 글로벌 금융 위기 이후 등장한 공화당 내 정치 포퓰리즘의 흐름에 요령 좋게 올라탄 순발력 있는

후보자였다. 정치 경력도 일천했다. 그의 등장에 앞서 공화당 내 강경 보수파인 티파티(Teaparty)는 작은 정부와 세금 인하를 주장하며 복지를 위한 재정 지원을 극도로 혐오하는 정치 일파로서 큰 인기를 모았다. 모기지 사태로 인한 금융 위기 당시, 주택 대출 시스템의 붕괴로 집을 빼앗기게 된 서민들을 지원하는 것에는 반대하면서도, 도덕적 해이의 주범이었던 월가의 금융사들을 위한 엄청난 지원에 대해서는 '시장에 해결책을 맡기는' 현명한 결정이라며 옹호하기도 했다. 이러한 포퓰리즘 정치는 미국 일부 지역에 공고히 남아 있는 인종 차별의 그림자와 결합하면서 기형적인 형태로 유행처럼 퍼져나갔다.

트럼프는 그 와중에 탄생한 희대의 스타다. 그는 혐오와 차별을 앞세워 끊임없이 공공의 적을 만들어가는 방식으로 편을 가르고 지지층을 결집시켰다. 반엘리트주의, 언론 탄압, 편 가르기, 음모론, 습관적인 거짓말, 관료 사회가 가져야 할 중립성 파괴, 폭력 선동, 인종주의 조장, 권력 남용, 네포티즘(Nepotism, 친인척을 동원한 족벌주의), 이해 충돌, 적대국과의 공모, 자유무역 후퇴 등 트럼프식 정치는 이른바 트럼피즘(Trumpism)이라는 정치 사조를 탄생시켰다.

바이든의 미국 (27)
트럼피즘
'아메리카 퍼스트'를 지지하며 백인 우월주의, 반엘리트주의, 인종주의, 사이다 발언 등에 열광하는 트럼프식 정치 사조

그는 사실과 거짓을 뒤집고 전문가를 무시하며 막말과 선동 정치를 일삼았다. 정치가 마치 '자기 일에만 묵묵히 전념하느라 당하고만 살았던 평범한 일반 대중'들

과 '자신들의 이익을 위해 야합하는 부패하고 이기적인 기존 정치 엘리트' 간의 대결인 것처럼 희화화했다. 마치 자신이 일반 대중의 편에 서서 그들의 이익을 대변해줄 것처럼 이분법적 전투 프레임으로 몰고 갔다. 인종 차별과 성 차별을 서슴지 않고 백인 우월주의를 앞세웠다. 이를 통해 '디플로러블'(Deplorable, 개탄스럽다)이라 불리는 열광적인 지지층을 만들어냈다. 그들에게 트럼프는 평소 하고 싶었던, 그러나 차마 부끄러워 내뱉지 못했던 말들을 대신 해주는 사이다 같은 인물이었다.

바이든의 미국 (28)
디플로러블

인종차별과 성차별을 서슴지 않고 백인 우월주의를 앞세우는 트럼프의 열광적 지지층

그런데 이 같은 선동에 설득되지 않는 비판적 입장의 국민들에게 그는 어떤 모습으로 비쳐졌을까? 공감능력이 전혀 없는 독불장군, 천박한 속물이라는 부정적인 이미지가 생길 수밖에 없었다. 트럼프는 재임 기간이었던 4년 내내 민주주의가 요구하는 기본 규범을 따를 것을 철저히 거부했다. 심지어 선거 결과에 대한 신사적인 승복도 거부했다.

2016년 대선 캠페인 때는 힐러리 클린턴 당시 민주당 후보가 수백만 명의 불법 이민자들과 이미 사망한 사람들까지 투표에 동원했다고 주장했다. 그는 지지자들에게 "힐러리가 이번 선거를 조작하지 못하도록 도와주세요!"라고 호소하며 부정선거 의혹을 부추겼다. 이번 대선에서는 한술 더 떠서 우편 투표 자체가 사기이며 철저히 조작되었고 투표용지 상당수가 민주당 지지자에게만 발송됐다고 주장했다.

경쟁 상대자에게도 예의를 지키지 않았다. 흑색선전을 넘어 도가 지나친 비난까지 해댔다. 오바마에게는 미국 출생이 아닐 수 있다는 음모론을 제기했고 바이든이 지명한 부통령 후보자 카멀라 해리스의 출생도 문제 삼았다. 바이든을 향해서도 졸음꾼 조(sleepy Joe), 좌파들의 꼭두각시(puppet of the left), 극좌파 미치광이(far-left lunatics) 등 원색적 표현을 써가며 몰아세웠다.

당장에는 통쾌함과 만족감을 선사할지 몰라도, 궁극적으로는 민주주의와 과학적 사고, 통합과 협력의 풍토를 해치는 이러한 정치 행태에 대해 침묵하던 다수의 대중들조차 진저리를 치기 시작했다. 바이든은 바로 이 트럼피즘의 문제점을 선거에 활용했다.

바이든의 미국 (29)
국가 영혼을 위한 싸움

바이든이 트럼피즘의 문제점을 선거 운동에 활용하기 위해 사용했던 TV 광고 문구

대선 후보 TV 광고에서 그는 2020 대통령 선거야말로 '국가의 영혼을 위한 싸움'(Battle for the Soul of the Nation)이 될 것이며 '지난 4년 미국 국민이 겪었던 분열과 혼돈의 위협을 극복할 기회'라는 사실을 집중 부각시켰다.

내부적으로는 증오와 분노가 팽배해져 일촉즉발의 위기상황에 직면한 미국 사회의 분열 양상을 극복하고, 대외적으로는 미국 우선주의의 오만함이 만들어낸 동맹국들과의 반목을 청산함으로써 '미국을 다시 미국답게' 하겠다는 의지를 분명히 했다. 분열이 아닌 단합과 통합을 강조했고 '다시 세계로부터 존경받는 미국'을 만들 것을 약속했다. 이와 같은 바이든의 선거 구호는 자존감이 떨어질 대로 떨어진 유권자들의 마음

을 파고들었다.

물론 트럼프가 대통령 직에서 물러난다고 해서 여전히 선풍적인 인기를 끌고 있는 트럼피즘의 실체가 사라질지는 미지수다. 2020년 선거에서 트럼프는 2016년 당시보다 1,000만여 표 더 많은 7,300만여 표를 득표할 정도로 오히려 지지층이 크게 늘어난 상황이기 때문이다.

바이든이 집권하게 되어도 공화당 내 대안세력이 부재한 상태에서 트럼프의 정치적 유산은 앞으로 한동안 미국 사회에 커다란 영향을 미칠 전망이다. 〈뉴욕타임스〉는 "혐오와 차별, 편 가르기가 통하는 한 트럼피즘은 사라지지 않을 것"이라며 "트럼피즘 2.0이 본격화할 것"이라고 전망하기도 했다.

트럼프를 원하는 시대정신 vs. 바이든을 선택한 시대정신

선거를 통한 권력 이양 과정에는 반드시 민심을 반영하는 시대정신이 관통하고 있다. 대통령 선거는 특히 더 그렇다. 이 시대정신을 정확히 꿰뚫고 리더십을 발휘한 정당과 지도자는 역대로 권력을 거머쥐었고 세상의 조명을 받았다.

바이든은 어떠한 시대정신을 읽어낸 것일까?

미국이 원했던 핵심적인 시대정신은 미국의 재건, 즉 미국 리더십의 복원이었다. 인수위 홈페이지 명칭이자 새로운 바이든 정

바이든의 미국 (30)
더 나은 복원

2020 미국 대통령 선거에서 원했던 시대정신. 바이든은 미국의 글로벌 리더십을 복원함으로써 경제재건, 시장 자유, 불평등 해소 등을 통해 미국의 정신을 되찾겠다고 약속했다.

부의 정책 기조는 '더 나은 복원'(www.buildback-better.gov)이다. 선거 내내 바이든은 이 구호를 외쳤다.

코로나19로 상처 입은 미국 경제를 재건하겠다는 뜻이기도 하지만, 시장 자유를 중시하는 소극적인 정부에서 벗어나 불평등을 해소하고 인프라 투자와 적극적인 산업 정책을 펼치는 등 역할을 더욱 확대하는 정부로 변화하겠다는 의미이기도 하다.

대선 기간 동안 그가 제시한 '미국의 정신을 되찾자'(Restore The Soul of America)라는 선거 슬로건은 국민들로부터 큰 호응을 얻었다. '미국적 가치'를 되찾는 데 집중하겠다는 것이다. '반트럼프'가 핵심 기조였지만, 단순한 반대를 넘어 민주당 내 진보 세력이나 전통 민주당 엘리트 그룹을 비롯해 일부 전통적인 공화당 지지 세력까지도 아우를 수 있는 새로운 시대정신을 미국적 가치라고 보았다.

바이든의 미국 (31)
캡틴 아메리카

트럼프의 '아메리카 퍼스트'에 맞서는 개념으로 국제사회의 존경을 받는 리더, 즉 캡틴이 되어 미국적 가치를 되찾자는 바이든의 정치 구호

그렇다면 바이든이 되찾아오겠다는 '미국적 가치'란 무엇일까?

한마디로 말하면, 트럼프가 줄곧 외쳤던 아메리카 퍼스트(America First)를 캡틴 아메리카(Captain America)로 바꾸는 일이다. 자국의 이익만 챙기는 욕심 많은 떼쟁이 미국이 아닌 '국제 사회의 존경받는 리더'로 복귀하겠다는 뜻이다.

따라서 바이든 시대 미국은 오바마 전 대통령 때처럼 국제 이슈에 적극적으로 관여하는 글로벌 리더십을 발휘하는 데 총력을 기울이기 시작했다. 트럼프가 탈퇴한 각종 국제협약과 국제기구에 다시 가입해 고립 지향의 자국 우선주의에서 탈피하고, 국제 사회와 협력하는 미국의 이미지를 다시 강화하고 있다. 2017년 트럼프가 탈퇴했던 파리기후변화협약에도 시급하게 다시 가입해 지구 온난화 방지에 앞장선 것이 바로 달라진 모습 중 하나다.

또한 '분열과 대립의 정치'를 끝내고 '화합과 통합의 정치'로 회귀하는 것 역시 바이든이 가고자 하는 방향이다. 바이든은 승리 연설에서 "분열이 아닌 통합을 추구하는 대통령이 되겠다."면서 "지금은 미국을 치유해야 할 시간"이라고 밝힌 바 있다. 그는 "황인과 흑인, 남자와 여자, 동성애자가 모두 함께 가야 한다."며 통합의 리더십을 주창했고, "당파를 떠나 미국 대통령으로서 통치하겠다."면서 화합의 중요성을 강조했다.

세계 경찰로서의 지위를 되찾는 일 역시 미국적 가치 중 하나다. 트럼프는 동맹국들을 무시하거나 단순한 경제적 이익의 대상자로 전락시키고 상대방의 권위를 실추시켰다. 이에 반해 바이든은 동맹국과의 협력을 강화할 계획이다. 북대서양조약기구(NATO) 회원국을 향한 방위비 증액과 같은 요구 역시 갈취 행위라고 보고 협력적 타협을 이끌어내려 하고 있다.

'이민자의 나라'로서 본래의 정체성을 찾는 것도 '미국적 가치' 회복의 이슈 중 하나다. 바이든이 "반인권적 이민 정책을 철폐하고 국경 장벽 설치를 그만두겠다."고 호언한 만큼 트럼프가 밀어붙였던 반이민 정책에도 큰 변화가 예상된다. 그는 트럼프가 펴왔던 편협하고 자의적인 기준의 반이민 정책으로부터 탈피해 '이민자의 나라'이자 '인종의 용광로'로서 역동성이 넘치는 미국의 정체성을 다시금 확인하겠다는 방침이다

바이든의 미국 (32)
중산층 복원

미국을 다시 강력하게 하기 위해 일하는 다수의 대중, 즉 중산층 복원·일자리 창출에 앞장서겠다는 바이든의 공약

사회적 약자에 대한 배려와 중산층 복원 역시 미국 사회가 강력하게 요구하는 시대정신 중 하나로 꼽을 수 있다. 바이든은 "미국의 뼈대를 되살릴 것을 약속한다."면서 "이 나라의 정신, 일하는 다수의 대중과 중산층을 다시 일으켜 세울 것"이라고 약속했다.

존경이란 높은 직위나 경제력, 힘의 우위를 통한 억압을 통해 강압적으로 만들어지는 게 아니다. 초강대국 미국이 국제 사회에서 존경을 받으려면, 군사력이나 경제력 이외에 민주주의와 자본주의 리더십 차원에서 전세계의 모범이 돼야 한다. 그 핵심이 바로 민주주의의 근간인 자유와 법치의 강력한 확립이다.

미국인들은 조지 플로이드 사망 사건으로 촉발된 이른바 '흑인 목숨도 소중하다'(Black Lives Matter) 시위 과정에서 인종 차별로 촉발될 국가 분열의 위험성을 목도했다. 폭력 사태와 약탈은 사회 불안을 야기했고 시민들은 소요 사태를 걱정하며 서둘러 너도나도 총기를 사들였다.

트럼프는 현직 대통령임에도 불구하고 선거 기간 내내 공공연히 선거 결과에 대한 불복 가능성을 내비쳤고 인종 갈등을 부추겼다. 심지어 가짜 뉴스까지 살포했다. 이 같은 트럼프의 튀는 행동은 민주주의 가치가 무엇인지, 미국인이 지켜야 할 정체성이 무엇인지를 오히려 정확하게 깨닫도록 해줬다. 자유를 위한 협력과 공조, 법치와 인권 보장, 규칙에 입각한 행동의 중요성을 역설적으로 일깨워준 것이다.

바이든은 미국 대선 역사상 가장 많은 표를 얻은 대통령이자 처음으로 8,000만 표 이상 득표한 대통령이 됐다. 역설적이게도 트럼프는 7,300만 표 이상을 얻으며 미국 역사상 두 번째로 많은 표를 얻고도 대통령 선거에서 떨어졌다. 2008년 대선에서 6,950만 표를 얻어 대통령이 된 오바마보다도 더 많은 표를 얻었지만 대통령 자리에는 오르지 못하게 된 것이다. 비록 대선에서의 명암은 갈렸지만, 이렇듯 많은 지지자의 존재는 집권하는 바이든에게 계속되는 위협으로 남을 것으로 보인다.

반지성주의에도 불구하고 여전히 트럼프에게 열광한 이들은 과연 무엇을 원한 것일까?

이들 다수의 트럼프 지지자들은 미국 사회에 등장하기 시작한 '사회민주주의 성향'을 경계한다. 즉 복지, 분배, 친노동과 같은 덕목보다는 자유시장주의에 입각한 '경제 성장'이라는 희망 메시지

> **바이든의 미국 (33)**
> # 7,300만 표
>
> 미국 역사상 두 번째로 많은 표를 얻고도 대통령 선거에서 떨어진 트럼프의 상징적인 득표 수. '미국을 다시 위대하게' 슬로건을 지지하는 백인 우월주의 문화는 바이든이 앞으로 극복해야 할 과제다.

에 더 큰 가중치를 둔다는 의미다. 코로나로 수많은 사람들이 목숨을 잃은 와중에도 7,300만 표를 득표했다는 것은 대단한 의미를 지닌다. 코로나 사태가 없었더라면 트럼프가 너끈히 재선됐을 것이라고 말하는 이들이 많은 이유다.

2020 대선에서 진행된 출구조사에서 '투표 결정을 할 때 가장 중요하게 생각한 이슈가 무엇인가?'라는 문항에 대한 답변으로 공화당 지지자의 82%는 '경제'를 꼽았고, 민주당 지지자들의 82%는 '전염병 극복'을 꼽았을 정도로 두 정파 간의 견해차는 극명했다.

트럼프에게 표를 준 지지자들은 그가 주창하는 '미국 우선주의'에도 열광한다. 심지어 인종 차별, 여성 혐오 발언까지 추종할 정도다. 트럼프 정부는 '미국을 다시 위대하게'(Make America Great Again) 만들겠다며 미국 우선주의를 기치로 내세웠다. 그리고 그 원칙에 따라서 무역, 국제 협력, 안보, 이민 등의 일련의 정책들을 미국 이익 중심, 백인 우대 중심이라는 방향성을 갖고 철저히 차별화했다.

TPP(환태평양경제동반자협정)에서 탈퇴하면서 트럼프는 "TPP는 미국에게 있어서 잠재적인 재앙"이라며 "이번 탈퇴는 미국 노동자들을 위해 좋은 일"이라고 강조했다. 이전 정부가 주도하거나 참여해 성사되었던 다자간 무역협정에서 대통령의 말 한마디에 따라 탈퇴해버리거나, 같은 이유로 NAFTA(북미자유무역협정)나 양자 간 무역협정인 한미 FTA 같은 경우에도 재협상을 요구하며 자국의 이익을 극대화하기 위해 협정 취지에 어긋나는 일방적인 주장을 내세웠다.

이란, 이라크, 시리아 등 7개국 국민의 미국 입국 비자 발급을 최소 90일간 중단하고, 멕시코 국경 장벽을 건설하는 반이민 정책도 강행했다. 비용 부담이 크다며 파리기후변화협정도 탈퇴했다.

한국에는 거액의 방위비 분담금을 요구했고, 전시작전통제권을 한국군 사령관에게 이양하는 절차를 협의도 없이 지연시켰다. 한미 공동성명에서는 주한미군 '현 수준 유지'라는 문구를 12년 만에 빼버리기까지 했다.

철저히 미국만의 이익을 우선시하는 정책이 지난 4년 동안 미국을 지배했던 셈이다. 그리고 우리는 이러한 비합리적이고 일방적인 '자국 우선주의'를 응원하는 사람들이 여전히 미국 국민의 절반이나 된다는 사실을 목도하고 있다.

Investment Point
대중의 욕망 읽으면 유망 산업이 보인다

2020년 3월 전세계적으로 팬데믹이 확산되기 시작하면서, 선행 지표로 가장 빨리 반응하는 주식 시장은 기록적인 폭락을 맞았다. 제대로 된 치료제나 백신은 요원한 상황이었고 기업과 개인은 정부가 지급하는 보조금에 의지하며 간신히 위기 상황을 버텨갔다.

그러나 머지않아 각국의 재정 확대로 시중에 풍부해진 유동자금이 여러 투자처로 모여들었다. 역설적이게도 위기로부터 회복되는 산업 섹터의 순서를 보면서 투자자들은 '아무리 어려워도 사람들이 꼭 지출해야 하는 영역'이 무엇이며 대면 활동이 불가능해질 때 '일하고 생활하기 위해 의지해야 하는 영역'이 무엇인지, 새로운 식견을 갖게 되었다.

폐쇄와 봉쇄, 이동금지의 상황에서 어떻게 적응해야 하는지 비즈니스를 어떤 방식으로 작동시켜야 하는지 지혜롭게 대처했다. 새로운 언택트 산업이 부상했고 온라인 사업이 오프라인을 급속도로 대체하는 새로운 문화를 만들어냈다.

이처럼 이제 포스트 코로나 시대에 대중의 욕망이 다시 어디로 향할지도 예측해볼 수 있을 것이다. 변화가 닥쳐올 때 사람들의 욕망이 어디로 향하는지를 읽는 능력이야말로 유망 사업을 짚어내는 사업과 투자의 핵심 역량인 셈이다.

역설적이지만 코로나 시대 추락했던 여행, 항공, 오프라인 유통, 호텔, 엔터테인먼트, 에너지, 식·음료 등 이른바 경기순환주들의 실적이 포스트 코로나 시대 어떻게 움직일지 주목할 필요가 있다. 일상생활이 정상화를 시작하면 팬데믹으로 고통 받았던 업종에 희망이 오지 않을까.

바이든 시대 미국 대전환
'강한 리더 국가'로 정책 방향 완전히 바꾼다

'탄소 중립' 세계 경제 대전환… 주도권 잡는다

바이든이 추구하는 큰 정부 기조는 사실 시대가 부른 요구라고 할 수 있다. 세계 대공황 시대 루스벨트식 '큰 정부'를 원했던 시대정신과 마찬가지 상황이다. 코로나19 확산으로 전세계 어디나 정부의 적극적인 역할이 중요해졌다. 증세를 통해 세입을 늘리고, 그 자원을 가지고 정부 지출을 늘려 경제를 부양시키는 정책이 대거 쏟아질 전망이다. 바이든 집권 상당 기간 동안 저금리 방향성이 유지될 것은 당연한 귀결이다. 연준 역시 통화 정책으로 이를 뒷받침해줄 것이고, 오히려 정부의 적극적 재정 정책을 강력히 주문하고 있는 상황인지라 새로운 정부와 코드가 잘 맞는다. 앞서 말했듯이 옐런이 재무장관의 역할을 맡게 됨에 따라 양자의 협력은 더욱 원활히 진행될 것으로 기대된다.

큰 정부는 '부자 증세'로 통한다. 트럼프가 감세를 통한 일자리 확보와 경제 활성화를 꾀한 반면, 바이든은 고소득층이나 성장성이 좋은 기업들로부터 세수를 확보해 다른 계층과 산업에 분배하는 것을 핵심 정책으로 내세운다. 트럼프는 대통령이 되자마자 법인세를 35.0%에서 21.0%로 인하했고 개인 최고 소득세율도 39.6%에서 37.0%로 낮췄다. 자신이 재선되면 급여세를 영구 면제하고 소득세를 더욱 감면하겠다는 공약을 내세우기도 했다.

바이든의 미국 (34)
부자 증세

법인세와 소득세를 올려 늘어난 세수로 경기를 부양시키고 부를 재분배하겠다는 바이든 정부의 세금 정책

반면 바이든은 법인세율을 28% 이상으로 상향시키고 개인소득세 최고세율 역시 다시 39.6%로 높이겠다고 밝혔다. 이는 부의 재분배 차원의 세금 정책이며, 이렇게 늘어난 세수를 경기 부양에 사용하겠다는 것이다.

법인세율이 높아지면 당장에 기업 부담이 늘어나 대외적인 경쟁력이 약화되는 원인이 된다. 워싱턴 DC에 있는 택스 파운데이션 연구소는 바이든의 이러한 조세 정책이 미국의 장기 GDP를 1.51% 하락시키고 58만 5,000개의 상근 일자리를 사라지게 할 수

PART 1.
GRAND TRANSFORMATION OF AMERICA

미국의 대전환 예측
더 강하고 더 '위험한 미국'이 온다

있다고 경고하기도 했다.

그러나 복안이 없는 것은 아니다. 수익이 늘면 세율이 높아져도 그 부담이 희석된다. 바이든은 새로이 정부 재원을 투입하는 뉴딜 프로젝트의 대상을 디지털과 그린 영역으로 설정하고 있다. 즉 유럽을 위시로 빠른 속도로 추진되고 있는 경제 패러다임의 전환기에 미국이 상대적 강점을 갖고 있는 4차 산업과 친환경 분야에서 경쟁력을 더욱 높여 길목을 선점하겠다는 것이다. 미국이 눈엣가시처럼 여기는 중국을 필두로 한 신흥국들이 제조업 기반의 수출 위주 굴뚝 산업에 여전히 목을 매고 있는 것을 감안하면, 친환경 정책 드라이브는 이들을 다양한 신종 규제와 표준으로 제어할 수 있는 효과적인 수단이 될 전망이다.

바이든의 미국 (35)
뉴딜 프로젝트

정부 재원을 디지털과 그린 분야에 대거 투입해 4차 산업혁명 관련 경쟁력을 높이고 친환경 산업을 육성해 기업의 수익을 창출시켜 증세 부담을 희석시키겠다는 경제 정책 전략

동맹 앞세운 외교전략, 경쟁자 고립시킨다

바이든 외교 정책의 기본은 '미국이 다시 세계를 이끌어야 한다'는 것이다. 미국을 다시 세계로부터 존경받는 나라로 만들겠다면서 미국의 리더십을 강조하고 있다.

따라서 동맹 관계 복원, 미국 주도의 다자주의가 외교의 기본 방향이 될 전망이다. 토니 블링컨 국무장관, 제이크 설리번 국가 안

보 보좌관, 애브릴 헤인스 국가 정보국장 등이 동맹·다자주의에 초점을 맞춰 미국의 외교 안보 정책을 총괄하게 된다.

바이든의 경력을 보면 '동맹 정치'로의 복원을 쉽게 예상할 수 있다. 바이든은 37년간 상원 의원을 하는 동안 12년간 상원 외교위원을 맡아왔다. 그중 4년 동안은 외교위원장에 재임하면서 외교적 수완을 여실히 발휘하기도 했다. 이때 보여준 바이든의 행보는 '국제주의에 입각하되 때로는 강력하고 급진적인 선택도 서슴지 않는' 대담한 방식이었다.

1991년 걸프 전쟁에는 반대했으면서도 유고의 독재자 밀로셰비치에 대해 강력한 무력 응징을 가하는 것은 지지했다. 보스니아에 대한 무력 지원을 찬성했고, 코소보 전쟁 때는 유고 공습을 촉구하기도 했다. 2001년 아프간 전쟁 때에도 필요한 모든 수단을 동원할 것을 요구했고, 사담 후세인에 대해서도 미국의 안보를 위협하는 존재로 여기고 제거 외에는 다른 방법이 없다고 강하게 주장하기도 했다.

이러한 그의 성향은 종종 민주당의 전통적 당론과는 배치되었다. 오히려 공화당과 합치되는 경우가 많아, 역설적으로 의회에서 여야가 극한으로 대립할 때 상대 당을 설득하는 데는 매우 유리한 자산으로 작용하기도 했다. 또한 그의 외교적 관점은 당론 위주의 경색된 일방에 머물거나 혹은 대화와 존중 위주로만 구성되지 않았다는 점은 유연성과 과감함이 동시에 필요한 상황에서 장점으로 발휘될 수 있다.

그러나 바이든은 트럼프식 미국 우선주의가 다수의 주요 동맹 관계에 심각한 균열을 만들었다는 점에 대해서만은 확고한 입장이다. CNN은 그런 이유로 "바이든이 트럼프가 내세운 다수의 외교 정책을 빠른 시일 내에 무효화하고 4년 전 오바마 행정부 후반의 위치로 미국을 재빨리 돌려놓기 위해 다양한 행정명령들을 발동할 것"이라고 예측했다.

동일한 맥락에서 바이든은 유럽의 북대서양조약기구(NATO) 회원국들이나 한국, 일본과 같은 동아시아의 전통 우방과의 관계를 다시금 돈독히 하는 정책을 펼 것으로 예상된다. 중국과의 무역 전쟁에서도 트럼프가 폈던 일방적인 관세 보복 대신 다른 동맹국들과 전선을 형성해서 중국이 국제적인 규범을 따르도록 압박하는 입체적이고 지능적인 정책을 펼 가능성이 높다.

동맹 관계 복원의 1차적인 대상은 대서양 양안 인접국들과의 공조 관계를 회복시키는 것이 될 전망이다. 뼛속까지 유럽을 이해하는 토니 블링컨 국무장관을 임용한 데는 그런 포석이 깔려 있는 것으로 보인다. 동맹 국가들을 대(對) 러시아 혹은 중국 문제를 푸는 데 필요한 공동 전선으로 활용하겠다는 계산인 것이다.

트럼프는 유럽연합을 폄훼하고 영국의 브렉시트를 부추겼지만, 바이든은 브렉시트를 반대하며 EU와 미국의 관계를 중시해온 인물이다. 이런 점을 토대로 생각해보면 바이든은 영국과 EU 사이에서 균형을 잡는 중재자로서 노력을 기울일 것으로 보인다.

린치핀 _ '당사자 존중 원칙' 세워 한미 동맹 강화한다

바이든의 미국 (37)
린치핀
한반도는 물론 인도·
태평양 지역 안보와 번
영에 있어 한국이 핵심
축 역할을 해야 한다는
바이든의 한미 동맹에
대한 입장

문재인 대통령과 바이든 당선자의 첫 통화에서 나온 핵심 단어
가 바로 '린치핀'(linchpin, 핵심축)이다. 린치핀은 오
바마 전 대통령이 2010년부터 한미 동맹의 중요성
을 강조하며 자주 사용했던 용어이기도 하다. 당시
부통령이었던 바이든 역시 이 단어를 다시 강조했
다. 두 사람의 통화에서 바이든은 한미 동맹의 중요
성을 재차 강조하면서 "한국이 인도·태평양 지역
안보와 번영에 있어 린치핀 역할을 해주어야 한다."
고 말했다. 또한 "한국에 대한 방위 공약을 확고히
유지하고 북핵 문제 해결을 위해 긴밀히 협력해나가겠다."며 향후
한반도 안보 정책의 기조를 설명했다. 그리고 "앞으로 코로나 대
응, 보건 안보, 세계 경제 회복, 기후변화, 민주주의, 인도·태평양
지역 평화 번영을 위해 한미가 긴밀히 협력해나가길 기대한다."고
도 말했다.

동맹보다는 방위비 분담금 인상 같은 경제적 실리만을 강조했
던 트럼프와 온도차를 느끼게 하는 대목이다. 북미 간의 대화를 재
개하는 것 자체에 무게를 두기보다는 미국에 위협이 되는 '북핵 문
제' 해결이라는 당면 과제에 더 무게중심을 둔다는 뜻으로도 읽힌
다. 나아가 세계가 맞닥뜨린 다양한 현안들에 대해 동맹의 입장에
서 협력하고 힘을 합쳐 풀어가도록 도움을 줄 것을 당부하고 있다.

물론 앞서도 소개했듯 김대중 전 대통령과의 인연 등 바이든은 한국이나 한반도 문제에 대해 다른 그 어떤 대통령들보다 더 많은 관심을 기울이고 있는 것으로 알려져 있다. 당선인 신분이 되어 처음으로 맞이한 미국 재향 군인의 날에는 아내 질 바이든과 함께 필라델피아에 있는 6·25 참전 기념비에 헌화를 하기도 했다. 그는 그 자리에서 "참전 용사들의 희생을 존경하고 봉사를 이해하는 최고사령관이 될 것"이라고 강조했다.

바이든은 스가 요시히데 일본 총리와의 통화에서는 미일 동맹은 인도·태평양 지역의 '코너스톤'(cornerstone, 초석)이라고 표현했다. 이처럼 바이든은 한국과 일본과의 동맹 관계를 더욱 돈독히 함으로써 중국을 압박하고 견제하는 카드로 사용할 가능성이 높아 보인다.

이런 점에서 벌써 외교가에서는 바이든이 '한·미·일 삼각 협력 체제'를 공고히 함으로써 중국 견

바이든의 미국 (38)
코너스톤

일본이 인도·태평양 지역에서 외교·안보 문제를 푸는 미국의 초석이 돼야 한다는 바이든의 입장. 전통적으로 민주당은 일본과 사이가 좋다.

제에 활용할 것이란 전망이 유력하다. 이는 오바마 정부도 견지했던 입장이다. 전통적으로 민주당 외교력이 일본과 더 가깝게 형성되어왔다는 점을 감안하면, 경색된 한국과 일본 정부 사이의 관계를 개선하도록 우리 측에 적극적으로 요구할 것이라는 관측도 나온다.

동맹국에 대한 요구 내용 역시 이전 정부와는 달라질 전망이다. 트럼프는 동맹국과 협상을 할 경우에도 결국 '미국 이익을 극대화

하는 것'에 최종적인 초점을 맞췄지만, 바이든 시대에는 '미국의 글로벌 리더십' 확보가 핵심 가치가 된다. 따라서 동맹국과의 관계를 견고히 하고 국제 사회에서 미국의 영향력을 다시 높이는 쪽으로 정책의 방향을 재수정할 것이다. 실제 바이든은 트럼프 행정부가 한국에 방위비 분담금 인상 요구를 한 데 대해 강도 높게 비판했다. 중국을 상대하려면 분담금을 올리는 것보다 동맹국들과의 관계를 끈끈하게 하는 것이 더 중요하다는 입장이다.

대외 정책의 각론에서 바이든 행정부의 가장 큰 숙제는 역시 중동 문제와 북핵 문제다.

바이든은 트럼프가 파기한 이란 핵 합의(JCPOA) 복원을 공약으로 내건 바 있다. 트럼프 행정부는 이스라엘이나 UAE, 바레인 같은 수니파 국가들과는 관계를 개선하기 위해 노력하면서도, 시아파 국가인 이란과는 대립각을 세우며 제재를 강화하는 등 관계 정상화나 핵 문제 해결에 도움이 되지 않는 방식으로 행동했다.

북핵 문제와 관련해서 외교 전문가들은 바이든이 트럼프처럼 전격적인 톱다운 방식의 북미 정상 회담을 시도하지는 않을 것이라고 분석한다. 바이든은 "공을 비핵화 쪽으로 전진시키는 실질적인 전략의 일부로서 김정은과 기꺼이 만나겠다."는 입장이어서 비핵화 전제가 아니라면 대화는 힘들다는 태도를 분명히 한 바 있다. 비핵화에 대한 실질적인 진전이 없다면,

적극적으로 만날 이유가 없다는 뜻이다.

게다가 바이든 정부 초기, 북한 이슈는 주요 관심사 밖으로 밀려날 가능성이 높다. 미국 내에 산적한 경제 문제와 코로나 극복, 대외 정책 이슈에 집중하는 동안 북핵 문제는 상당 기간 휴면 상태로 남겨두게 될 공산이 크다. 그러나 상원 외교위원회 활동 당시 바이든이 '자국에 위협이 되는 집단'에 대해 강경한 입장을 취했던 것으로 미루어보면, 오바마가 취했던 '전략적 인내'와는 사뭇 다른 길로 갈 것이라 예측하는 이들도 많다. 의외로 김정은 위원장에 대한 매우 강력한 응징을 택할 우려도 있다는 조심스런 추측도 나온다.

인종차별 · 반이민 정서 깨고 성숙한 '미국적 가치' 일깨운다

주지하듯이 미국은 민주당과 공화당, 양당 체제다. 미국 역사상 한 번도 두 정당의 후보가 아닌 사람이 대통령이 된 사례는 없다. 그런 만큼 두 정당이 추구하는 정책적 이념은 서로 다르다.

민주당은 앤드루 잭슨 대통령의 지지자가 주축이 되어 1828년에 처음 창당되었는데 세계에서 가장 오래된 정당이라는 명예를 차지하고 있기도 하다. 1960년대부터는 해안가 대도시 거주자들 중심의 지지층을 확보하면서 여성, 성소수자, 밀레니얼 세대(1980년대

바이든의 미국 (40)
민주당

사회 · 경제적 평등, 복지국가, 친노동, 친환경, 격차해소, 친이민 등의 가치 구현을 주장하는 미국의 진보주의 정당. 바이든의 정치적 기반이 되고 있다.

~2000년대 태생으로 정보 통신에 능숙), 흑인, 라틴계, 유대인, 무슬림, 아시아계 등의 참여가 활발해졌다.

이들은 현대적 의미의 자유주의, 사회·경제적 평등을 옹호하며, 부의 양극화를 극복한 복지 국가를 지향한다. 이를 위해 정부가 적극적으로 시장에 간섭함으로써 경제의 균형을 도모해야 한다는 입장이다. 사회적으로는 노조의 권리를 보호하는 노동 정책, 지속 가능한 발전을 추구하는 환경 친화 정책, 계층 간의 격차를 해소하는 국가 차원의 공공 정책 등을 지지한다. 국가 규모의 공공 의료보험, 학업이나 사회 진출 등에 있어서 기회의 공정성을 확보하기 위한 적정한 수준의 교육비, 공공 임대 등의 다양한 계층을 위한 주택 공급 제도, 소비자 권리를 강화하는 입법 등을 위해 노력한다. 친이민 정책을 고수하며 총기 규제 강화, 낙태 합법화, 동성혼 찬성, 마리화나 합법화 등도 주장한다. 상징색은 파란색이고 상징 동물은 당나귀다.

프랭클린 루스벨트, 존 F. 케네디, 지미 카터, 빌 클린턴, 버락 오바마 등 15명의 대통령을 배출했다. 바이든 역시 민주당 소속으로, 그는 루스벨트 전 대통령의 경기 부양 철학과 민주당의 강령에 입각해 미국을 지휘할 것으로 보인다. 루스벨트는 1932년 '뉴딜'이라는 새로운 화두를 던지며 이전까지 남부 농촌에 지역적 기반을 두고 이념적으로는 자유방임주의와 작은 정부를 추구했던 민주당의 정치 경로를 바꿔놓았다. 바이든은 코로나19로 인한 경제 위기를 극복하기 위해 대공황을 극복했던 루스벨트에게서 지혜를 빌릴 요량이다.

공화당은 미국 북부로까지 노예제를 확산하는 것을 골자로 하는 '캔자스-네브래스카법'이 통과된 것에 반대하는 일군의 정치인들이 모여 1854년 창당되었다. 뿌리만 보면 공화당의 창당 이념은 자유주의와 반노예주의다.

공화당 출신의 첫 대통령은 에이브러햄 링컨이며, 링컨을 위시로 한 공화당 의원들의 노력으로 미국에서 노예제가 완전히 철폐되었다.

그러나 1912년 이후부터 공화당의 주류 세력이 보수 우익으로 확고히 자리 잡게 되었고, 특히 남부

바이든의 미국 (41)
공화당

적은 세금, 자본주의 시장경제, 이민제재, 보호무역, 군사 패권, 관세 부과 등의 가치 구현을 주장하는 미국의 보수주의 정당. 트럼프의 정치적 기반이 되었다.

지역에서 많은 지지를 얻으며 주류 정당으로서의 자리를 굳혀갔다. 농촌 거주자, 백인 남성, 노년층, 근본주의 기독교도 등이 핵심 지지층이다.

공화당은 보수주의를 주된 이념적 바탕으로 하며 적은 세금, 자유로운 자본주의 시장 경제 시스템, 이민 제재, 군비 확장을 통한 패권 확보, 총기 소유 지지, 낙태 금지, 노조에 대한 엄격한 규제, 보호무역과 관세 부과 등을 주요 정책으로 내세우고 있다. 공화당의 상징색은 빨간색이며 상징 동물은 코끼리다. 미국에서는 공화당을 거대한 옛날 정당이라는 의미로, GOP(Grand Old Party)라고 부르기도 한다.

에이브러햄 링컨, 로널드 레이건, 조지 부시, 도널드 트럼프 등

모두 19명이 공화당 출신 대통령이다.

미국 의회는 미국 연방정부의 입법부로, 상원과 하원으로 나뉘어져 있다. 상원과 하원 국회의원은 모두 직접선거를 통해 선출되며 그 산하에는 8개의 행정 기관을 둔다.

바이든의 미국 (42)
하원

주별로 인구수에 따라 정원이 배분되어 2년마다 선출되는 435명의 국민의 대표자. 세금과 입법, 공무원 파면 등의 권한을 갖는다.

하원은 모두 435명의 의원으로 구성되어 있는데 주별로 인구수에 따라 정원이 배분되어 있어 각각의 의원이 자신의 지역을 대표하며 임기는 2년이다. 캘리포니아주와 같이 인구가 많은 곳에 속한 의원은 53명이나 되지만 사우스다코타, 버몬트, 알래스카와 같이 인구가 적은 주는 의원이 1명씩 배정되어 대조적이다. 한국의 국회의원은 미국으로 치면 하원 의원에 해당한다.

바이든의 미국 (43)
상원

주별로 인구 규모와 관계없이 2명씩 선출되는 50개 주의 대표자. 부통령이 상원 의장을 겸직하고 하원에서 통과된 법안에 대해 비토권을 행사하고 관료 임명에 대한 동의권을 갖고 있다.

상원은 하원과는 조금 다른 시스템을 갖고 있다. 상원은 입법 기관으로만이 아니라 미국 대통령을 수장으로 하는 미 연방 행정부의 의사결정에 대해 동의하거나 부결하는 의결 기관으로서의 역할을 한다. 상원은 또한 주별로 그 인구 규모와 관계없이 2명씩 동일한 숫자로 선출된다. 즉 하원 의원이 국민의 대표라면 상원 의원은 주의 대표인 셈이다. 임기는 6년이지만 모든 상원 의원의 회기가 동일하게 시작하고 끝마치는 것이 아니라 2년마다 전체 50개 주 가운데 3분의 1씩 새로 선출되어 서로 중첩되도록 되어 있다.

하원은 투표를 통해 의장을 선출하기 때문에 다수당에서 추천한 인물이 의장을 맡게 되는 경우가 대부분이지만, 상원은 부통령이 당연직으로 의장을 겸직한다. 의회에서는 임시 의장의 역할을 담당하게 될 부의장만 선출한다.

하원은 세금과 경제 운용 전반에 대한 권한, 대통령을 포함한 대부분의 공무원을 파면할 권한을 갖고 있는 국민을 대표하는 기관이다. 반면 상원은 미국의 주를 대표해 하원에서 통과된 법안에 대해 최종적인 비토권을 행사할 수 있다. 또한 군대의 파병, 관료 임명에 대한 동의, 외국과의 조약에 대한 승인 등 신속을 요하는 권한은 모두 상원에게만 있다.

이러한 민주당과 공화당의 정책 철학 차이 때문에 트럼프 하면 트레이드마크처럼 여겨졌던 백인 위주의 인종 차별적 정책이나 반이민 정책에 큰 변화가 생길 수밖에 없다. 특히 바이든 행정부는 그가 밀어붙였던 멕시코 국경 장벽 건설과 같은 프로젝트를 중단할 공산이 크다.

흑인 출신 변호사이며 정치 평론가인 밴 존스는 CNN 생방송을 통해 바이든 민주당 당선자의 승리 확정 소식을 전하다가 감격에 겨워 눈물을 흘리는 모습을 보였다. 그러면서 그는 미국 국민들이라면 잊을 수 없는 사건인 조지 플로이드 사망에 대해 언급했다.

"그는 '숨을 쉴 수 없다'고 호소했습니다. 그리고 미국 사회에서 정말 많은 흑인들 역시 '우리도 숨을 쉴 수 없다고 느낀다'고 말합니다. 정말이지 지난 4년의 트럼프 재임 기간 동안 우리가 겪었어야 했던 공포와 불안감은 그 누구도 이해하지 못할 것입니다."

해외에선 실감하기 어렵겠지만, 트럼프의 백인 중심의 인종주의적 행태는 다인종이 모여 사는 미국에서 많은 이들의 생존을 위협했던 것이 사실이다. 그는 연방 주요 교육기관에 커리큘럼으로 제정되어 있는 '인종 차별 금지 교육'을 폐지할 것을 지시하기도 했다. 인종 차별 금지 교육이 오히려 분열을 조장하는 반미국적인 정치 선동이라고 공격하며, 그런 교육 프로그램을 위해 예산을 한 푼도 쓸 수 없다고 으름장을 놓았다. 바이든 행정부는 이러한 트럼프의 인종 차별 정책을 다시금 '인종 간 화합과 공존'을 위한 방향으로 돌려놓을 것으로 보인다.

바이든의 미국 (44)
인종 평등

트럼프의 인종차별 정책을 '인종 간 화합과 공존'을 위한 방향으로 돌려놓기 위한 바이든의 인종 정책

바이든은 출범하는 정부의 최우선 과제 4가지 중 하나로 '인종 평등'을 제시했다. 인수위는 통합을 강조하며 다음과 같이 말했다. "우리는 240년 넘게 이 지난한 싸움을 지속해왔다. 모두가 평등하다는 미국의 이상, 그리고 우리를 찢어놓은 인종 차별이라는 가혹한 현실 간의 처절한 싸움이 그것이다." 인수위가 내놓은 시급한 처방전은 경찰 개혁과 경제적 불평등 해소였다.

미국 인구조사국이 지난 2019년 7월 발표한 인구 총조사 결과에 따르면, 미국 전체 인구 중 백인은 60.1%, 라틴계는 18.5%, 흑

인은 13.4%, 아시아계는 5.9%에 달하는 것으로 나타났다. 모두가 평등하다고는 하지만 백인을 제외한 나머지 인종은 여전히 소수자이며, 각종 사회·정치적 권력 또한 백인들에게 집중되어 있다. 경찰 행정의 경우 노예제도가 상존하던 서부 시대의 보안관 제도와 같은 주 행정부마다 상이한 수준의 형태와 관행이 혼재되어 있어, 차별을 심화하는 요인으로 작용한다. 또한 인종이나 성(性), 소득 차이에 따른 차별이 여전히 존재하는 사법 제도 등도 개선이 필요한 대목이다.

바이든 정부는 인종적으로 차별을 받는 흑인 등 소수자들을 위한 경제적 지원도 약속했다. '경제적 평등 없이는 미국을 더 나은 방향으로 재건하는 일은 요원하다'는 관점에서 경제적 참여를 가로막는 장벽을 제거하고 기회에 대한 접근이 더욱 용이해질 수 있도록 확대할 방침이다.

소수 우대, 미국 증시에 어떤 영향?

바이든 행정부는 소수 인종, 즉 흑인이나 라틴계, 아시아계를 지원하기 위한 다양한 정책을 선보일 것으로 보인다. 일례로 소수 인종 창업을 지원하는 소기업 기회 펀드는 300억 달러(약 33조)를 유치해서 새로운 창업을 시도하는 소수 인종을 지원한다. 또한 건당 최대 1만 5,000달러(약 1,650만 원)에 달하는 세금을 공제해주고 약 150만 채의 주택을 공급하는 소수 인종 주거 지원 정책도 나올 예정이다. 불법 이민자들이 합법적으로 이민을 신청하고 시민권을 얻을 수 있는 기회가 확대된다.

가장 먼저 미성년 입국자의 추방을 일시적으로 유예해주는 DACA(다카ㆍ불법체류 청소년 추방유예 제도) 프로그램이 복원된다. 바이든 대통령이 당선되자, 미국 연방법원은 2020년 12월 트럼프 행정부에서 폐지 결정을 내렸던 DACA를 완전히 복원할 것을 명령했다. 이로써 미국 뉴욕의 흑인과 히스패닉 등 소수 인종도 백인이 절대 다수인 뉴욕 명문 중학교 추첨 입학이 가능해졌다.

3,000개가 넘는 나스닥 상장사들은 4~5년 내에 여성ㆍ소수 인종ㆍ성소수자 등 최소 두 명의 다양성 이사를 선임해야 한다. 게다가 세계 최대 자산운용사 블랙록, 골드만삭스 등은 다양성 요건을 충족시키지 않는 기업엔 투자하지 않겠다고 밝혔다. 이러한 친이민 정책과 다양성 확대, 인종 간 차별을 금지하는 일련의 조치들은 능력 있고 의욕 넘치는 인재들을 다시 미국으로 끌어 모으고 미국 기업 실적과 증시 판도에까지 영향을 줄 전망이다. 다양성이 투자의 새 기준이 될 수 있기 때문이다.

BIDEN ECONOMY

미국은 역사적 기로에 선 순간마다

특별한 자신만의 방법으로 도약을 이뤄냈다.

몸집은 거대하고 둔탁하지만 변화에 직면할 때는

누구보다 빨랐으며, 그 상상력과 발상법은 남달리 탁월했다.

그들이 이제 앞으로의 100년을 구가할

새로운 1등 전략을 만들어가고 있다.

전방위적이며 전투적이고 노련하면서 도발적이다.

실로 그들이 만들어갈 내일이 두렵고 궁금하다.

우리가 그들을 우습게 볼 수 없는 이유다.

PART 2.

BUILD THE SUSTAINABLE #1 AMERICA

바이든 정책 대예측

100년을 내다보는 '독보적 1등 국가' 전략

바이드노믹스 정책 대전환
'중산층 재건' 목표로 국가 시스템 바꾼다

팬데믹은 '세계 최고'라는 미국의 자존심을 짓밟았다

팬데믹 상황에서 더욱 극단적으로 촉발되기는 했지만, 지난 트럼프 정권하에서 미국이 직면한 가장 큰 충격파는 '아메리칸 드림의 실종'이었다. '누구라도 꿈을 이룰 수 있는 젊고 정의로운 나라'라는 미국의 이미지는 바닥으로 추락했다. 부의 양극화는 더욱 심화되었고 이민자를 배제하는 정책이 속속 도입됐으며, 인종 간 갈등과 불평등은 일촉즉발의 상황으로까지 치달았다. 엎친 데 덮친 격으로 코로나 바이러스에 대한 연방정부의 무대책에 가까운 책임 방기는 미국 시민들로 하여금 '국가는 어디 있느냐?' 하는 한탄을 불러일으켰다.

수렁에 빠진 경제를 살리기 위해서 바이든 정부가 가장 시급히 해결해야 할 문제는 무엇보다 바로 팬데믹 상황을 극복하는 것이다. 방역을 강화할수록 경제 회복은 느려질 수밖에 없고, 이러한 상황이 장기간 지속되면 경제는 침몰하게 된다. 따라서 어떤 형태의 경기 부양책보다 백신 공급이 경제를 살리는 데 중요한 역할을 할 것이다. 바이드노믹스의 초기 성패 역시 백신 공급 속도와 운명을 함께할 것으로 보인다. 바이든은 부인인 질 바이든과 앞장서서 백신 접종을 하며 트럼프의 초고속 작전(백신 개발 작전명)을 높이 평가하기까지 했다.

트럼프 행정부의 백악관 코로나19 백신 초고속 작전팀의 최고 책임자이자 제약회사 모더나의 이사인 몬세프 슬라위에 의하면, 최대한 백신 접종을 서두를 경우 2021년 5월 무렵이면 미국이 집단 면역을 달성할 수 있을 것이라고 한다. 바이든 정부는 2021년 3월까지 1억 명에게 백신을 접종하고 늦어도 6월까지 집단 면역을 형성할 계획이다. 영국, 독일, 스페인 등 유럽 주요국도 2021년 내 전 국민 백신 접종 완료를 목표로 서둘러 대처하고 있다. 영국 국민보건서비스(NHS)는 2021년 4월까지 전국의 모든 성인에게 백신을 접종시키겠다는 계획을 세웠으며, 화이자 백신을 세계 최초로 접종하기 시작했다.

그럼에도 미국의 전염병 최고 권위자로 꼽히는 앤서니 파우치 알레르기·전염병 연구소장은 2021년 연말이 되더라도 코로나19 이전의 상태로 돌아가기는 힘들 것이라는 암울한 전망을 내놓았다. 그는 집단 면역을 확보하려면 인구의 60%가 아니라 70~90%가 백신을 맞아야 한다는 입장이다. 백신을 맞더라도 코로나에서 완벽하게 자유로워진다거나, 이전처럼 자유롭게 포옹하거나 마음껏 마스크를 벗고 활동해도 된다는 의미는 아니라는 말이다. 즉 코로나 이전의 일상으로 돌아가는 일은 상당히 요원하며, 설령 바이러스를 극복했다 하더라도 과거와 같은 완전한 대면 위주의 활동을 영위하는 것은 상당 기간 힘들어진다. 어느 정도 라이프스타일의 변화가 불가피하다는 말이다. 대면 서비스업을 영위하는

바이든의 미국 (45)
라이프스타일 변화

코로나19가 종식되어도 과거와 같은 완전한 대면 위주의 활동 영위가 상당 기간 힘들 것이다. 그러므로 포스트 코로나 시대의 라이프스타일 변화가 주목받고 있다.

소규모 자영업이나 여행업, 항공 분야 등은 지속적인 불황을 감내할 수밖에 없는 상황이다.

또 하나 위험 요소는 '백신 리스크'가 여전히 상존한다는 점이다. 치명적인 부작용이라도 발생하게 되면 백신으로 인한 혼란이 세계 경제를 일시에 암흑기로 몰아넣을 수도 있다. 바이러스가 진화해 변종이 계속 일어나게 되면 백신의 효능은 일순간에 무용지물이 된다. 약효가 제대로 검증되지 않은 백신이 우후죽순 등장해 혼란을 부추길 수도 있다. 백신이 효과를 발휘해 어느 정도 일상이 회복된다 해도 불가피한 변화들은 받아들여야 한다.

코로나19 이후의 삶에 대해 마이크로소프트 창업자인 빌 게이츠는 현실적인 전망을 내놓았다. "코로나19가 종식돼도 출장은 50% 이상 줄어들 것이고 사무실 근무 역시 30% 넘게 사라질 것"이라고 말이다. 그는 "재택근무가 현실화한 만큼 집에서 일할 창의적인 방법은 항상 새롭게 생겨날 것"이라며 "많은 기업들이 가급적 대면 회의를 줄이고 효율을 높이기 위해 노력하게 될 것"이라고 내다봤다.

중산층 살려내 다시 '1등 미국의 꿈' 펼친다

바이든 행정부에는 중산층을 살려내지 못하면 미국도 무너진다는 위기감이 있다. 바이든은 2020년 4월 8일 사임한 민주당 내 가장 진보적인 대선 후보이자 버몬트 상원 의원인 버니 샌더스의 전폭적인 지지를 끌어내기 위해 그의 공약을 대폭 인계받았다. 그는 노동 계층의 경제적 부담을 완화하기 위한 일련의 정책들을 제안했다.

그중 '중산층 재건'이라는 과제는 바이든 캠페인의 핵심 공약으로 꼽힌다.

바이든의 미국 (46)
중산층의 나라

바이든은 2008년 금융위기 이후 중산층이 몰락해 미국의 위기를 초래했다며 중산층 재건을 정책목표로 제시하고 있다.

"이 나라는 월가의 은행가나 CEO들, 헤지펀드 매니저들이 만든 것이 아니다. 미국은 다름 아닌 다양한 대중이라는 중산층들이 세운 나라다."

이것이 바이든의 캠페인 일성이었다.

기회의 박탈과 냉소주의는 젊은 세대로 하여금 자본주의의 미래에 대해 의문을 품게 만든다. 퓨 리서치에 따르면 2018년에는 미국 성인의 52%가 중산층 세대에 속하는 것으로 나타났다. 이들은 3인 가족 기준 평균 48,500달러(약 5,300만 원)에서 145,500달러(약 1억 6,000만 원)의 연 수입을 기록했다. 그러나 이들 중산층은 선진국 중에서도 유독 미국에서 현저히 감소하는 추세로 중산층 내의 수입 격차는 점점 심해지고 있는 것이 현실이다. 뿐만 아니라 브루킹스 연구소 리포트에 따르면 이들 중산층의 20%는 2008년 금융 위기로부터 회복하지 못한 상태로 여전히 2007년 최고 수입에 도달하지 못하는 것으로 나타났다.

이렇듯 중산층이 붕괴되고 있는 상황에서 건강보험이 심각한 사회 문제로 대두되고 있다. 미국 인구조사국에 따르면 2018년 8.9%이던 건강보험 미가입률은 이듬해 9.2%로 늘었다. 바이든은 트럼프 집권 기간 동안 퇴보한 오바마 케어를 복원하고 전 국민 의료보험 체계를 수립하는 데 힘쓸 것을 천명했다. 특히 팬데믹 이후 심각한 문제 중 하나는 영구 실업층의 증가다. 영구 실업층이란 코로나19로 인한 실직 상태에서 회복되지 못하고 향후 계속 실업층으로 남는 60세에서 65세 사이의 의

바이든의 미국 (47)
전 국민 의료보험

트럼프 정부에서 퇴보한 오바마 케어를 복원하고 전 국민 의료보험 체계를 수립하겠다는 바이든의 목표

료 취약계층을 말한다. 직업이 없으면 의료보험의 혜택도 받을 수 없는 미국의 현실을 감안할 때, 이들은 극도의 의료 빈곤층으로 전락할 가능성이 높아진다. 바이든은 이들을 지원하기 위해 폭넓은 의료지원 펀드를 조성할 계획을 밝히고 있다.

부자 증세로 '보편적 복지 시스템' 만든다

바이든은 성장 지향의 진보적인 조세 정책을 표방하고 있다. 향후 10년간 약 4조 달러(약 4,300조)에 달하는 정부 세입을 늘려 재정을 충당할 계획이다. 연 수입 17만 달러(약 1억 8,000만 원) 이상인 상위 20%가 증가하는 세액의 93%를 충당하게 될 것으로 보인다. 이중 상위 1%가 증세액의 75%를 부담하게 된다. 부유세라는 말을 붙이지는 않았지만 사실상 '부자 증세'로 부유세를 거둬들이는 셈이다.

최고소득 구간의 소득세율이 현행 37%에서 39.6%로 올라간다. 연소득 40만 달러(약 4억 4,000만 원) 이상 고소득자에게는 사회보장세를 부과하고 자본 이득과 배당 소득에도 과세를 할 계획이다. 미국 기업이 해외에 설립한 자회사를 통해 거둬들이는 소득에 대한 세금도 21%로 올린다. 조세 회피를 위해 미국이 아닌 제3국에 주소지를 옮겨둔 빅테크 기업들이 타깃이다.

미국의 많은 젊은이들이 중산층으로 진입하기는커녕 사회에 진출하자마자 빚의 늪에서 허덕이게 만드는 것이 미국의 대학 학자금 대출 시스템이다. 유명 사립 명문대의 경우 연간 등록금은 수천만 원에 달한다. 대학 교육은 인재 육성을 위한 필수적인 과정이어야 하지만, 미국 특유의 값비싼 등록금 체계 때문에 빈익빈 부익부 현상을 공고히 하는 사회적 계급 상속의 도구가 되었다는 비판에서 자유로울 수 없다. 민주당에서 가장 진보적인 대권 후보로 꼽힌 버니 샌더스는 일찌감치 대학 무상교육을 주창한 인물이다. 그는 학생들이 빚 없이 대학을 졸업할 수 있도록 하는 것이 곧 인권이라고 언급하기도 했다.

바이든의 미국 (48)
학자금의 늪

미국 특유의 값비싼 대학 학자금 때문에 젊은 이들의 중산층 진입이 어렵다는 판단에 따라 바이든은 학자금의 늪에서 청년들을 구출할 방침

이러한 샌더스의 공약, 그리고 중산층 미만 학생들의 부담을 줄여주는 학자금 대출 상환 시스템을 제안한 엘리자베스 워런 후보의 공약을 승계한 것이 바이든의 학자금 관련 공약이다. '공약'이라는 것을 감안하면 실제 어디까지 현실화될 수 있을지 미지수이긴 하지만 그 내용만 봐서는 매우 파격적이다.

교육받기를 원하는 학생이라면 누구라도 무상으로 2년제 혹은 3년제 전문대학·칼리지를 졸업할 수 있게 해주는 무상 대학교육 프로그램을 도입한다. 연소득 125,000달러(약 1억 3,000만 원) 미만 가구의 대학 진학자에게 공립대학 등록금을 면제해주고 학자금 대출을 받은 후 사회에 진출한 성인이 25,000달러(약 2,700만 원) 미만의 연소득을 얻을 경우 학자금 대출 상

환이나 이자를 면제해준다. 나아가 그 이상 초과 소득자는 초과 수익의 5%에 해당하는 금액만 상환하되 20년 의무상환 기간이 다 지나면 잔액을 면제해주는 등 여러 형태의 학자금 지원 시스템을 도입한다. 이를 위해 소요되는 금액은 연방정부의 지원금으로 충당한다는 것이 골자다.

노동자의 권익 보호 역시, 중산층을 재건하기 위한 바이든의 주요 공약 중 하나다. 우선 연방 최저임금을 시간당 7.25달러에서 2026년까지 15달러로 인상하고 노동자의 협상력을 약화시키는 약탈적인 비경쟁 조항, 즉 동일 노동을 하는 노동자들이 서로의 급여 액수에 대해 공유하지 못하도록 하는 조치를 바로잡는다. 저임금 노동자를 관리자로 분류해 초과근무 수당을 지급하지 않는 관행도 척결할 계획이다. 미국의 연방 최저임금은 2008년 금융 위기 이후 동결된 상태로, 중산층 소득 복원이 이뤄지지 않는 가장 큰 원인으로 꼽힌다.

바이든의 미국 (49)
최저임금
노동자의 권익을 보호하기 위해 바이든은 연방 최저임금을 시간당 7.5달러에서 2026년까지 15달러로 인상할 방침

연준법 바꿔 인종 간 '경제 평등 국가' 만든다

바이든의 핵심 공약들에는 인종 간 경제 격차를 줄이기 위한 각종 조치들이 포함되어 있다. 흑인이나 소수자 공동체를 위해 저렴한 주택을 다수 공급하겠다는 주택 계획이나 공정한 대우와 임금

격차 해소를 위한 입법 계획들이 여기 포함된다.

또 한 가지, 인종 간 경제적 평등을 위한 계획에 포함된 내용은 연준에 '인종 평등'을 위한 정책 노력을 주문했다는 사실이다. 연준법 개정을 통해서 '인종 간 경제적 격차의 현황과 연준의 정책 대응 방안'을 연례적으로 보고하도록 강제하는 규정을 추진한다. 즉 연준이 사용하는 재정 정책의 수혜가 부유층이나 특권층의 자산 확대로 이어지지 않도록 하고, 연준의 정책이 고용 확대와 물가 안정의 방향성에 더욱 초점을 맞춰 추진되도록 정부의 감시를 더 강화하겠다는 의지다. 지난 2020년 9월 연준의 파월 의장이 발표한 평균물가목표제(AIT)는 이러한 바이든 행정부의 지향과도 맞아떨어지는 개념이다.

백인 남성 일색인 연준의 인적 구성 또한 인종과 성별 안배를 고려해 다양화함으로써 여러 사회 계층의 목소리가 의사결정에 반영되도록 하는 것도 연준법 개정이 지향하는 방향성이다. 이를 통해 전반적인 연준의 금융 정책을 정비해나갈 방침이다.

팬데믹 상황을 극복하고 저소득층, 특히 인종적 열위에 속해 있는 대상자들에게 더 원활하게 자금 지원을 하기 위해 '실시간 지급 결제 시스템' 구축도 주문할 계획이다. 현재는 일부 지원금 수취인들이 수표를 현금화하는 데 수일이 소요되고 은행 창구를 방문해야 하는 등 불편함이 동반되기 때문에, 그러한 부담을 덜어주기 위한 조치들이다.

'FOMC의 입'을 보면
'투자의 미래'가 보인다

연준(FED, Federal Reserve System)은 미국 특유의 중앙은행 제도를 말한다. 연준은 국가 기관으로 오해받고 있지만, 사실은 사립 은행이다. JP모건 등 사립 은행들이 100% 지분을 소유하고 있다. 그런데 미국 의회는 이 사립 은행에 화폐 발행권을 포함한 막강한 재정 정책 의사결정권을 부여해 독립성을 보장하고 있다.

연준은 달러를 발행하고 은행들의 지급준비율을 변경하며 재할인율도 결정한다. 무엇보다 중요한 것은 가맹 은행에 대한 정기예금 금리의 가이드라인을 제시한다는 점이다.

연준의 기준금리는 미국 은행의 금리 기준이 될 뿐 아니라 전세계 금리 추이를 결정하는 바로미터가 되기도 한다. 연준의 산하기관으로 금융 통화 정책을 결정하는 위원회가 바로 FOMC(Federal Open Market Committee, 연방 공개시장위원회)다. 여기서는 미국 내 유동성 공급을 조절하는데, 시중에 채권을 팔거나 사들이는 방법으로 돈을 더 풀거나 조일 수 있다. 12명의 위원으로 구성된 위원회는 매년 8회에 걸쳐 정기적으로 회의를 하고, 여기서 준비기금 금리와 통화 유동성 정책 방향을 결정해 발표한다.

FOMC의 결정에 따라 금리, 환율, 채권 가격 등에 영향을 미치므로, 이 회의 결과에 미국 등 주요 증시는 촉각을 곤두세울 수밖에 없다. 특히 달러화가 세계 기축통화로 쓰이는 만큼 FOMC의 결정에 따라 달러 가치가 바뀌고 달러가 미래 수익의 변화를 예상해 대이동을 하게 된다. 여기에 투자의 기회가 있는 것이다.

바이드노믹스 철학 대전환
사회주의 정책 앞세워 '부의 재분배' 나선다

미국식 사회민주주의 _ 지속 가능한 자유시장 만든다

바이드노믹스 정책의 핵심은 기축통화국이라는 지위를 활용해 '돈을 무한정 살포'하는 것에 있다. 코로나19로 침체된 경제를 살리기 위해서라도 사상 최대 규모의 경기 부양 정책을 꺼낼 수밖에 없을 것으로 보인다. 상상을 초월하는 규모로 제2차 세계대전 이후 역사상 가장 많은 재정 투입을 할 전망이다.

바이든은 코로나19 팬데믹 상황의 미국이 1930년대 대공황 시기와 유사한 위기에 처해 있다고 평가한다.

"나는 FDR(루스벨트의 이름 이니셜)이 처했던 절체절명의 위기, 그 기로에 서 있다. FDR은 우파냐 좌파냐 하는 이데올로기에 근거해 그 일을 해낸 것이 아니다. 그가 천명한 단 하나의 원칙은 바로 완전한 실용주의, 바로 이것이다."

바이든의 경제 정책이 어떻게 실행될지 잘 응축한 표현이다. 바이드노믹스의 핵심 철학이 바로 '루스벨트식으로 한다!'는 것에 있기 때문이다. 뉴딜 정책은 미국 제32대 대통령이었던 루스벨트가 대공황을 극복하기 위해 추진했던 적극적인 시장 개입 정책이다. 1932년 대통령 선거에서 민주당 후보로 출마해 당선된 루스벨트는 뉴딜이라는 전대미문의 정책을 통해 경제를 회생시키고, 무너진 사회 시스템을 재건했으며, 빈궁과 불안에 떠는 국민을 구제하는 세 마리 토끼를 모두 잡는 데 성공했다.

역대 대통령 중 미국인들이 가장 존경하는 인물로 꼽히는 프랭클린 루스벨트는 "가난한 사람들을 풍요롭게 할 수 있느냐 아니냐 하는 것이야말로 진보가 가져야 할 단 하나의 기준"이라고 강조하며 뉴딜 정책이 나아가고자 하는 방향성을 분명히 했다. 그러한 뚝심과 신념 덕분에 수많은 반대에도 불구하고 뉴딜 정책은 성공

바이든의 미국 (51)
대공황 위기

바이든은 코로나19 팬데믹 위기 상황을 1930년대 대공황 시기와 비슷한 절체절명의 위기로 보고 있다. 따라서 루스벨트식 경제 정책을 추진한다.

적으로 수행되었고, 루스벨스는 미국 역사상 유일한 4선 대통령이라는 기록을 남길 수 있었다. 그는 대공황과 제2차 세계대전이라는 어마어마한 두 차례의 위기를 안정적으로 극복하고, 지금의 세계 초강대국 미국을 탄생시킨 인물로 평가받는다.

당시 다수의 경제학자들은 대공황을 촉발한 공급 과잉과 그로 인해 발생한 과도한 인플레이션은 시장의 탐욕을 제어하지 못한 데서 생겨났다고 분석했다. 미국이 추앙하던 자유방임 시장경제에 따라 잘 작동할 것으로 믿었던 '시장의 보이지 않는 손'이 시장 실패를 만들어냈던 것이다. 이러한 뼈아픈 교훈을 토대로 이후 케인스 경제학이 주류로 등장할 수 있었고, 이는 미국 자본주의 시스템을 대폭 수정하게 만드는 계기가 되었다.

흔히 많은 이들이 루스벨트의 뉴딜 정책이 '댐 건설'과 같은 대대적인 인프라 투자를 통해 고용을 창출하고 정부 재정을 투입해 민간 경제를 활성화시킨 것이라고 단편적으로 이해하고 있다. 그런데 뉴딜 정책은 이전에는 존재하지 않았던 사회 다방면에 걸친 혁신을 창조해낸 매우 입체적인 정책 기조의 변화였다. 바이든이 '제2의 루스벨트가 되겠다'고 하는 데에는 바로 이러한 입체적인 구상이 포함되어 있음을 이해할 필요가 있다. 케인지언 정책 입안자들의 머리에서 나온 여러 혁신의 아이디어들은 향후 '정책적 대안의 바로미터'로서 한국에도 고스란히 이식될 수 있다. 이는 신자유주의로 치닫던 세계 경제가 그것만으로는 더 이상 성장을 구가할 수 없음을 자각하고 새로운 관점과 철학을 가져야 함을 선언하

바이든의 미국 (52)
3R

미국은 뉴딜 정책을 통해 단순히 인프라 투자를 한 것이 아니라 새로운 철학으로 금융과 산업 시스템 개혁(Reform), 경제 회복(Recovery), 저소득층 구제(Relief)를 동시에 추진함으로써 세계 초강대국 미국을 탄생시켰다.

는 일과도 맥을 같이하기 때문이다.

뉴딜 정책은 흔히 3R로 요약되는데, 개혁(Reform), 회복(Recovery), 구제(Relief)가 그 목적이다. 개혁의 대상은 고삐 풀린 망아지처럼 이윤을 향해서만 달려가는 금융과 산업이며, 회복의 대상은 양극화와 경제 불균형, 차별과 불합리로 인해 침체되어가는 경제이다. 그리고 구제의 대상은 몰락하는 중산층과 실업 및 빈곤에 시달리는 저소득층이다. 각각을 실행하기 위한 도구는 규제, 재정 지출, 복지라는 점에서 바이든의 정책 어젠다와도 맞물린다는 것을 알 수 있다.

1930년대임을 감안하면 파격적일 수밖에 없는 새로운 법안 도입과 집행이 뉴딜 정책의 시작점이었다. 부실 은행을 정리하고 우량한 은행에는 연방 자금을 지원해 재정 신뢰도를 높이는 긴급은행법, 실직자에게 구호 기금을 지급하는 긴급구호법, 증권업을 규제하는 연방증권법과 증권거래법, 상업 은행과 투자 은행을 분리하는 글라스-스티걸법, 상업 은행에 예치한 예치금을 보호해주는 예금자 보호법 같은 혁신 법안들이 속속 도입되었다.

이러한 근거 법안을 바탕으로 비로소 고소득층에 대한 소득세율과 상속세율(각각 최고 94%, 77%)의 파격적인 인상을 통한 세원 확대, 노동관계법이나 사회보장법의 강화를 통한 사회 안전망 구축과 복지 시스템 확충, 대규모 토목 공사를 통한 재정 투입 등이 가능했던 것이다.

뉴딜 정책의 성패에 대해서는 역사적 판단이 엇갈리기도 한다. 뉴딜 정책이 오히려 불황을 장기화시켰고 경기 회복은 제2차 세계대전이라는 전쟁 특수를 통해 비로소 가능해졌다고 보는 시각도 있다.

바이든 행정부는 전폭적으로 루스벨트의 철학을 계승하겠다는 입장이다. 바이든 공약의 세부 내용을 보면 상당 부분 루스벨트 방식의 경기 부양과 개혁 및 규제, 중산층 복지 확대와 실업 구제 등의 방향성이 담겨 있음을 알 수 있다.

부자 증세 _ 부의 재분배로 장기적 성장 동력 찾는다

'큰 정부 정책'의 핵심은 막대한 재정 지출에 있다. 정부가 돈을 쓰려면 재원이 있어야 하며 그 재원의 원천은 세금이다. 바이드노믹스의 두 번째 철학은 '증세'에 있다.

바이든 인수위는 홈페이지에 "기업들을 위한 트럼프 감세를 원상복구하고 가장 부유한 미국인들이 공정한 몫을 분담하도록 하는 상식적인 세제 개혁을 하겠다."고 밝혀두었다.

연소득 40만 달러를 기준으로 세금 부가 방식이 완전히 달라진다. 연소득 40만 달러(약 4억 4,000만

원) 이상의 고소득층에 한해 소득세 최고세율을 39.6%로 높이는 '부자 증세'를 단행할 방침이다. 다만 그 미만의 개인 연소득에 대해서는 세율을 올리지 않는다.

현재 미국은 소득 수준에 따라 10%에서 37% 사이에 세분화된 7단계의 세율을 적용하는데, 바이든 정부는 트럼프가 취임해 낮춰버렸던 최고세율을 본래의 39.6%로 복원시킨다는 계획이다. 대신 연소득 40만 달러 이상의 고소득자에게 12.4%의 급여세를 추가함으로써 해당 세액은 각각 개인이 절반, 그를 고용한 기업이 나머지 절반을 내도록 한다는 방침이다. 급여세 부과가 비단 고소득자 개인의 증세 요인으로만 작용하는 것이 아니라 기업에도 추가적인 세금 부담으로 돌아오게 되는 것이다.

이러한 바이든의 조세 공약을 적용하면 향후 10년간 세수는 약 4조 달러(약 4,400조) 안팎으로 증가할 것으로 예상된다. 이는 전체 경제 규모의 약 1.3%~1.4%에 달한다. 정치 전문 매체 〈더힐〉은 펜실베이니아 대학교 와튼스쿨이 개발한 펜와튼 예산 모델(PWBM)로 분석한 결과, 향후 10년 동안 세수가 3조 3,750억 달러(약 3,700조), 연방 지출은 5조 3,500억 달러(약 5,800조) 늘어날 것이라고 전망했다. PWBM에 따르면 2030년까지 법인세 1조 4,000억 달러, 급여세 9,930억 달러, 개인소득세가 9,440억 달러가 각각 증가하는 것으로 나타났다.

바이든 정부는 현행 21%인 법인세율을 28%로 인상하고 기업들이 해외에서 벌어들인 수입에 대해서도 과세한다는 방침이다.

미국 기업들 중 일부가 조세 회피를 위해 사무소를 아일랜드, 버뮤다, 네덜란드, 룩셈부르크 등으로 옮겨놓는 편법을 사용하는 것을 막기 위한 대책이다. 미국의 법인세율은 최대 35%에 달했지만, 트럼프는 취임 직후인 2017년 이를 21%로 낮춰 기업에 세제 혜택을 준 바 있다. 또한 거대 기업이 다양한 방법으로 세금을 회피하는 것을 막기 위해서, 1억 달러(약 1조 2,000억) 이상의 수익을 거둬들이는 기업의 경우 순익 대비 최저 15%를 과세하는 미니멈 세금 제도도 도입한다고 밝혔다. 미국 기업의 해외 수익에 대한 최저 세율도 현재의 2배인 21%로 늘린다.

해리스 부통령은 "바이든 행정부는 법인세 감면 조치를 되돌려 놓을 것이며 감세 정책을 없애 여기에서 벌어들인 세수로 미국인을 위해 투자할 것이다."라며 증세 방침을 분명히 했다. '부자들에게 세금을 걷어서 기후 변화에 대처하고 사회적 약자들을 위해 재분배한다'는 바이드노믹스의 기본 철학을 명백히 밝힌 것이다.

바이든의 미국 (55)
부의 재분배

바이든은 증세로 거둬들인 재원을 인프라, 친환경에너지, 저소득층 지원 등에 재투자하는 부의 재분배를 중시한다.

트럼프 정부의 경제 철학은 전형적으로 낙수이론에 바탕을 두었다고 볼 수 있다. 대기업이나 부유층이 성장하면, 그 성장의 수혜가 하위 계층에게도 흘러들어가게 된다는 관점이다. 트럼프는 실제 상위 1%의 부유층과 거대 기업들에게 혜택이 돌아가는 조세 정책을 구사해 2조 달러(약 2,200조)에 달하는 실효 수익을 안겨주었다. 그 결과로 투자가 늘어남에 따라 일자리 역시 늘어나게 되고 국민들의 전반적인 삶의 질이 나아질 것이라고 호언장담했지만, 결과는 별로 그렇지 못했다.

바이든 정부의 경제 철학은 부자들의 삶이 얼마나 나아지는지를 경제성과 지표로 삼았던 트럼프 정부와는 정반대라고 할 수 있다. 즉 부자 증세를 통해 거둬들인 재원을 가지고 인프라스트럭처, 친환경 에너지, 저소득층을 위한 교육과 주거 등에 재투자하는 것이 기조다. 조세 재원의 사회 재투자를 통해 일자리를 늘리고 부의 분배를 원활하게 만들어 경기를 선순환시키고, 그렇게 만들어진 경제 활력으로 국가를 부흥하게 하겠다는 것이 바로 이른바 '바이든식 뉴딜 정책'이다.

트럼프는 2017년 법인세 최고세율을 35%에서 21%로 낮춤으로써 기업들의 투자 의욕을 고취시키는 정책을 펼쳤고, 이는 미국 주요 기업들의 실적 향상과 증시 호조를 이끌어냈다. 해외 자본이 대거 미국으로 유입되었으며, 이는 성장률 향상과 고용 창출로 이어지기도 했다.

이 같은 두 정부의 정책 차이와 관련해 〈뉴욕타임스〉는 "트럼프는 기업 이익이나 자본 수익, 부유층 대상의 세율을 급격히 낮춰주었지만, 바이든은 반대로 다시 이들에 대한 세금은 인상하고 하위·중산층에게는 감세하겠다는 입장이다."라고 분석하면서 "이 같은 변화는 미국의 주요 기업과 개인 투자자들의 순이익을 감소시켜 주식 시장을 덜 매력적으로 만들 것"이라고 전망하기도 했다.

바이든 정부의 증세 정책은 기업과 금융 시장에는 다소간 악재로 작용할 전망이다. 특히 팬데믹 장기화로 수익성이 악화된 항공업계, 여행업계, 호텔, 요식업, 의류, 유통업 등에게는 부담으로 가중될 것으로 보인다. 팬데믹에도 불구하고 실적이 더 좋아진 일부 빅테크 기업의 경우에도 법인세 부담이 늘게 되면 활발한 인수합병과 기술 투자 등을 통해 공격적으로 추진해가던 성장 모멘텀이 상당 부분 상실될 것이라고 보는 분석도 있다. 그러나 반대로 법인세율이 올라가면 오히려 수익을 더욱 적극적으로 재투자함으로써 세 부담을 줄이려 할 것이라는 예측도 설득력을 얻고 있다. 즉 어차피 법인세로 지출할 바에는 영업이익의 상당액을 성장에 도움이 되는 적극적 투자나 합병에 사용함으로써 장기적 대안을 모색할 수도 있다는 얘기다.

입체적인 관점에서 보면 바이든 정부의 증세 기조는 피할 수 없는 고육지책으로 보이기도 한다. 코로나19 이후 대규모 경기 부양책을 펼치며 발생한 역대 최대 규모의 재정 적자에서도 그 이유를 찾을 수 있다.

2020 회계연도 기준 미국 정부의 재정 적자는 전년도보다 3배가 늘어난 3조 1,000억 달러(약 3,400조)에 달한다. 연방정부 세입은 3조 4,200억 달러로 지난해보다 1.2%가 줄었다. 그에 비해 세출은 47.3%나 늘어난 6조 5,500억 달러에 달한 것으로 나타났다.

바이든의 미국 (56)
증세 정책 부작용

증세 정책이 기업 수익을 악화시켜 경쟁력을 약화시키고 금융 시장 악재로 작용할 수 있다는 우려가 있지만 바이든 행정부는 대규모 재정 투자로 증세 부작용을 상쇄할 수 있다고 본다.

거기에 루스벨트식으로 적극적 경기 부양에까지 나서기 위해서는 증세를 통한 재원 조달이 불가피한 상황이다. 금융계에서는 이러한 증세 정책이 반드시 부정적인 영향을 미치지만은 않을 것이라는 전망도 나온다. 투자 은행인 골드만삭스는 바이든 행정부의 인프라스트럭처, 기후변화, 의료, 교육 부문 등에서의 대규모 투자가 새로운 경제 활력을 창조해냄으로써 공격적 증세 정책으로 인한 부작용을 상당 부분 상쇄할 수 있을 것으로 내다보고 있다.

빅테크 규제 _ '산업의 쏠림 현상' 개선해 생태계 다변화한다

바이드노믹스는 '강력한 규제'를 그 특징으로 한다. 특히 이른바 미국의 빅테크 기업인 구글, 아마존, 마이크로소프트, 페이스북, 넷플릭스 등에 대한 강력한 규제를 일찌감치 공약으로 내걸었다. 반독점 규제는 향후 산업계에서 최대의 화두로 부상할 전망이다. 이들 기업에게는 법인세 인상 이슈와 더불어 반독점 규제가 기다리고 있어, 누구보다 바이든 정부 출범은 달갑지 않을 것으로 보인다.

바이든의 미국 (57)
빅테크 규제

구글, 아마존, 페이스북 등 빅테크 기업이 독점적 지위를 앞세워 시장을 독식하는 문제점을 개선하기 위해 반독점 규제를 해야 한다는 바이든의 입장

가파(GAFA), 마파(MAFA), 팡(FANG) 등 다양한 이니셜로 호명되는 이들 기업은 '21세기판 강도 귀족'(Robber Barons)이라는 별명을 얻으며 독점적 지위와 이윤을 구가하고 있

다. 모두가 디지털 기반의 신경제를 리드하는 산업이면서 플랫폼이나 구독경제의 비즈니스 모델, 즉 점유율을 높여서 시장을 장악하고 나면 독점적 지위를 누리는 방식의 사업 형태를 구가하고 있다. 특히 이들은 새로운 경쟁사가 나타났을 때 풍부한 자금력을 이용해 그들을 인수·합병하는 방식으로 독점을 유지해왔다.

　이들 몇몇 빅테크 기업들의 시가총액은 2020년 말 기준으로 한국과 일본의 국내총생산(GDP)을 합한 금액을 넘어섰으며 미국 GDP의 3분의 1에 달하는 규모로 커졌다. 아마존은 북미 지역 온라인 유통 시장의 50%, 구글은 유튜브를 포함해 검색 시장의 90%(모바일의 경우 99%), 페이스북은 인스타그램과 와츠앱까지 흡수하면서 SNS 시장의 70%를 점유하고 있다. 이 기업들은 코로나 19로 인한 팬데믹 상황에서 더욱 커진 비대면 수요에 힘입어 오히려 최고 실적을 경신하며 승승장구하는 중이다.

　정치계는 이들 빅테크 기업의 성장과 떼려야 뗄 수 없는 관계를 맺고 있다는 점에서 민주당이냐 공화당이냐 하는 정파와 무관하게 세간의 비판을 받아왔다. 공화당은 집권 시기였던 지난 4년여 동안 소상공인과 다수 대중들을 위한 정책 대신, 이들 기술 기업이 주주와 일부 부자들을 위해 힘을 키워가도록 사실상 방치 내지는 지원한 것이 아니냐는 공격을 받고 있다. 민주당 역시 이러한 비판에서 자유롭지 못하다. 뒤에서 더 자세히 얘기하겠지만, 이번 바이든 캠프는 소위 빅테크 기업들과 월가로부터 역대 최대 금액의 정치 후원금을 모금했다.

미국의 진보적 정치권이나 시민단체들은 아마존, 구글, 애플, 페이스북 등 거대 IT 회사들을 쪼개거나 지금보다 더 강력하게 규제해야 한다며 목소리를 높이고 있다. 미국 내 주요 소비자, 노동, 반(反)독점 단체들은 바이든에게 "테크 기업 출신 인사를 인수위에서 배제하라."고 강하게 요구하기도 했다. 미국의 대표적인 싱크탱크이자 사회과학 연구기관인 브루킹스 연구소 산하 기술혁신센터의 대럴 웨스트(Darrell M. West) 설립이사는 "바이든은 집권 초기부터 진보적인 집단들로부터 빅테크 기업을 엄중히 단속하라는 압력을 받게 될 것"이라고 전망했다.

바이든 역시 빅테크 기업에 대한 규제는 불가피하다는 입장이다. 그는 "빅테크 기업이 과도한 권한을 남용하고 있으며, 이들 거대 IT 기업의 독점이 민주주의를 훼손하고 있다."고 밝힌 바 있다.

미국 하원 반독점 소위원회가 거대 IT 기업을 독점 기업으로 규정한 보고서를 채택한 데 발맞춰, 바이든 행정부도 규제에 가세할 가능성이 높다. 반독점 소위는 2019년부터 무려 16개월에 걸쳐 핵심 4개 기술 기업의 사업 관행을 조사해왔으며, 그 결과 2020년 10월 449페이지에 달하는 보고서를 공개했다. 소위원회에는 사상 처음으로 아마존의 제프 베조스, 페이스북의 마크 저커버그, 구글의 순다르 피차이, 애플의 팀 쿡 등 CEO들이 불려나와 의원들의 호된 질타를 받기도 했다.

소위원회는 최종 보고서를 통해 "이들 4개 기술

바이든의 미국 (58)
반독점 보고서
미국 하원 반독점 소위원회가 거대 IT기업들의 독점적 권한으로 생기는 문제점을 개선하기 위해 아마존, 페이스북, 구글, 애플을 독점 기업으로 규정한 보고서

기업이 시장에서 독점적 권한을 누리고 있으며, 이들이 사업을 분리하거나 다른 작은 기업을 인수하기 어렵게 만드는 식으로 반독점법을 개정해야 한다.”고 촉구했다. 당장에 법적인 강제력이 있는 것은 아니지만 향후 의회가 이를 바탕으로 관련 법안을 입안할 가능성이 크고, 정부 역시 관련 입법이 진행되는 대로 행정 절차에 돌입하라는 압박에 직면할 것이다. 특히 시장 점유율이 커진 공룡 기업 ‘구글’의 경우 쪼개야 한다는 주장이 더욱 목소리를 키우고 있으며, 승자독식의 실리콘밸리 룰을 바꿔야 한다는 사회적 공감대 역시 커지고 있는 게 현실이다.

　바이든은 〈뉴욕타임스〉와 인터뷰에서 페이스북 등 소셜 미디어들이 가짜 뉴스를 무책임하게 방치하고 있다고 비판했다. 바이든 캠프 대변인이었던 맷 힐 역시 〈월스트리트저널〉과 인터뷰에서 “다수의 IT 공룡 기업이 권력을 남용해 사회적 여론을 호도하거나 민주주의를 훼손하는 일을 방관하거나 심지어 조장하고 있다.”면서 “이 모든 것이 바이든 대통령 시대에는 종지부를 찍게 될 것”이라고 단호하게 말했다. 특히 통신 품위유지법(CDA)의 섹션 230은 가장 빨리 손봐야 하는 조항으로 꼽힌다. 이 조항은 ‘인터넷 기업이 온라인에 게재되는 허위(가짜뉴스) 혹은 명예훼손(모욕·인신공격) 게시물에 대해 법적 책임을 지지는 않으면서도, 자의적으로 삭제할 권한은 갖도록’ 규정하고 있다. 이 조항에 힘입어 대표적인 플랫폼 기업들이 자사에 게재되는 콘텐츠에 대한 법적·금전적 책임에 대한 걱정 없이 마음껏 서비스를 확대할 수 있었다. 바이든 정부는 가장 먼저 이 규정을 없애 인터넷 기업의 사회적 책임 요구를 강화할 방침이다.

바이든의 미국 (59)
국외 소득 과세

바이든 정부는 미국 기업의 국외 소득에 대한 세금을 21%로 올린다. 조세피난처에 주소지를 옮겨둔 빅테크 기업들의 타격이 예상된다.

바이든 정부가 예고한 법인세율 인상, 무엇보다 국외 소득에 대한 과세 역시 빅테크 기업으로서는 악재로 받아들여진다. 애플, 구글, 페이스북, 아마존 등은 세금이 없거나 2~3% 정도의 낮은 세율이 적용되는 조세피난처에 서류상으로만 존재하는 특수목적법인(SPV)을 설립한 뒤, 해외에서 벌어들인 소득을 그곳으로 이동시켜 수조 원의 세금을 절감하고 있기 때문이다. 뱅크오브아메리카 글로벌 리서치에 의하면 '바이든식' 법인세 인상으로 IT나 통신 서비스 분야 기업들의 수익이 10% 이상 줄어들 것으로 예상된다. 특히 IT 기업의 경우 국외 매출 비중이 높은데, 유럽 등 현지에서도 '디지털세'(Digital Tax)와 같은 조세 압박을 받는데다 미국 내에서 해외 수입에 대한 과세율이 높아지게 되면 타격이 불가피하다.

바이든의 미국 (60)
16배

구글, 애플 등 주요 IT 기업의 바이든 캠프 후원금은 약 150억 원으로 트럼프의 16배에 달했다. 바이든의 당선 가능성을 예측하고 긍정적인 정책 등장을 기대하는 것이다.

흥미로운 것은 2020 미국 대선에서 민주당은 실리콘밸리 지역에서만 1억 9,900만 달러(약 2,200억)를 후원받았다는 사실이다. 공화당 후원금은 그 10% 정도에 불과한 2,200만 달러(약 240억)에 그쳤다. 구글, 애플, 페이스북, 아마존, 마이크로소프트, 넷플릭스 등 주요 IT 기업 직원들이 후원한 민주당 정치 모금액만도 1,400만 달러(약 150억)에 달해서 트럼프 캠프(85만 달러)의 16배를 기록했다.

바이든이 당선될 경우 빅테크 기업에게 불리한 정책을 추진할 게 분명한데, 왜 그들은 민주당에 더 많은 돈을 후원한 것일까?

바로 '예측 가능성'이야말로 장기적인 관점에서 시장의 성장을 가능케 하는 중요한 토대이기 때문이다. 트럼프는 예측이 불가능한 사람이었다. 게다가 그가 내보인 관세 인상이나 보복 등 강경 일변도의 중국 때리기, 동맹을 무시하는 자국 이기주의 정책은 근시안적으로는 통쾌해 보일지 모르지만, 기업을 경영하는 입장에서 보면 살얼음판 위를 걷는 것과 같은 위태로운 행태다.

대(對) 중국 정책의 경우에도 중국 일방의 피해로만 끝나지 않고 부메랑이 되어 미국 기업에게도 손실로 돌아온다. 특히 자신의 지지기반인 러스트 벨트의 백인 노동자들을 대변하는 정책을 선호한 트럼프는 전통 산업 기반의 무역 전쟁 프레임 아래서 중국을 공격했다. 중국에서 생산된 제품에 대해 50% 관세를 매기면 자국 생산이 늘어 일자리가 확보될 것이라는 식의 논리다. 그러나 이미 다양한 글로벌 밸류체인(Value-Chain, 가치사슬)에 대한 의존도가 높은 기술 기업의 경우 이러한 정책이 곧바로 급격한 원가 상승 요인으로 돌아올 수 있다.

일례로 트럼프의 반이민 정책은 빅테크 기업에게 매우 불리하게 작동했다. 기술 회사들은 뛰어난 기술과 노하우를 가진 고학력 기술 노동자들에 대한 의존도가 높다. 조금 과장하자면 실리콘밸리 인재들의 절반이 인도인과 중국인이라고 할 정도다. 구글, 마이크로소프트, 테슬라를 포함한 실리콘밸리 최대 기업의 CEO들 역시 대부분 이민자 출신이다. 트럼프는 이민을 막겠다는 명목으로 고숙련 노동자에 대해서조차 국가별 영주권 쿼터제(국가당 1만 장까지 영주권을 제한)를 두는 등 기술 기업들의 인력 수급 절차를 까다롭게 만드는 규제 조치까지 도입했다. 다자주의 외교 정책 기조가 확대될 경우 이민 절차에 대한 규제가 완화되고 취업 비자 발급이 원활해지는 등 기술 기업의 인력 수급에 유리한 정책이 도입될 것으로 보인다.

바이든의 미국 (61)

영주권 쿼터제

트럼프는 이민을 막겠다는 명목으로 고숙련 노동자에 대해 영주권 쿼터제를 두었지만 바이든은 취업 비자 발급을 쉽게 하고 이민 규제도 완화할 방침이다.

월가의 분석가들은 바이든 행정부가 중국의 기술이나 정책 문제에 대해서도 다소 유화적인 입장을 취할 것이라고 예상한다. 무조건적인 규제와 압박으로 공격하는 전략을 구사하는 대신, 미국이 가진 기술적 우위나 특허 등을 활용해 적당히 당근을 제공하면서 반대급부로 금융 개방이나 플랫폼 시장 개방과 같은 숙원 사항들을 요구함으로써 실리를 챙길 수 있다는 것이다. 구글이나 페이스북과 같은 플랫폼 기업으로서는 중국 시장 진출이야말로 수익 확대를 위해 절실한 목표다. 이제까지는 중국의 봉쇄 정책으로 인해 접근이 불가능했다. 그런데 바이든 행정부 하에서는 미국의 기술 기업이나 전통 산업의 이익을 최대한 보호하면서 장기적인 경쟁력을 강화하고 시장 확대를 꾀할 수 있는, 한 수 앞을 더 내다보는 전략이 동원될 것임을 기대하는 것이다.

바이든의 행정 기조는 정상 궤도를 벗어나 산업의 발전을 저해하거나 사회 통합을 방해하는 각종 규제를 바로잡는 것이다. 구체적으로 산업 생태계를 풍성하게 하고 장기적인 성장이 가능하도록 시스템 차원으로 작동하는 기본 원리를 도입하기 위한 내용들을 포함하고 있다.

바이든의 미국 (62)
시스템주의

정상 궤도를 벗어나 산업의 발전을 저해하거나 사회 통합을 방해하는 각종 규제를 바로잡기 위한 바이든의 행정 기조

망 중립성 문제는 실리콘밸리가 원했던 주제로, 지난 트럼프 행정부 출범 이후 폐기되어 논란이 된 바 있다. 망 중립성(Network Neutrality)이란 인터넷 망을 운영하는 통신 사업자(ISP)가 어떠한 차별도 없이 콘텐츠를 처리해주어야 한다는 원칙을 말한다. 2015년 오바마 정부 당시 미 연방통신위원회(FCC)가 확립한 원칙이지만, 2017년 트럼프 시절에 대폭 완화됐다.

망 중립성 확립 기조가 다시금 확실해지면 광대역 통신을 담당하는 대형 통신회사들이 자의적으로 가격을 인상하거나 속도를 늦출 수 없게 되어, 기술 회사들에게 더 유리한 입지가 생겨난다. 또한 통신회사들과의 교섭력이 떨어지는 중소 기업이나 스타트업들의 운신의 폭이 넓어져 전반적인 인터넷 산업 활력 증가가 예상된다.

트럼프는 기후변화가 거짓말에 기반을 둔 선동이라고 믿으면서

파리기후변화협약을 탈퇴하고, 회원들이 약속한 각종 규제와 개혁을 백지화하는 등 상당 부분 후퇴시켰다. 그러나 바이든이 동원할 또 다른 강력한 규제의 축은 환경 규제가 될 전망이다. 미국이 탄소조정세를 신설할 계획이기 때문에, 이는 미국 산업 전반에 영향을 미칠 전망이다. 한국도 온실가스 배출량이 세계 10위(2017년 기준)에 이르지만, 기후변화 대응에 미흡하기 때문에 미국의 환경 규제 강화는 한국 기업에 상당한 타격을 줄 것으로 보인다.

바이든 행정부 인사의 면면을 보면, 그 어느 정부와 비교해도 다양성과 전문성을 대거 보강해 실행력이 강해졌다는 평가를 받는다. 실용주의에 입각해 관련 분야에서 경험이 많으면서도 추진력이 강한 인사들로 포진했다. 또한 여성이나 유색 인종이 대거 포함되어 형평성도 고려했다.

이는 트럼프의 인선 스타일과 극명한 대조를 보인다. 트럼프는 그가 입으로 밝히지는 않았지만 '정치 무경험자', '월가 이익 대변자', '부자', '백인'이 인선의 키워드이기라도 한 듯이 엉성한 기준으로 선발된 정치 아웃사이더들을 어울리지 않는 자리에 앉힌 것으로 유명하다. 특히 딸 이방카나 사위 쿠슈너를 이권이 오가는 요직에 앉혀 구설에 오르기도 했다. 트럼프노믹스를 이끄는 경제팀은 거의 대부분 '월가의 이익을 대변하는 증권맨'들로 채워졌다. 정치 경험이 거의 없는 외부 인사와 측근을 대거 기용한 것이다.

몇 년 동안이나 미국 국민들은 경험과 실력이 일천한 각료들이 저지르는 시행착오를 물가에 내놓은 아이 보듯이 관망하는 수밖에 없었다. 그에 비하면 바이든이 내세우는 풍부한 경험을 갖춘 직업 관료와 전문가들의 면면은 이제야 아마추어가 아닌 프로들로 구성된 팀을 만나게 되었다는 안도감마저 안겨준다. 특히 전문 지식을 갖춘 베테랑 정책 입안자들이 많아 그들이 앞으로 만들어 갈 정책 변화에 대한 기대감도 높다. 다양한 계층의 국민들로부터 공감대를 불러일으킬 수 있도록 다수의 여성과 유색 인종을 포함시키는 등 균형 잡힌 통치 접근법도 선보이고 있다.

정치 전문 매체 〈폴리티코〉는 "탄탄한 경험을 갖춘 인사들로 정부와 그들이 운영할 기관이 가득 차게 되었다."면서 이들 직업적 전문가들의 귀환을 일컬어 '커리어리스트들의 복수'라고 평가하기도 했다. "그들은 체계적이면서 일관성을 가지고 뚜렷한 목적의식을 가진 표준적인 정책 프로세스를 취할 것으로 보인다."고 내다봤다. 충동적이고 방향성 없는 정책 입안은 이제 끝을 보일 것이라는 평가다.

이와 같은 바이드노믹스 철학의 변화는 시장이 가장 좋아하는 '예측 가능성'이라는 특징을 가졌다는 점에서 안정적이다. 더 이상 예측 불가능한 돌출적인 경제 정책은 등장하지 않을 것이다. 바이드노믹스 철학의 또 하나 뚜렷한 기조는 '노동 친화적인 정책 방향성'이다. 이는 플랫폼 노동의 증가로 인해 입지가 약해져가는 노동자, 피고용인들의 권익을

바이든의 미국 (63)
커리어리스트의 복수

트럼프는 정치 무경험자, 월가 이익 대변자 등 정치 아웃사이더들이 인선의 키워드였지만 바이든은 경험과 전문성을 갖춘 직업 전문가들을 바이드노믹스 실행자로 발탁

바이든의 미국 (64)
예측 가능성

전문 지식을 갖춘 베테랑 정책 입안자들이 바이드노믹스를 집행함에 따라 예측 가능성이 정책의 특징이 될 예정

보호하고 증가시킴으로써 전반적인 사회 안전망을 강화하겠다는 취지를 드러낸다.

바이든은 상원 의원 시절부터 40년 가까이 노조 지도부들과 끈끈한 유대 관계를 형성한 것으로 유명하다. 사고도 노동 친화적인 성향이 강하기 때문에, 미국 역사상 가장 친노동적인 대통령이 될 것이라는 전망이 지배적이다. 그는 기업 CEO들에게 "나는 노조 사람"(Union Guy)이라고 누차 말하기도 했다. 그런 만큼 그의 공약에는 노동 개혁을 골자로 하는 주요 정책들이 망라되어 있고, 실제 그는 거의 모든 주요 노조들의 지지를 얻어 득표 면에서도 큰 수혜를 입었다.

전미 노동총연맹 산별노조회의(AFL-CIO)의 수석 이코노미스트인 빌 스프릭스는 바이든 지지를 선언하면서 이렇게 밝혔다.

"내 생각에 오바마 대통령조차 노동자들의 광범위한 지지를 받지는 못했던 것 같다. 하지만 바이든은 이제 그걸 갖게 됐다."

그는 노조 지도자들과 같이 회의장에 입장할 때 바이든의 모습이 마치 자기 집에 들어가듯 편안해 보인다고 평하기도 했다.

바이든은 노동자의 기본적 인권을 위해 노동조합 결성권과 단체 교섭권이 필수적이라고 보고 있다. 노조가 억지스러운 요구를 해서 기업의 이익을 깎아내리고 미국 경제에 악영향을 미친다고 주장하는 트럼프와는 전혀 생각이 다르다.

코로나19 팬데믹으로 인해 현재 미국은 영구적인 일자리가 사라지고 있고 이것이 상당수 노동자들의 생계와 안전을 위협하고 있다. 지금과 같은 위기상황이야말로 기업 편의적인 미국의 고용 정책에 구조적 변화가 필요한 시점이라고 바이든은 생각한다. 따라서 노조 가입이 권장되고 임금 불평등 개선, 노동자 안전조치 강화, 최저임금 인상, 제조업 일자리 확대, 전국노사관계위원회의 기능 정상화와 같은 조치가 잇따를 것으로 보인다.

바이든은 점진적으로 노사 간의 갈등을 조정하고 전국노사관계법을 강제하는 책임이 있는 기관인 전미 노동관계위원회(NLRB)에 대한 통제권을 되찾을 것으로 보인다. 노동자들의 단체 교섭권도 대폭 강화된다. 현재의 NLRB는 트럼프가 지명한 3명의 공화당원과 민주당원 1명으로 구성돼 있어 친기업적인 의사결정을 내리고 있다는 비난에 직면해 있다. 일례로 우버(Uber) 드라이버들을 노동자가 아닌 자영업자 기준의 독립 계약자로 분류해 이들에 대한 회사 측의 기본권 보장 의무를 부정하는 결정을 내리기도 했다.

바이든의 미국 (66)
**고용 정책
구조적 변화**

팬데믹이 노동자들의 생계를 위협하고 있는 것으로 보고 고용을 안정시킬 수 있는 정책의 구조적 변화가 필요하다는 바이든의 입장

유튜브 가짜뉴스로
돈 벌기 힘들어진다

바이든 행정부는 통신 품위유지법 섹션 230을 대대적으로 손질할 방침이다. 이에 따라 가짜뉴스나 정치적으로 올바르지 못한 정보, 사회에 해악을 미치는 유해 정보, 명예훼손성 게시물에 대한 기술 기업들의 제재와 감시 책임이 강화된다.

유튜버들이 유포하는 선거 부정에 대한 음모론뿐 아니라, 나치에 의한 유태인 학살과 같은 홀로코스트가 조작되었다는 등 역사적으로 이미 평가가 수립된 사건이나 사실을 부인하는 허위 주장, 안티 백신이나 자연치료 등을 주장하는 과학적 유해 정보 등에 대해서 해당 정보 유포자의 계정을 영구 중지시키는 등 강력한 조치가 이어질 수밖에 없다. 구글이나 페이스북은 이미 인공지능 알고리즘을 이용해 이러한 유형의 콘텐츠를 적발해 중단시키는 조치를 시행하기 시작했다. 앞으로는 단순히 인기를 끌거나 돈을 벌기 위한 목적으로 허위 정보를 유포하는 행위가 금지될 뿐 아니라 관련 법에 따라 처벌을 받을 수도 있다.

230조의 개정은 IT기업들의 '팩트 체크'에 대한 법적 책임을 강화하는 것이다. 그동안 기업들은 페이스북이나 트위터와 같은 사회연결망에 올라온 글이나 사진, 영상에 문제가 있어도 법적 책임에서 자유로웠다. 게시자 개인이 책임을 지는 걸로 끝이 났다. 하지만 이제 가짜뉴스는 설 자리를 잃게된다. 일부에서는 '인터넷 자유'를 침해한다고 비판하지만, 규제 변화가 빅테크의 미래에 영향을 줄 전망이다.

바이드노믹스 통상 대전환
'미국산 우선 구매' 보호주의 고수한다

다자주의로 협력을 강화하고 통상 우군 늘린다

바이든 행정부는 트럼프가 추구했던 미국 우선주의를 폐기하고 자유무역 통상 정책의 기조를 유지하는 동시에 세계무역기구(WTO)를 중심으로 한 다자주의 외교 통상 무대로 복귀한다는 계획을 갖고 있다.

UN 주재 신임 미국 대사인 린다 토머스 그린필드는 지명 수락 연설에서 "미국이 돌아왔다. 다자주의가 돌아왔다. 외교가 돌아왔

바이든은 기후변화협약, WHO, TPP 등 다자주의 외교 통상 무대로 복귀해 자유주의 국제 질서 회복, 동맹 복원, 미중 관계 재정립을 추진한다.

다!"라고 밝힌 바 있다. 미국이 앞장서서 세계가 직면한 다양한 도전 과제에 적극적으로 대응하겠다는 대외적 선포를 통해 바이든 행정부가 표방하는 통상 정체성을 분명히 했다.

미국이 추구하는 통상 정책의 커다란 기조는 세 가지 방향성을 띤다. 첫째, 자유주의 국제 질서의 회복, 둘째, 동맹의 복원, 셋째, 미중 관계의 재정립이다.

파리기후변화협약과 세계보건기구(WHO) 재가입은 미국 우선주의와 고립주의를 버리고 세계무대로 복귀함을 알리는 첫 조치가 될 것이다. 또한 TPP(환태평양경제동반자협정)에도 재가입함으로써 다자 무역체제 복원에 나설 것으로 예상된다.

트럼프의 일방적인 탈퇴로 인해 미국은 자국의 이익을 보호하고 증진시키기는커녕 오히려 후퇴시켰다는 것이 일반적 평가다. 일례로 미국이 CPTPP(포괄적·점진적 환태평양경제동반자협정)에서 탈퇴하고 태평양 연안의 아시아 국가들과 경제적으로 소원해지는 동안, RCEP(역내포괄적경제동반자협정)이 체결되어 아시아 개발도상국들 사이에서는 급격한 시장 개방을 피하고 서로 협력을 도모할 수 있는 새로운 통상 협업 체계가 등장했다. 이러한 흐름에 오히려 미국이 소외되는 현상마저 낳게 된 것이다.

바이든은 "다양한 민주주의 동맹들과의 관계를 더욱 돈독히 함으로써, 미국의 경제적 미래를 보호하고 다시 미국이 세계를 리드하도록 하겠다."고 앞으로의 통상 외교 기조를 천명했다.

일례로 트럼프 행정부가 미국 우선주의에 입각해 미국의 핵심 교역국인 EU와 캐나다산 제품에 대해 강행했던 무분별한 수입 규제나 관세 부과 조치가 올바른 것이었냐는 비판부터 터져 나온다. 다자간 협력의 문화는 궁극적으로 경제 성장을 견인하고 호혜적이며 동반자적인 통상 접근법은 산업 생태계를 더욱 풍성하게 만든다. 보호무역은 상대방 국가로 하여금 미국산 제품이나 서비스에 대한 반감을 불러일으켜 역풍으로 작용한다. 바이든은 경색된 우방국과의 관계를 회복하고, 이를 통해 통상 이슈를 해결하는 방식으로 관계 개선을 추구할 것으로 보인다.

바이 아메리칸 _ 미국산 구매 독려하는 보호주의 고수한다

바이든은 대선 공약으로 '바이 아메리칸'(Buy American) 정책을 제시했다. 바이 아메리칸은 연방정부와 공공기관 등이 미국 제품을 우선적으로 구매하는 데 대규모 정부 예산을 투입하는 자국 보호주의 정책이다. '미국 내 제조'와 '미국산 구매'를 통해 코로나19로 무너진 자국 경제를 재건하겠다는 취지에서 나온 구상이다. 새로운 바이 아메리칸 정책은 수출 의존도가 높은 한국 기업에게는 '더 위험

바이든의 미국 (68)
바이 아메리칸

바이든은 연방정부와 공공기관이 정부 예산을 투입해 미국 제품을 우선적으로 구매하도록 하는 '바이 아메리칸' 정책을 통해 신보호주의를 강화한다.

한 미국'을 만들어줄 것으로 우려된다.

바이 아메리칸 정책은 1933년 대공황 때 미국이 불황을 극복하기 위해 만든 바이 아메리칸 법(BAA, 미국산 우선 구매법)에 그 뿌리를 두고 있다. 당시 루스벨트 대통령은 모든 연방정부 소속 기관 조달 계약 조건에 '미국산 부품이 50% 이상 포함되어야 한다'는 조건을 의무화하는 조치를 발령했다. 바이든은 또한 일부 군사 물품의 경우는 100% 미국 내에서 생산되어야 한다는 '베리 수정안'(Berry Amendment)도 재도입할 계획이다.

다자주의와 동맹국과의 협력을 강조하는 바이든 행정부도 자국의 경제를 회복시키기 위해서는 트럼프가 선호했던 자국 우선주의의 리쇼어링(Reshoring, 본국으로 생산 시설 이전) 정책을 고수할 수밖에 없음을 보여주는 대목이다. 리쇼어링을 장려함으로써 자국 내 일자리 확보를 꾀한다는 방침이다.

바이든의 미국 (69)
리쇼어링

바이든은 해외 진출한 미국 기업이 자국으로 복귀할 경우 세제상 10% 세액을 공제해주는 특별 혜택을 제공한다.

공화당의 정책 기조이자 트럼프표 정책의 대표주자 격인 리쇼어링을 고수하는 데는 골치 아픈 속내가 있다. 민주당은 2016년 대선에서 미국 중서부 지역과 북동부 지역의 쇠락한 공업 지대, 이른바 러스트 벨트 유권자들의 마음을 얻지 못해 정권 재창출에 실패하고 트럼프에게 정권을 넘겨줘야 했다.

이 지역은 글로벌화에 대한 반감이 유독 큰 곳이다. 왜냐하면 이곳에서 번성하던 유력한 제조업 공장들이 인건비가 싼 중국이나 동남아 지역으로 이전하게 되고, 그로 인해 글로벌 밸류체인에서 밀려나 미국의 제조업이 쇠퇴하게 되면서 자신들도 일자리를 잃었다고 믿기 때문이다. 한때 번성을 구가하던 이 지역은 이제 녹슨 지대(러스트 벨트)가 되어 빈곤과 범죄가 만연한 곳으로 전락했다. 대표적인 러스트 벨트 지역인 디트로이트의 비극은 익히 잘 알려져 있다. 1950년 인구 185만 명에 달해 미국 5대 도시에 들었던 이곳은 GM, 포드의 공장이 있어 번영을 구가했다. 그러나 산업 쇠퇴로 인해 현재는 8만여 채의 빈 건물이 즐비하고 집값이 미국 평균의 4분의 1로 하락한 최악의 빈곤 도시가 되었다.

2020년 대선에서 바이든은 이들 러스트 벨트 노동자들의 마음을 얻는 데 공을 들였다. 특히 그의 노동 친화적인 공약에 힘입어 펜실베이니아, 미시간, 위스콘신 등 4년 전에 공화당에 내줬던 러스트 벨트들을 가까스로 탈환하면서 정권 교체에 성공할 수 있었다. 그러므로 이들 지역이 원하는 리쇼어링 정책을 존속시킬 수밖에 없는 것이 바이든의 입장이다. 새로운 행정부는 미국 내 폐쇄된 공장을 다시 여는 기업에 대해서는 10%의 추가 세액공제를 제공할 방침이다. 연방정부의 미국산 제품 구매를 확대하고 미국 내 생산으로 선회하는 기업을 위한 각종 지원 역시 강화한다.

바이든의 미국 (70)
러스트 벨트

2020 미국 대선에서 바이든의 승리는 쇠락한 녹슨 지대 펜실베이니아·미시간·위스콘신 유권자, 특히 백인 노동자의 지지가 결정적인 역할을 했다. 4년 전에는 트럼프가 이들의 표심을 얻어 대통령이 되었다.

바이든의 미국 (71)
폐쇄된 공장

바이든은 무너진 미국 전통 제조업을 부흥시키기 위해 미국 내 폐쇄된 공장을 다시 여는 기업에 100% 세액 공제를 해준다.

구체적으로 보면, 바이든은 미국산 상품이나 서비스에 대한 정부 구매를 4년간 4,000억 달러(약 440조)로 늘려서 신규 일자리 500만 개를 만들겠다고 공약했다. 이를 위해서 정부의 인프라 프로젝트에 들어가는 시멘트나 철강 등 원료를 구매할 때도 미국산을 우대할 방침이다. 외국산 제품은 저렴하고 질이 좋다고 해도 배제될 가능성이 높다. 3,000억 달러(약 330조)의 공적자금을 투입해서 인공지능(AI), 전기 자동차, 5G 등 3대 중점 미래 산업 연구 개발에 지원할 계획이다. 이는 세계무역기구(WTO)가 금지하는 보조금 지급에 해당해 제소될 위험도 있지만, 그것조차 감수한다는 방침이다.

바이든은 민주당 출신 대통령으로서는 이례적으로 신보호주의 성향을 감추지 않고 드러냈다.

"연방 정부가 이 나라의 납세자들이 낸 돈을 쓸 때에는 당연히 미국을 위해 사용해야 합니다. 우리는 그것을 미국산 제품을 구입하고 미국의 일자리를 늘리는 데 사용할 것입니다."

오바마 정부 시절의 '바이 아메리칸'은 민간 주도의 캠페인에 가까웠다. 월마트, 애플, GE 등 미국 대표 기업들이 자국에서 생산하는 제품 구매를 자발적으로 늘리는 데 동참했던 것이다. 그러나 바이든 정부에서 정부 주도의 바이 아메리칸 정책을 강력하게 추진하게 되면 이러한 흐름은 더 강해질 것으로 전망된다.

메이드 인 아메리카 _ 추징세 매겨 제조업을 부흥시킨다

'바이 아메리칸' 정책과 함께 '메이드 인 아메리카' 정책도 추진된다. 백악관에는 심지어 '메이드 인 아메리카' 부서까지 신설될 예정이다. 바이 아메리칸과 함께 대표적인 자국 보호주의 정책으로 꼽히는 이 방침에는 소위 글로벌 밸류체인을 미국 중심으로 재편하겠다는 강력한 야심이 숨겨져 있다.

미국 기업이 해외에서 생산한 제품이나 서비스를 미국으로 다시 가져와서 판매할 경우에는 징벌적 과세의 의미로 추가 10%를 부과하는 오프쇼어링(생산시설 해외로 이전) 추징세가 도입된다. 이렇게 되면 미국 기업이 해외로 공장을 옮기거나 일자리를 이전해서 생산한 재화나 서비스를 미국 내에서 판매할 경우, 법인세는 연방정부 법인세(28%)에 10%가 가산되어 최대 30.8%까지 올라갈 수 있다. 또한 1억 달러 이상 순수익을 올리는 기업에 대해서는 최소 15%의 세금이 과세되며, 미국 기업이 해외에 마련한 자회사에 대한 소득 과세(GILTI) 세율 역시 현행 10.5%에서 21%로 높아진다. 해외 생산품을 미국산으로 속여 판매하는 기업에 대한 처벌도 대폭 강화된다.

이와 같은 자국 우선의 보호주의 정책은 바이든이 오바마 행정부 당시 부통령으로서 펼쳤던 정책을 그대로 승계하는 것이다. 오

바이든의 미국 (72)
오프쇼어링 추징세

바이든은 강력한 제조업 부흥 정책으로 미국 기업이 해외에서 생산한 제품이나 서비스를 미국으로 다시 가져와 판매할 경우 오프쇼어링 추징세 10%를 징벌적으로 부과한다.

바마 정부는 일자리 창출을 위해 적극적인 리쇼어링 정책을 펼쳐 해외 투자 기업들의 국내 귀환을 독려하는 한편, 강력한 '제조업 부흥 정책'을 펼친 바 있다.

미국 리쇼어링 정책, 한국 경제에는 어떤 불똥 튈까?

미국의 강력한 리쇼어링 정책으로 인해 미국 기업에 부품이나 소재, 장비를 납품하는 해외 기업들 역시 미국에서의 투자 확대에 관한 강력한 압박을 받고 있다. 일례로 세계적인 반도체 제조회사 중 하나인 대만의 TSMC는 중국에 상당수의 생산 기반을 두고 있었다. 그런데 이 회사는 미국의 압력에 굴복해 결국 미국에 반도체 공장을 짓기로 결정했다.

국내 기업 분야별 수출 비중을 보면 컴퓨터, 반도체, 친환경 자동차, 에너지 신산업, 첨단 신소재, 항공 우주, 바이오 헬스 등의 첨단 산업 제품이 점점 주력군으로 부상하고 있다. 이들 수출의 최종 대상 역시 첨단 산업의 메카인 미국 기업들이 다수다. 그런 만큼 미국의 리쇼어링 정책의 칼날은 우리 기업을 향하게 될 공산이 크다.

한국 역시 제조업의 해외 유출로 일자리 부족에 시달리며, 한국판 리쇼어링 정책이 필요하다는 목소리가 높다. 그런 만큼 기업의 현실을 고려하되 향후 더욱 격화될 중국, 미국, EU 모두의 자국 중심 밸류체인 구축 요구에 대응할 수 있는 균형감 있는 대처가 필요해 보인다.

미국의 리쇼어링은 해외 이전 미국 생산시설의 국내 회귀를 의미하므로 글로벌 밸류체인의 이동과도 같다. 한국 기업의 밸류체인에도 영향을 줄 수 있어 대응이 필요하다. 한국 기업의 미국 이전이나 투자 압박도 받을 수 있다. 정부는 한국 기업의 리쇼어링 지원도 고민해야 한다.

바이드노믹스 산업 대전환
녹색 유망 산업 황금알로 키운다

친환경 그린 뉴딜 _ '글로벌 표준' 만들어 신성장 시동 건다

바이든의 미국 (73)
친환경 그린 뉴딜

새로운 100년의 초강대국 미국을 위해 바이든은 미국의 모든 산업 정책을 친환경 그린 뉴딜에 맞춰 전환시킨다.

바이드노믹스 산업 정책의 핵심 키워드는 '친환경 뉴딜 정책'이라고 할 수 있다. 이는 정부 재정 투입을 통한 산업 육성의 방편이자, 지난 트럼프 재임 기간 동안 앞서갔던 유럽에 뒤처진 글로벌 스탠더드를 따라가기 위한 고육지책이기도 하다. 바이든 정부는 취임과 동시에 트럼프가 탈퇴했던 파리기후변화협정에 재가입했다.

이는 미국 우선주의를 내세우며 국제 협약과 질서를 무시해온 트럼프의 외교 정책과 차별화한 것으로, 국제 사회의 리더로서 미국의 역할과 위상을 회복하겠다는 상징적인 움직임이기도 하다. 파리협정은 가입국들이 기후변화로 인한 범지구적인 위기를 막기 위해 세계 195개국이 서명한 국제적 약속이다. 지구의 평균기온 상승폭을 산업화 이전 대비 2℃ 이하로 유지하고, 온도 상승폭을 1.5℃ 이하로 제한하는 것을 전 지구적 장기 목표로 제시하고 있다.

그럼에도 불구하고 트럼프 주도의 미국은 그간 이 협정의 내용을 전혀 이행하지 않았고, 현재 세계 2위 온실가스 배출 국가라는 오명을 쓰고 있다. 트럼프는 수질 오염 방지, 독성물질 규제 및 안전, 도시 인프라 구성 요건, 석유 시추 및 채굴에 관한 규정 등 오바마 행정부가 제정한 친환경 정책의 60%를 백지화했다. 특히 지구온난화의 주범으로 온실가스의 9%를 차지하는 메탄 배출 규제도 완화했다. 6개월마다 해야 하는 누출 점검 주기를 1년으로 늘리고, 장비 수리 구간도 기존 30일에서 60일로 늘렸다. 이러한 규제 완화 조치로 일부 에너지 기업에 큰 이익을 안겨주었다.

바이든의 미국 (74)
환경 규제

바이든은 온실가스 배출을 줄이기 위해 탄소 배출을 억제하는 초강경 환경 규제 친환경 정책을 꺼낸다.

2020년 9월 미국 서부 12개 주에 걸쳐 발생한 거대한 산불 화재는 트럼프식 규제 완화가 만들어낸 재앙이라는 것이 바이든 측의 분석이다. 바이든은 이를 언급하면서 트럼프를 향해 "기후 방화범"(Arsonist)라고 맹비난하기도 했다.

바이든은 취임하자 파리협정에 복귀하는 한편 외교는 물론 무역, 안보 전략 등 모든 수단을 동원해 미국을 '기후 대응 주도국'으로 변화시켜나가고 있다.

기후변화 관련 산업을 육성하기 위해 10년 동안 무려 4조 달러(약 4,400조)를 투입한다는 계획도 세웠다. 풍력 발전 생산 설비를 확충하고 전기 자동차 인프라를 늘리고 화석연료에 지급했던 각종 보조금을 폐지한다. 화석연료를 절감할 수 있는 철도 인프라도 확충할 계획이다.

바이든 정부 주도의 그린 뉴딜 개발 정책은 크게 두 가지 축을 중심으로 진행된다.

바이든의 미국 (75)
그린 개발 정책

바이든의 그린 뉴딜은 미국 전역의 오래된 인프라를 친환경 인프라로 완전 리모델링하고 에너지 사용을 청정에너지로 바꾸는 국가 인프라 혁신 프로젝트다.

첫째, '더 나은 재건 플랜'이다. 낙후되어가는 미국의 내륙 지방을 재건하되 이전보다 더 나은 친환경 인프라를 구축함으로써 지원한다는 계획이다. 이 계획 속에는 5G 기간망 확충도 포함돼 있다. 여기에 2조 달러(약 2,200조)가 투입될 예정이다.

둘째, '청정에너지 혁명 플랜'이다. 친환경 에너지 연구개발을 장려하고, 그것을 실생활에 적용시키는 데 2조 달러(약 2,200조)가 투입된다. 이를 통해 1,000만 개의 일자리를 창출한다는 것이 목표다.

궁극적으로 2050년까지 미국을 탄소 중립(Net Zero), 즉 배출

된 이산화탄소의 양만큼 나무를 심거나 청정에너지 분야에 투자함으로써 실질적 이산화탄소 배출량을 0으로 만드는 것을 목표로 하고 있다.

탄소 중립 _ 2050년 '탄소 제로국가'의 꿈 이룬다

그린 뉴딜은 바이드노믹스의 핵심 전략으로, 기후변화 문제에 대처하는 바이든 정부의 관점 차이를 극명히 보여준다. 트럼프는 '기후변화 대처 노력이 돈만 낭비시키는 거대한 음모'이자 장기적으로 미국 기업에 위해를 가할 것이라고 보았다. 반면 바이든은 '지구 온난화는 인류가 공동으로 대응해야 하는 실존적 위협'이기 때문에 미국은 이 문제에 대해 세계와 함께 대응해야 할 도덕적 의무를 지녀야 한다고 보았다.

그에 따라 신재생 청정에너지 산업을 육성하고 기후변화에 대응하는 인프라에 투자하기 위해 재임 기간 동안 2조 달러(약 2,200조)를 지출한다는 계획을 수립한 것이다. 구체적인 목표는 다음과 같다. 첫째, 전력 부문에서 2035년까지 탄소 중립을 달성한다. 둘째, 미국 전역에 캘리포니아식 연비 규제를 확대한다. 트럼프 행정부와 여러 소송을 벌이며 각을 세운 캘리포니아주는 2035년부터 휘발유차 신규 판매를 전면 금지하는 등 강력한 규제를 시행하고 있다. 셋째, 친환경 자동차 산업에 집중적으로 투자한다. 넷째,

바이든의 미국 (76)
탄소 중립

그린 뉴딜은 미국을
2050년까지 탄소 중립
국가로 만들기 위한 것
으로 탄소 배출 제로
시대를 열려면 산업 정
책의 대전환이 불가피
하다.

그 결과로 2050년 미국 전체 탄소 중립을 달성한다. 청정한 기후를 만들기 위해 가능한 모든 환경 규제를 도입한다는 방침이다.

바이든 캠프 공약집은 "미국이 늦어도 2050년까지는 100% 청정에너지 경제와 탄소 배출 제로를 달성하도록 하겠다."고 분명히 밝히고 있다. 이를 두고 유세 기간 동안 트럼프는 "바이든이 당선되면 미국 석유 산업을 전부 고사시킬 것"이라며 공격하기도 했다. 토론 과정에서 바이든은 석유 분야 유권자들의 심기를 고려해서인지 "나는 유전을 폐쇄하지도 않을 것이고 프래킹(Fracking, 수압파쇄 공법)을 금지하지도 않을 것"이라고 강조하기도 했다. 프래킹은 셰일 가스 생산에서 주로 쓰이는데 진흙이 쌓여 만들어진 퇴적암층에 묻힌 천연가스를 채굴하기 위해 화학 물질과 모래를 섞은 물을 고압으로 주입하는 특유의 방식 때문에 환경 단체들이 극렬히 반대하고 있다.

그러나 바이든의 청정에너지 산업 육성에 대한 강한 의지는 곳곳에서 드러난다. 그는 특히 셰일 산업 종사자가 많은 펜실베이니아주 유세에서도 당당하게 "나는 청정에너지에 투자할 것이며 석유회사에 보조금을 주지 않을 것"이라고 밝혔다. 그는 화석연료 기업에 주는 연방 보조금을 중단하고, 연방 소유 토지에서는 신규 시추를 허용하지 않겠다고 공언했다.

바이든 재임 기간 친환경 관련 기업이 수혜를 입을 것이라고 기대하는 이유다. 전기 자동차, 태양광 발전, 바이오, 에너지, 친환경 화학 업종 등이 직접적인 수혜를 입을 것이라는 전망이다.

그린 경제 _ 친환경 유망 산업, 황금알로 키운다

바이든의 그린 정책은 2021년부터 향후 10년 동안 총 5조 달러를 투자 형태로 투입하는 미국의 새로운 뉴딜 사업이다. 투자는 친환경, 재생에너지 분야에 주로 집중된다. 이에 필요한 재원은 연방정부가 1조 7,000억 달러(약 1,900조)를 투자하고, 나머지는 민간 투자를 일으켜 충당한다는 방침이다. 특히 청정에너지 부문에서는 순수 연구개발에만 연방정부 예산 4,000억 달러(약 440조)를 쏟아 부을 계획이다.

바이든은 이러한 야심찬 계획을 인류 최초로 달에 사람을 보낸 '아폴로 프로젝트'에 비유했다. 케네디는 소련의 우주 개발 속도감에 자극받아 1961년부터 1972년까지 현재의 화폐 가치로 추산할 때 약 1,000조 원에 달하는 예산을 투입해 아폴로 달 착륙을 성사시켰다. 그런데 그린 뉴딜 사업은 그보다 2배나 많은 투자가 집중되는 미래 먹거리 사업에 해당한다.

특히 태양광이나 풍력 발전과 같은 재생에너지 산업, 전기 자동차나 수소 자동차 같은 친환경 자동

바이든의 미국 (77)
친환경 산업

그린 뉴딜 정책은 재생에너지 산업, 자동차 산업, 제로 에너지 건축 산업, 첨단 디지털 산업 등 친환경 산업을 새로운 유망 산업으로 바꿔놓는다.

차 산업은 앞으로 황금알을 낳는 녹색 유망 산업으로 더욱 각광받게 될 전망이다. 미국은 이미 한국 태양광 셀 수출의 90%를 차지하는 주력 시장인데다 세계 2위 규모의 전기 자동차 시장이기도 하다. 이러한 시장이 더 빠른 속도로 커지게 되므로, 거기서 나올 기회는 무궁무진하다 하겠다.

바이든은 녹색 발전을 위해 5년 동안 신규 태양광 패널 5억 개, 태양광 지붕 800만 개, 풍력 터빈 6만 개를 설치하겠다고 공약했다. 재생에너지 전용 저장장치와 송전망 건설도 약속했다. 재생에너지 설비의 설치 규모는 지금의 3배 이상이 될 것으로 보인다. 재임 기간 중 매년 12GW 이상의 태양광과 풍력 발전 규모를 달성한다는 목표를 세웠다.

친환경 자동차 산업을 육성하기 위해 연 300만 대 규모에 달하는 정부 구매 차량을 모두 전기 자동차로 바꿀 계획이며, 5년에 걸쳐 전국 50만 대의 스쿨버스를 모두 친환경 차량으로 바꿀 계획이다. 이를 위해 전기 자동차 공공 충전소를 50만 개 이상 설치하고, 미래 수소 자동차를 위한 충전소 인프라도 확대하겠다고 약속했다. 전기 자동차를 구매하는 소비자들에게 주는 보조금은 주로 '미국에서 생산된 전기 자동차' 구매에 집중될 전망이다.

친환경 자동차 산업 육성을 위해 연비 규제도 강화한다. 트럼프 행정부가 크게 낮춘 연비 규제 기준을 미국 내에서 가장 높은 기준을 가진 캘리포니아

바이든의 미국 (78)
연비 규제

자동차 운전자들이 탄소 배출 규제 영향을 가장 먼저 받게 된다. 연비 규제로 휘발유 자동차를 타기가 힘들어지면서 친환경 자동차 구매 압박을 받게 된다.

모델에 맞춘다. 전문가들은 이 같은 규제 변화가 미국의 친환경 자동차 산업을 크게 발전시킬 것으로 기대한다.

자동차업계는 미국 내 전기 자동차 판매량이 2025년까지 매년 18% 이상 늘어나서, 2025년이 되면 100만 대 이상의 전기 자동차가 보급될 것으로 보고 있다. 이에 따라 글로벌 규모의 완성차업체들은 모두 세계 최대 시장인 미국에서 전기 자동차 쟁탈전을 벌일 채비를 서두르고 있다.

세계 1위 자동차업체 폭스바겐은 내연기관차 개발을 중단하고 전기 자동차 생산에만 집중하기로 결정했다. 2022년까지 총 27종의 전기 자동차를 선보일 계획이라고 한다. GM은 미국 내 전기 자동차 생산을 위해 총 22억 달러(약 2조 4,000억) 규모의 투자를 하겠다고 밝혔다.

친환경 건축 분야도 각광받을 전망이다. 바이든 정부는 2030년부터 신축 건물 모두에 대해 '탄소 배출 제로' 기준을 요구할 방침이다. 또한 2030년까지 모든 공공건물과 기존 건물의 50%를 제로 에너지 건물로 대체하겠다는 계획도 밝혔다. 제로 에너지 건물(Zero Energy Building)이란 고성능 단열자재와 이중창, 차양 등을 활용해서 외부로 손실되는 에너지를 최소한으로 줄이고, 태양광이나 풍력과 같은 신재생에너지를 이용해 에너지를 자체 생산하는 건물을 말한다. 소위 에너지 '자급자족'이 가능한 건물이다.

바이든의 미국 (79)
제로 에너지 건물

미래 주택은 소위 에너지 자급자족이 가능한 '제로 에너지 건물'이 대세가 된다. 자체 전기를 생산해서 사용하고 남는 전기는 판매한다.

바이든 정부는 향후 5년간 에너지 효율을 높이기 위해 리모델링을 하는 빌딩 400만 개, 주택 200만 채에 대해서 정부 지원금을 확대 지급할 계획이다. 이러한 바이든식 그린 빌딩 지원책에 힘입어 건설 경기도 활기를 띨 것으로 기대된다.

제러미 리프킨은 저서 《글로벌 그린 뉴딜》에서 바이든 행정부가 펼칠 세계 경제의 미래를 예측하고 있다. 리프킨에 따르면 바이든식 기후변화 정책을 집행하기 위해서는 향후 20년간 16조 달러(약 1경 8,000조)가 소요될 것이라 한다. 이러한 막대한 자금이 친환경이라는 이름 속으로 빨려 들어간다. 모든 인프라가 친환경 시설로 전면 리모델링될 뿐 아니라, 세계 경제 곳곳에 강력한 인프라 혁신 열풍이 불게 된다.

바이든의 미국 (80)
**인프라
리모델링**

전세계의 막대한 자금이 모든 국가의 인프라를 친환경 시설로 리모델링하는 데 투입된다. 화석연료 시대가 종언을 고하고 신재생에너지를 이용하는 거대한 전환이 이뤄진다.

말하자면 4차 산업혁명의 뒤를 잇는 5차 산업혁명의 요체가 '그린'에 있다는 것이다. 화석연료 시대가 종언을 고하고 친환경 신재생 에너지를 이용하는 새로운 세상으로 패러다임의 대전환을 맞게 된다는 점에서 보면, 산업 사회 이후 처음으로 맞는 거대한 전환이 될 것이다.

리프킨은 앞으로 20년간 이어질 이러한 기후변화 정책에 힘입어 총 2,200만 개의 새로운 일자리가 창출될 것으로 내다봤다. 그린 뉴딜 정책을 예정대로 집행하면, 2050년으로 예정된 탄소 배출 제로 시대를 2040년으로 앞당길 수도 있다는 의견까지 제시한다.

전세계는 앞으로 '탄소 제로 국가'를 목표로 하는 친환경 인프라 투자의 시대를 열게 된다. 국가별로 예외 없이 탄소 제로 사회로 가기 위한 로드맵이 만들어지고, 실행 과제가 설정된다. 이 과정에서 사용 연료를 교체하는 시프트 혁명과 에너지 혁명이 일어나게 된다. 리프킨은 "3차 산업혁명의 마지막 신기술이 디지털로 바뀐 운송 수단이었다면, 새로운 변화의 핵심은 태양광과 풍력 등 신재생 에너지가 그러한 운송 수단의 원천이 된다는 점이다."라고 강조한다.

신재생에너지로의 전환은 에너지의 공급과 통제가 더 이상 '중앙 집중식'이 될 필요가 없다는 것을 의미한다. 다시 말하면 대도시 집중 현상도 필요가 없어진다. 마이크로그리드(Micro-Grid) 시스템 제어 방식으로 바뀌게 되면, 풍력이나 태양광 발전과 같은 에너지원이 있는 곳에서 개별적인 에너지 저장장치(ESS)와 별도의 에너지 관리시스템(EMS)을 활용할 수 있게 돼 기존의 에너지 사용 방식이 크게 바뀌게 된다. 얼마든지 다른 전력망에 연결하거나 독립적으로 가용 가능한 소규모 전력망을 구축할 수 있어, 국가 차원이나 도시 규모의 거대 인프라에 의존할 필요도 없어진다. 이러한 거대한 에너지 전환의 흐름은 에너지를 만들고 소비하는 방식만이 아니라 우리 생활이나 일의 방식까지도 바꿔놓을지 모른다.

미국의 그린 뉴딜,
웃는 기업과 우는 기업 갈린다

전기 자동차로의 대대적인 전환, 그를 위한 공공 충전소 50만 개 설치….
친환경 인프라 건설에만 우리 돈으로 2,200조를 쏟아 붓겠다는 것이 바이
든표 그린 뉴딜 정책의 골자다.

한국이 발표한 그린 뉴딜 정책 예산의 30배 규모. 세계 시장 점유율을
높이고 있는 배터리업계나 태양광업계에는 호재가 아닐 수 없다. 실제 한
국의 배터리업계는 이미 미국 조지아주와 오하이오주 등에 생산 공장을
짓고 있다.

그러나 그린 뉴딜이 강제하게 될 연비 규제 등 유럽 못지않게 강력해질 산
업 규제 정책이나 미국 내 생산 제품의 구매를 장려하는 보호주의 정책에
대한 명확한 이해 없이는 수혜는커녕 피해를 입을 수도 있다는 것이 전문
가들의 분석이다.

일례로 미국에 전기 자동차 생산 공장이 없는 한국의 완성차업계는 수출
호조라는 혜택보다는 환경 규제만 강화되어 수출이 까다로워질 수 있기에
고민이 깊어질 수밖에 없다. 철강, 석유화학 등 강한 환경 규제에 노출될
주력 수출업계 또한 대응책 마련이 시급한 것이 현실이다.

그린 뉴딜은 말 그대로 산업 구조를 친환경으로 전환시켜 사람과 환경이
조화를 이루는 동시에 새로운 성장을 이끌어내는 미래지향형 산업 육성
정책이다. 그린 모빌리티, 그린 건축, 그린 에너지 등을 통해 탄소 의존도
를 낮추는 시도를 앞서 진행하는 기업에 도약의 기회가 찾아온다. 반면에
뒤늦게 따라가는 기업은 강력한 환경 규제의 늪에 빠지게 될 것이다.

BIDEN ECONOMY

글로벌 1인자, 최후의 승자를 가리는

치열한 미중 싸움이 본격적으로 막을 올렸다.

과거의 싸움과 양상이 다른 것은

둘 다 첨단 산업에서의 막강한 경쟁력을 갖고 있으며,

인구나 경제 규모 면에서도 자웅을 겨룰 만한

막강한 라이벌이라는 점이다.

한편 이 전쟁은 경쟁을 통해 서로 성장하는 시너지를 발휘하기도 하며,

우리가 어떻게 대처하느냐에 따라 커다란 수혜를 낳는 격돌이기도 하다.

신 냉전으로까지 불리는 미중 경제전쟁의

새로운 양상을 살펴본다.

PART 3.
GLOBAL ECONOMIC WAR RETURN

세계 경제전쟁 대예측
최후의 1등 가리는 지구촌 패권 전쟁 시작됐다

G2 경제 패권 전쟁
'2등 중국 죽이기'로 세계 경제 요동친다

미국의 중국 때리기, 다방면에 걸쳐 확대된다

　바이든 정부 취임을 앞두고 낙관적인 전망을 내놓는 이들은 바이든이 트럼프에 비해서는 중국을 향해 유화적인 화해 제스처를 취할 가능성이 크다고 내다봤다. 그러나 그것은 매우 피상적인 생각이다. 미국이 그동안 치고 올라오는 2인자를 어떻게 굴복시켰는지, 미국의 방식에 대한 이해 없이는 그 맥락을 알기 어렵다.

　미국은 40년 전 부상하던 2인자 일본을 어떻게 죽였을까?

글로벌 패권 전쟁의 역사는 냉혹하다. 일본은 1968년 서독을 제치고 미국에 이어 세계 2위 경제 대국으로 올라섰다. 반도체 산업을 앞세운 일본은 가전업계의 거인 소니, 파나소닉, 샤프 등을 탄생시키며 세계 가전 시장을 지배했다. 1970년대부터 30~40년간 이들 일본 브랜드는 사실상 전세계 가전업계의 모든 것이었다. TV에서 전자레인지, 컴퓨터에서 디지털 뮤직 플레이어에 이르기까지 모든 것을 만들어냈다. 그런데 돌연 이들 기업이 몰락했다. 그것이 과연 한국 등 신흥국의 추격 때문이었을까?

그렇지 않다. 미국이 일본을 죽이기 위해 펼쳤던 고도의 전략 때문이었다. 1980년대 일본은 당시 세계 최강이던 미국을 제치고 메모리 반도체 1위로 올라섰다. 1980년대 중후반에는 NEC, 도시바, 히타치가 세계 1~3위를 차지했다. 당시 일본의 부상이 얼마나 위협적이었던지, 미국은 일본의 반도체 수출을 '제2의 진주만 습격'에 비유할 정도였다.

바이튼의 미국 (81)

2등 일본 죽이기

1980년대 중반 일본이 경제 기적을 일으키며 2등 국가로 미국을 추격하자, 미국은 일본 때리기와 플라자 합의로 일본을 굴복시켰다. 이로 인해 일본은 버블이 꺼지고 잃어버린 20년을 맞이했다.

위기감을 느낀 미국이 일본 제재에 나섰다. 미 정부는 반(反) 덤핑 혐의로 일본 기업에 대한 조사를 시작했고 미국 기업들은 특허 침해를 빌미로 일본 기업들을 공격했다. 마이크론, AMD 같은 미국 기업은 일본 기업에게 지식재산권을 침해당했다며 미무역대표부에 제소했다. 미국이 이른바 일본 때리기 총공세를 벌인 것이다.

쉽사리 해결될 것 같지 않자, 미국은 회심의 카드를 빼 들었다.

바로 1985년 플라자 합의다. 미국은 일본, 독일, 영국, 프랑스의 재무장관들을 불러들여 4개국 통화를 강제로 절상시켰다. 말이 합의지 실제로는 협박이었다. 플라자 합의 후 2년간 엔화 가치는 2배나 올랐다. 일본은 통화 가치 상승으로 인한 달콤함을 만끽하며 여전히 승승장구하는 듯했다. 일본 증시 니케이 지수는 3년간 1만 포인트에서 4만 포인트 근처까지 폭등했으며 부동산 시장도 유례없는 호황을 누렸다. 그러나 통화 절상으로 인한 금융 거품은 곧 꺼지게 되었고, 일본에선 이때부터 '잃어버린 20년'이 시작되었다.

미국은 1986년과 1991년 두 차례 일본과의 반도체 협정을 체결했다. 일본 시장에서 미국산 반도체 점유율을 10%에서 20%로 높였다. 이후 일본 반도체 산업은 쇠락의 길을 걸었다. 미국은 일본을 추락시키고 슈퍼 강대국의 지위를 굳건히 했다.

또다시 강력한 2인자 중국이 등장했다. 중국은 2010년 42년 만에 일본을 무너뜨리고 2위 경제 대국이 됐다. 이어 빠른 경제 성장을 앞세워 미국을 위협하기 시작했다.

미국이 다시 움직이고 있다. 화웨이 제재를 시작으로 '중국의 반도체 굴기'에 제동을 건 것이 본격적인 출발점이라 할 수 있다. 앞으로 펼쳐질 G2 전쟁이 한 치의 양보도 없는 파워 게임을 만들어낼 것임

바이든의 미국 (82)
2등 중국 죽이기

2010년 세계 2등 국가가 된 중국은 막강한 자국 시장을 앞세워 초고속 성장세로 미국을 위협하고 있다. 깜짝 놀란 미국이 관세, 중국 기업 제재 등을 앞세워 중국 죽이기에 시동을 걸었다. 문제는 중국이 미국이 걸어온 전쟁에 반격하면서 패권 전쟁의 전운이 감돌고 있다는 점이다.

을 우리는 과거의 경험에서 짐작할 수 있다.

바이든 정부 하에서도 미국과 중국의 G2 패권 전쟁은 더욱 본격화할 공산이 크다. 미국에게 중국은 이미 자국 주도의 국제 질서에서 순응하는 동반자가 아니라 도전자, 나아가 강력한 라이벌이기 때문이다. 다만 그 접근법은 조금 달라질 수 있다. 바이든은 트럼프처럼 극단적 대결로 치닫는 대신, 중국의 도전과 부상을 제어하면서도 안정적이고 예측 가능한 방식으로 접근할 가능성이 높기 때문이다.

바이든은 〈포린 어페어스〉 기고에서 "미국은 중국에 강경할 필요가 없다."면서 "중국의 도전에 대응하는 가장 효과적인 방법은 미국의 동맹과 동반자들의 연합 전선을 구축하는 것"이라고 유화적 발언을 했다. 트럼프 때처럼 관세, 남중국해 문제, 홍콩 이슈, 대만과의 대립 유도, 첨단 기술 도용 제재 등 각론마다 일일이 대립하며 정면충돌하는 것은 피하겠다는 말이다. 그러나 국제 사회와의 합의를 통해 중국을 압박하는 전략을 취하겠다는 것은 다른 의미로 보면 더 교묘하고 영리하게 접근하겠다는 뜻이다. 트럼프가 중국에 대해 무역 적자폭, 일자리, 지적재산권 등의 이슈로 공격했다면 바이든은 여기에 인권, 노동, 환경 이슈까지 추가할 전망이다. 당연히 환율 조작 혐의, 철강 및 알루미늄 제품 덤핑, 지적재산권 침해, 사이버 스파이 활동 등에 대해 여전히 공세를 퍼

바이든의 미국 (83)
연합 전선

바이든은 동맹국들과 연합 전선을 구축해 덤핑, 인권 탄압, 지재권 침해 등을 문제를 제기하면서 중국의 국제 규범 준수를 압박하는 방식으로 아시아·태평양 외교 전략을 펼 방침이다.

부으면서 위구르족 탄압, 환경 오염, 주변국과의 영토 분쟁 등에도 적극 개입해 목소리를 낼 것으로 보인다.

중국은 2020년 10월 공산당 중앙위원회 제19기 5차 전체 회의(5중 전회)에서 2028~2030년 사이 국내 총생산(GDP) 기준으로 미국을 넘어 세계 1위의 경제 대국이 되겠다는 의지를 분명히 천명했다. 국제통화기금(IMF) 역시 현재의 중국 경제 성장률을 감안할 때 2030년 중국 GDP는 26조 8,000억 달러(약 3경)로 세계 1위가 될 것으로 예상하고 있다. 5중 전회에서는 향후 있을 미국의 경제 제재에 대비하기 위해 내수 확대와 기술 자립 이 두 마리 토끼를 모두 잡는 '쌍순환 모델'을 채택했다.

바이든은 이러한 중국을 견제하기 위한 전략으로 '동맹과의 연대'를 내세운다. 민주당은 '우리는 전세계의 우방 및 동맹국들과 함께 중국 혹은 국제 규범을 약화하려 시도하는 국가들에 강하게 대항할 것'이라는 내용으로 아시아·태평양 외교 전략에 대한 정강 수정을 감행했다. 동맹의 힘이 약화되는 것은 결과적으로 중국 공산당을 이롭게 하는 일이므로 피해야 한다는 것이다.

트럼프가 행했던 방식의 관세 전쟁은 바이든의 해법이 아니다. 그에 대한 중국의 대미 보복 관세 탓에 미국 제조업과 농업이 실질적으로 큰 타격을 입고 있기 때문이다. 무작정 적대시하고 배척하는 일차 방정식으론 자국의 이익도 지키기 어렵다는 것을 그는 잘 알고 있다.

중국의 급격한 부상 _ 그 어떤 도전자들보다 위협적이다

중국은 바야흐로 세계 경제 역사를 새로 쓰고 있다고 해도 과언이 아니다. 개혁 개방을 선포했던 1978년 말 중국의 외환 보유고는 1억 6,700만 달러(약 2,000억)에 불과했지만, 2021년 기준 3조 1,280억 달러(약 3,500조)로 늘어났다. 수출 세계 1등, 구매력 기준 GDP도 2014년 세계 1등이 됐다. 2010년 일본을 제치고 GDP 세계 2등이 된 지 10년이 지났고, 2030년에는 미국을 제치고 세계 1등 국가가 될 거라는 전망이 쏟아진다.

IMF는 2030년 중국의 GDP가 미국을 앞지를 것이라고 전망했고, JP모건 역시 10년 이내 세계 500대 기업 중 4분의 1을 중국 기업이 차지하고 중국 경제가 세계 GDP에서 차지하는 비중이 20%에 달할 것이라고 보았다.

중국의 경쟁력은 국가의 산업 구조 자체를 전세계에서 가장 빠르게 4차 산업혁명 기술로 리모델링하는 데서 나온다. 해외에 의존하지 않아도 자체적으로 인구 14억의 막대한 시장을 보유하고 있다. 그뿐만이 아니다. 중국은 특유의 지(智) 정책을 통해 국가, 산업, 기업을 미래형으로 완전히 탈바꿈시키고 있다. 지 정책이란 지금까지의 전통적인 산업과 기업 경영 방식을 버리고 4차 산업혁명으로 무장된 미래 국가로 변신시키는 국가 전략을 말한다. 그 핵심에는 제조

바이든의 미국 (84)
중국의 지 혁명

세계 1등 국가를 꿈꾸는 중국은 2·3차 산업혁명을 생략하고 4차 산업혁명을 받아들여 전세계에서 가장 빨리 미래 국가로 개조하는 지 혁명을 일으키고 있다.

업 영역에서 중국을 기존의 제조 대국에서 제조 강국으로 바꾸는 '중국 제조 2025', 그리고 모든 산업에 4차 산업혁명 기술을 접목하는 '인터넷 플러스 정책'이 자리 잡고 있다. 다시 말해 소위 선진국들이 2차, 3차 산업혁명을 거쳐 4차 산업혁명기로 접어들고 있다면, 중국은 사회 전반의 모든 요소들을 중간 단계 없이 바로 4차 산업혁명 기술을 응용해 첨단산업으로 도약시킨다는 것이다.

중국 길을 오가는 오토바이는 모두 전기 오토바이로 바뀌었고 선역에 설치된 CCTV로 7분 만에 범죄자를 색출해낸다. 국민 80%가 현금 없이 휴대폰만 들고 다니는 핀테크 왕국을 만들기도 했다. 또한 전국에 스마트 시티 600개를 만들어 기업들이 '지 혁명'을 일으킬 수 있도록 테스트베드를 제공한다. 첨단 기술 시범 도시인 슝안신(雄安新)구에선 도로에 자율주행 자동차가 달리고 로봇이 경찰 대신 24시간 순찰한다.

중국의 이러한 움직임은 세계 1위 탄소 발생국이라는 오명에서도 벗어나게 해줄 전망이다. 전기 자동차업체 비야디(BYD)의 버스와 승용차는 중국뿐 아니라 영국 등 유럽에도 진출했다. 신선식품을 30분 안에 배달하는 서비스가 등장해 냉장고가 필요 없어진다. 재래시장이나 낙후된 구멍가게, 택시에서도 QR코드를 이용해 간편 결제를 한다. 은행 거래조차 없던 소비자들이 바로 온라인 금융에 편입돼 혁신적인 변화를 일으키고 있는 것이다. 무인 편의점에선 안면 인식 결제가 가능하고, 선전 지역에선 '선전 속도'라는 말이 있을 정도로 창업을 하는 데 거의 걸림돌이 없다.

중국 몽

중국은 두 개의 100
년 프로젝트를 통해 세
계 1등 국가가 되는 중
국 몽을 꾸고 있다. 공
산당 창당 100년이 되
는 2021년까지 모든
국민이 중산층이 되는
샤오캉 사회를 만들고
2035년 선진국이 되며
건국 100년인 2049년
명실공히 G1 국가로
도약한다는 구상이다.

중국이 이처럼 빠른 4차 산업혁명을 선도하게 된
데는 정부의 강력한 드라이브가 주효했다. 중국은
'2개의 100년 프로젝트'를 통해 세계 1등 국가가 되
는 중국 몽을 꾸고 있다. 첫 100년은 공산당 창당
100년이 되는 2021년까지로, 모든 국민이 중산층
이 되는 샤오캉(小康) 사회로 도약하고 과학 기술을
앞세워 2035년 선진국 대열에 오른다. 다음 100년
은 중화인민공화국 건국 100년이 되는 2049년까지
로, 태평성대의 다퉁(大同) 사회, 국력과 글로벌 영
향력에 있어서 미국을 제치고 세계의 중심, 즉 G1
국가가 되겠다는 비전이다.

이러한 중국의 야심이 미국의 무역 전쟁을 촉발시켰다는 분석
도 있다. 즉 중국이 육성하고자 하는 10대 핵심 산업 모두에 미국
이 25%의 관세 폭탄을 매겨 추격에 제동을 걸게 되었다는 해석
이다. 놀랍게도 중국이 육성하려는 10대 핵심 산업은 미국이 향
후 시장을 선도하기 위해 발전시켜야 할 핵심 산업과 정확히 일치
한다. 즉 중국이 앞으로 키우고자 하는 유망 섹터는 미국이 선점
하고자 하는 유망 섹터와 완전히 동일하다. 미국과 중국이 명운을
건 일대 격돌을 펼칠 수밖에 없는 이유다. 세계 1등 국가 G1을 차
지하기 위한 미국과 중국의 패권 전쟁은 이미 그 궤도에 올랐다.

중국의 '제조 강국'을 향한 꿈은 10대 전략 산업에 맞춰져 있다.
차세대 정보기술, 로봇, 항공 우주, 해양 공학, 고속 철도, 고효율

신에너지 차량, 친환경 전력, 농업 기기, 신소재, 바이오 등이 그것이다. 이러한 전략의 탄생 배경에는 회심의 볼펜심 사건이 있다. 2015년 리커창 총리는 "우주선까지도 발사하는 중국 기업이 볼펜심 하나 제대로 만들지 못한다."고 공개적으로 한탄했다. 당시 중국은 매년 볼펜 400억 개를 생산하며 세계 시장의 80%를 석권했지만, 정작 볼펜심에 들어가는 볼은 만들지 못해 일본과 독일에서 90%를 수입했다. 크롬이나 스테인리스강으로 된 볼을 제조하기 위해서는 첨단 기술이 필요했던 것이다. 중국인들로선 자존심에 상처를 입었다. 이후 타이위안 철강이 2016년 2.3㎜ 두께의 고강도 스테인리스강을 개발했고, 지금은 중국산 볼펜에 들어가는 볼을 전량 자국에서 생산하고 있다.

바이든의 미국 (86)
10대 핵심 산업

차세대 정보 기술, 로봇 등 미국과 중국이 육성 중인 10가지 미래 산업이다. 공교롭게 두 국가는 똑같은 핵심 산업에서 세계 제패를 꿈꾸면서 패권 전쟁에 불을 지폈다.

중국 칭화 대학교 세계경제연구센터에 따르면 중국이 동아시아 국가들의 발전 패턴을 따른다고 가정할 때 중국의 1인당 GDP는 2035년에 미국의 49.7%, 2050년에는 73.4%가 될 전망이다. 이 추세대로라면 2050년에 중국의 경제 규모가 미국의 3배를 능가하게 된다. 이런 전망을 바탕으로 중국 정치 리더들은 세계 1등 국가라는 중국 몽을 제시한 것이다. 봉건 왕조 시기 조공 질서를 통해 세계의 중심으로 군림했던 중국의 영광을 21세기에 되살리겠다는 의미다.

바이든의 미국 (87)
미국의 3배

중국이 GDP 세계 1등이 되는 것은 시간의 문제다. 현재의 성장 속도라면 중국은 2050년 미국의 GDP를 3배 이상 추월한다.

세계 패권 지키려는 미국 _ '벤처정신'에 다시 불 지핀다

1620년 청교도들이 종교의 자유를 찾아 메이플라워호에 올라 탔다. 그리고 1776년 미국을 건국했다. 미국은 1869년부터 1913년 사이 경이적인 성장률을 보이며, 세계 최대 경제 대국으로 떠올라 유럽 자본을 깜짝 놀라게 만들었다. 멘지 친 위스콘신 대학교 경제학과 교수에 따르면 미국은 이미 1872년에 경제 규모 면에서 영국을 추월했고 1915년에는 수출 규모 면에서까지 따라잡았다.

무엇이 이토록 놀라운 미국의 부흥을 가능하게 했을까? 역사가들은 청교도인들 특유의 모험을 두려워하지 않는 벤처 정신, 즉 기업가정신에서 그 뿌리를 찾는다. 수많은 기업가가 혁신을 일으키며 미국 경제를 도약시켰다. 1879년 백열전구를 발명한 에디슨은 GE를 창업했고, 철도 왕 밴더빌트, 석유 왕 록펠러, 철강 왕 카네기 등이 국부 창출에 앞장섰다. 1900년대 초 자동차 회사 포드를 창업한 헨리 포드는 조립라인 방식의 포드 시스템을 도입해 부유층만의 전유물이던 고가의 자동차를 대중화시켜 자동차 왕이 됐다. 뿐만 아니라 포드 시스템은 모든 근대 산업의 대량 생산을 가능하게 하는 핵심 모델이 되었다. 미국은 컴퓨터와 인터넷 혁명을 일으키며 백색 가전 시대를 열었고,

바이든의 미국 (88)
벤처 정신

미국은 1872년 영국을 제치고 GDP 세계 1등 국가가 되었다. 이 같은 비결은 청교도인 특유의 벤처 정신, 즉 기업가정신에 뿌리를 두고 있다. 발명왕 에디슨을 시작으로 석유 왕, 철강 왕, 자동차 왕, 혁신의 아이콘, 온라인 제왕 등 수많은 기업이 미국의 초강대국 지위를 확고히 했다.

빌 게이츠, 스티브 잡스, 제프 베조스, 일론 머스크 등 거물 기업인들이 지금 이 시간에도 어딘가에서 끊임없이 탄생한다. 변화와 도전이 오늘의 미국을 만들어낸 핵심 역량인 것이다. 기업가정신과 혁신이 바탕이 된 벤처기업과 중소기업을 통해서 수많은 일자리가 만들어졌고, 마이크로소프트, 애플, 구글, IBM, 페이스북, 아마존, 인텔 등이 세계적인 기업으로 도약했다.

　제2차 세계대전 후 초강대국이 된 미국은 영국의 패권을 무너뜨리고 미국 지배에 의한 세계 평화, 즉 팍스 아메리카나의 꿈을 이뤄냈다. 미국은 1947년 마셜 플랜을 통해 유럽이라는 광대한 시장을 미국의 몫으로 만들었고, 자국의 경제를 번영의 길로 이끌었다. 또한 전쟁 승리의 파워를 앞세워 유럽이 지배하던 식민지에도 공격적으로 진출했다. 공산주의 혁명을 막는다는 명목으로 세계의 모든 국제 문제에도 관여하기 시작했다.

　제2차 세계대전 이후 강력한 라이벌이었던 소련 탓에 한동안 위협을 받았다. 하지만 1991년 소련의 붕괴로 냉전 체제가 막을 내리면서 미국은 다시 세계 권력을 거머쥐었다. 이후 막대한 경제력과 군사력을 앞세워 세계 자본주의 표준을 만들어가는 한편, 중동 전쟁, 유고슬라비아 내전, 르완다 사태, 코소보 내전 등 전세계 분쟁 현장에 관여함으로써 막강한 정치적 영향력을 행사했고 이를 통해 경제적 수혜를 독차지하고 있다. 경제력 측면에서 1870년대에 이미 세계 1위에 올라선 미국은 제2차 세계대전 이후 정치와 군사력 면에서까지 세계 1위에 등극했다.

라스트맨 스탠딩 _ 최후에 살아남는 자는 누가 될 것인가?

미국과 중국 간의 패권 국가 경쟁에 불을 지핀 인물은 시진핑 주석이다. 그가 2017년 10월 19차 전국대표대회에서 만장일치(2,970표)로 국가 주석과 군사위 주석으로 재선출 되면서 중국인들에게 세계 1등 국가의 비전을 제시했기 때문이다. 1등 국가를 향한 도전은 2018년 3월 집권2기 임기를 시작한 시 주석이 절대 권력자로 부상하며 본격화되었다. 흥미롭게도 그가 중국인들을 사로잡기 위해 제시한 미래 비전은 미국 입장에서는 공개 도전장이나 다름없었다.

바이든의 미국 (89)
**국가 안보
전략 보고서**

중국의 도전을 감지한 미국이 중국을 추격자가 아닌 라이벌로 규정한 최초의 보고서. 이 보고서에 따라 미국은 중국에 관세 폭탄을 투하하며 중국에 대한 견제를 본격화하고 있다.

트럼프 행정부는 2017년 12월 18일 '국가 안보 전략 보고서'를 통해 중국을 적대적 경쟁국가로 명확히 규정했다. 그리고 그로부터 7개월 뒤 중국의 지적재산권 침해와 강제 기술 이전 관행을 문제 삼아 대(對) 중국 특별관세 폭탄을 투하하기 시작했다. 미국은 두 차례에 걸쳐 총 500억 달러 상당의 중국 수입품에 대해 25% 관세를 적용했다. 두 달 뒤에는 더 큰 게 나왔다. 2,000억 달러(약 220조) 상당의 수입품에 10% 관세를 추가했다. 2017년 중국 수입액의 절반인 2,500억 달러에 달하는 제품에 관세를 부과한 것이다.

중국도 가만히 있지 않았다. 2017년 대미 수입액의 70%에 달하는 1,100억 달러어치 제품에 관세를 매기며 둘은 전면적인 무역 전쟁에 돌입했다.

무역 전문가 켄 로버츠는 이러한 상황을 일컬어 '지난 90년 사이에 있었던 국가 간의 경제적 충돌 중에서 가장 큰 무역 전쟁'이라고 평가했다. 하버드 대학교 정치학자 그레이엄 앨리슨 교수는 저서 《예정된 전쟁》에서 미중이 처한 상황을 '투키디데스의 함정'에 비유했다. 기존 패권 국가는 빠르게 부상하는 신흥국이 자리를 빼앗으려고 위협해올 때 응수하지 않을 수 없다. 그리스 역사가 투키디데스는 기존 지배 국가 스파르타가 신흥 국가 아테네의 위협에 두려움을 느껴 펠로폰네소스 전쟁을 일으킬 수밖에 없었다고

바이든의 미국 (90)
투키디데스의 함정

새로운 강대국이 부상하면 기존의 강대국이 이를 두려워해 전쟁을 일으킨다는 뜻. 앨리슨 하버드 대학교 교수는 미중 갈등을 이 개념으로 설명하고 있다.

보았다. 앨리슨은 이미 2014년부터 미국보다 몸집이 커진 중국의 도전, 그리고 헤게모니를 포기할 수 없는 미국, 이 거대한 국가가 충돌하는 상황에서 전면전이 불가피하다고 진단한다.

더군다나 호전적이며 자기감정을 숨기지 않는 트럼프의 캐릭터는 무역 전쟁의 양상을 더 험악하게 만들었다. 그런데 바이든 시대라고 해서 이 전쟁이 멈추게 될까? 오히려 어떤 의미에서 더욱 노골화, 지능화할 수밖에 없다는 것이 전문가들의 분석이다. 결국 중국이 야망을 축소하거나 미국이 순순히 1등의 지위를 내놓지 않는 한, 끝나지 않을 전쟁이기 때문이다.

글로벌 전문가들은 패권 국가 미국이 2위 국가를 다루는 데 '법

바이든의 미국 (91)
2위 다루는 법

미국은 역사적으로 2위 국가의 부상을 견제하기 위해 '2위 국가 다루는 법칙'을 작동시켰다. 소련의 부상을 석유로 무력화했고 일본의 부상을 엔화 절상으로 좌초시켰다.

칙'이 있다고 본다. 냉전 시대 소련이 미국 GDP의 40%를 넘어서며 미국을 위협하자, 미국은 석유를 무기로 한 동유럽 전선 해체 작업을 통해 소련을 무력화시켰다. 소련이 동유럽으로 공산주의를 확장하며 세력이 커지자 미국이 결단을 내렸다. 당시 로널드 레이건 미국 대통령이 1982년 11월 29일 소련경제 붕괴 작전(NSDD-66)에 서명했다. 정교한 금융 봉쇄와 고도 기술·석유 자원에 대한 타격에 초점이 맞춰졌다. 이 작전에 따라 선진 7개국(G7)은 소리 없이 소련을 압박했다. 핵심은 소련 전체 수출의 60%를 차지하는 유가를 떨어뜨리는 것이었다.

작전에 따라 배럴당 30달러까지 치솟던 국제 유가는 7달러 선까지 곤두박질쳤다. 설상가상으로 친미 산유국들은 생산을 최고 4배씩 늘렸다. 유가 하락으로 최소 200억 달러 이상을 잃은 소련은 붕괴하고 말았다.

뒤이어 일본이 미국 GDP의 45%를 돌파하자 이번에는 금융을 무기로 한 플라자 합의로 일본을 좌초시켰다. 2010년 중국이 일본을 제치고 G2 국가로 부상한데 이어, 2018년 중국의 GDP가 미국의 69%를 돌파하자 관세 폭탄으로 중국의 부상을 저지하기 시작했다.

결국 미중 패권 전쟁은 '100년 강대국 미국'과 '중국 100년의 꿈'이 충돌하는 한 불가피한 양상으로 전개될 전망이다.

독보적인 중국의 기술 기업에 주목하라

중국 첨단 기술 기업의 도약이 눈부시다. 특히 미국의 견제에도 불구하고 첨단 분야에서 유니콘 기업들이 속속 부상하고 있다.

글로벌 시장 조사 기관 CB 인사이트에 따르면 세계 유니콘(기업 가치 10억 달러 이상 스타트업) 기업 순위에서 2020년 기준 세계 10위 안에 중국판 우버인 디디추싱, 가전업체 샤오미, 배달앱 메이투안디앤핑, 모바일 플랫폼 토우티아오, 온라인 핀테크 기업인 루닷컴 등 중국 기업이 절반을 차지했다.

친환경 자동차 시장을 선도하는 비야디, 드론 분야에서 세계 1등을 자랑하는 DJI, 스마트 철강을 앞세워 스마트 제조(스마트 설비, 스마트 설계)로 분야를 넓혀가는 세계 철강 산업의 강자 보무강철이 주목받고 있다.

중국 최대 전자상거래 기업이자 클라우드 컴퓨팅, 디지털 미디어, 엔터테인먼트, 최근에는 금융 분야로까지 확장하는 알리바바, 미국 테슬라의 선택을 받으며 2차 전지 분야의 세계 최대 기업으로 성장하고 있는 CATL은 미국과 어깨를 나란히 하는 반열에 올랐다.

인공지능과 자율주행 분야에서 독보적 실력을 보여주고 있는 바이두, 중국의 국민 SNS 위챗을 무기로 온라인 게임, 모바일 헬스케어, 원격진료 시장까지 장악해가는 텐센트 등은 새로운 분야로 진출해 경쟁력을 높이고 있다. 바이오 분야에서 막대한 자금을 무기로 세계적 첨단 신약 개발에 앞서가는 항서제약, 복성제약 등도 관심을 둘 만한 기업들이다.

G2 신기술·우주 패권 전쟁
'중국 기업 제재' 첨단 기술 추격 막는다

첨단 산업, 치고 올라오는 중국과 사다리 걷어차는 미국

중국은 현재 세계 1등 제조 강국을 향해 달리고 있다. '세계의 공장'이라는 현실에 만족하지 않고 제조업 혁신의 중심지이자 거점이 되어 혁신 제품을 공급하겠다고 한다. '중국 제조 2025'가 담고 있는 요체가 바로 이것이다. 전략을 선회해 양적 성장 대신 질적 성장을 추구하겠다는 것이다.

영국, 프랑스, 한국과 함께 제조업 종합 경쟁력 3위 그룹에 속한 중국이 2025년 2위 그룹인 독일, 일본과 어깨를 나란히 한 뒤 2035년부터는 이들 국가를 추월하고 2045년에는 세계 1등 미국을 제치겠다는 포부를 밝혔다.

제조업 종합지수 기준으로 현재 제조업 최강국은 미국이다. 제조업 종합지수는 규모, 경쟁력, 품질과 브랜드 파워, 산업의 효율성과 수익률, 산업구조 최적화, 혁신성, 환경 친화성, 정보화 수준 등을 종합적으로 고려한 국제 지표다.

중국 산업의 꿈은 '첨단 산업'에 있다. 첨단 산업을 통해 세계 패권을 장악하겠다는 중국 제조 2025의 정책목표는 매우 구체적이다. 핵심 부품과 소재의 국산화율을 2025년 70%까지 끌어올리고 2035년엔 독일과 일본을 제친 뒤 2045년 미국까지 추월하겠다고 목표를 세웠다.

특히 이를 위해 육성하기로 한 10대 전략 산업은 차세대 정보기술 산업(반도체, 정보 통신, OS와 산업용 소프트웨어), 첨단 NC 공작기계 및 로봇, 항공 우주 장비, 해양 플랜트 및 고기술 선박, 선진 궤도 교통 장비, 에너지 절감 및 신에너지 자동차, 전력 장비, 농업 기계, 신소재, 바이오 의약품 및 고성능 의료기기 등이다. 이제껏 선진국 하청을 전전하던 것에서 벗어나 새로운 발전 동력이 될 산업을 선점한다는 의지의 표출이다. 기존 산업에서는 미국, 일본, 한국과 경쟁하지 않았다. 격차를 극복하기에는 기술 노하우와 장벽이 너무 높았기 때문이다. 게다가 열심히 뒤따라간들 그 산업들은 쇠퇴하는 카테고리에 속해 있다. 그러니 초기 단계에 있는 신산업을 점령해 세계 1등이 되겠다는 것이 중국의 전략이다.

미국은 당장에 중국 제조 2025를 폐기 혹은 수정하라고 강력히 항의하고 나섰다. 중국이 목표로 삼은 첨단 산업 중에서도 자국의 프라이버시 정보가 유출될 위험이 있다는 이유로 미국은 가장 먼저 5G 영역을 콕 찍어냈다. 통신장비 선두업체인 화웨이를 제재의 첫 타깃으로 정확히 정조준한 것이다. 미국 정부는 국가 비상사태까지 선포하면서 화웨이와 68개 계열사가 미국 기업과 거래하는 것을 적극적으로 제한하고 나섰다. 중국의 환율 조작 가능성까지 거론하며 압박의 공세를 높였다.

바이든의 미국 (93)
첫 타깃 5G
미국은 중국 10대 전략 산업 중 가장 먼저 '프라이버시 정보 유출'을 이유로 5G 인프라 구축 사업자인 화웨이 제재를 선택했다.

미국의 볼멘소리에도 이유는 있다. 중국은 자국민을 통제하기 위해 미국이나 한국에서 공급받은 방화벽 등의 외부 선진 기술을 활용해 급격한 성장을 이뤄냈다. 하지만 중국은 그에 따른 시장 개방에 성의를 보이지 않은 채 오히려 기술과 가격을 앞세워 미국 영토를 점령해나가기 시작했다.

트럼프 정부는 중국이 거두는 막대한 대(對) 미 무역 흑자와 기업의 성장은 기술 절도, 기술 이전 강요, 부당한 보조금 같은 '불공정 행위' 덕분이라고 판단했다. 중국이 미국의 기술을 탈취하고 있다면서 급기야 2020년 7월 휴스턴 주재 중국 총영사관을 폐쇄했고, 중국은 이에 응수해 청두에 있는 미국 총영사관을 폐쇄했다.

이뿐 아니다. 미국은 중국이 홍콩 국가보안법 제정을 강행하는 등 홍콩 자치에 관한 약속을 위반했다면서, 관련 당국자들을 제재 대상에 올렸다. 신장 위구르 자치구에서의 인권 탄압에 대해서도 제재 수위를 높이고 있다.

트럼프는 중국의 세계 경제 패권 선언에 대해 불쾌감을 감추지 않았으며, 중국이 첨단 산업에서 미국을 추월하는 걸 좌시하지 않겠다고 공표했다. 이 같은 미국의 중국에 대한 태도는 바이든 행정부에서도 달라지지 않을 것이라는 전망이 지배적이다.

화웨이, 틱톡, 위챗, 늘어나는 블랙리스트 _ 불편한 미국의 심기

4차 산업혁명이 기존 산업 구조를 바꿔놓으면서 전세계가 네트워크와 플랫폼으로 연결되고 있다. 특히 5G 네트워크를 토대로 빅데이터가 축적되고 있고, 이 데이터는 새로운 자원이 된다. 중국 최대 통신기기 회사 화웨이는 차세대 통신인 5G 네트워크 장비 기술을 앞세워 미국과 전세계를 장악하기 시작했다. 미국은 왜 5G 네트워크 기술이 자국을 위협한다고 보았을까?

중국이 전세계 5G 시장을 장악해 세계 표준이 되면, 미국은 중국 시스템에 종속될 뿐 아니라 막대한

바이든의 미국 (94)
5G 주도권

미국은 왜 화웨이를 죽이려고 하는 것일까? 여기에는 미중 네트워크 세계 표준을 둘러싼 패권 전쟁이 숨어 있다. 화웨이가 글로벌 5G 네트워크를 장악하면 자율주행, 빅데이터, AI로 연결된 미래 시장을 빼앗기게 된다.

이익을 빼앗긴다. 5G는 자율주행, 빅데이터와 인공지능 기술 보급의 기반이다. 예를 들어 자율주행 기술의 완성도를 높이려면 교통망과 차량 사이에 대용량·초고속 데이터 통신이 필요한데, 이때 5G가 필수다.

만약 이 기술 패권 경쟁에서 밀리면 미국의 미래도 위협받게 되는 것이다. 미국은 화웨이를 제재함으로써 중국이 5G 주도권을 잡는 것을 막고 자신들이 주도권을 되찾을 시간을 벌고 싶었던 것이다. 따라서 전문가들은 화웨이 제재의 본질이 미중 기술 패권 경쟁에 있다고 본다.

화웨이는 세계 최고 수준의 기술력과 가격 경쟁력을 앞세워 미국은 물론 글로벌 통신 인프라를 잠식하려 했다. 얼핏 민간 기업처럼 보이지만, 이들은 중국 군대에 납품하며 성장했기 때문에 진짜 주인은 중국 정부라는 의심까지 받고 있다. 비상장사여서 지배구조 역시 철저히 베일에 싸여 있다. 미국은 2007년부터 화웨이를 요주의 대상으로 관찰했다. 화웨이가 2008년 네트워크 장비업체 쓰리콤, 2010년 서버업체 스리리프를 인수하려 했을 때에도 국가 안보를 위협한다는 명목으로 정부 차원에서 차단했다.

그럼에도 2018년 화웨이의 5G 장비 세계 시장 점유율은 31%로 치솟았다. 위기를 느낀 미국은 2019년 5월 "중국이 화웨이 통신장비를 이용해 미국 정부와 기업을 도청함으로써 국가 안보를 위협한다."

바이든의 미국 (95)
IT 냉전
미국은 5G 장비 세계 시장 점유율 31%로 성장한 중국을 무너뜨리기 위해 화웨이에 대한 부품, 기술 SW 수출을 중단시켰다. 중국도 미국 기업과 거래 중단을 선언하며 IT 냉전을 촉발하고 있다.

면서 공식 제재를 선언했다. 구글, 퀄컴 등 미국 IT 기업이 화웨이에 대한 부품, 기술, 소프트웨어 수출을 중단했다. 급기야 2020년 5월 미국 상무부는 화웨이에 대한 반도체 수급을 전면 차단하는 조치를 단행했다. 미국 기술을 사용해 제품을 생산하는 외국 기업이 화웨이에 반도체를 공급하려면 미국 정부로부터 라이선스를 취득하도록 한 것이다. 결국 공급하지 말라는 것이나 다름없는 제스처다. 세계 1위 반도체 파운드리(위탁 생산)업체인 대만의 TSMC가 화웨이로부터 신규 주문을 받지 않기로 했다.

2020년 9월에는 한 발 더 나가 '미국 기술과 장비를 활용하는 제3국의 기업도 화웨이와 거래하지 말라'고 선언했다. 한국의 삼성전자와 SK하이닉스, 대만의 TSMC, 일본의 소니와 기옥시아 등이 화웨이와 거래를 끊었다. 스마트폰과 5G 장비를 만들 핵심 부품을 조달할 길을 모두 막은 것이다.

중국은 미국의 이 같은 조치에 대한 보복으로 애플, 퀄컴 등 미국 기업에 대한 규제를 예고했다. 바야흐로 미중 IT 냉전이 시작된 것이다. 2020년 12월 '중국의 안보와 이익을 해치는 해외 기업에 자국 기업은 물론이고 제3국 기업에도 거래를 중지토록 한다'는 내용의 수출관리법을 도입했다.

틱톡은 중국 바이트댄스가 만든 앱으로 15초짜리 짧은 동영상을 촬영해 공유하는 소셜 미디어 서비스다. 전세계 150여 개국에서 75개 언어로 서비스될 정도로 특히 십대들을 중심으로 선풍적인 인기를 끌고 있다. 위챗 역시 중국의 IT 공룡인 텐센트가 만든

'중국판 카카오톡'으로 거의 모든 중국인들이 이용하고 있다.

2020년 9월 트럼프는 돌연 틱톡과 위챗의 미국 내 사용을 전면 금지하는 행정명령을 내렸다. 틱톡과 위챗의 미국 자산은 미국 기업에게 매각하도록 압박했다. 물론 법원은 이러한 조치에 대해 '언론과 표현의 자유를 침해했다'며 제동을 걸기도 했다. 미국이 취한 이런 조치의 표면적 이유는 중국 정부가 미국인들의 개인정보에 접근할 수 있어서 잠재적으로 스파이 활동 등에 악용될 위험이 있다는 것이었다. 틱톡과 위챗을 사용하는 미국인의 이름, 이메일, 위치정보 등 수많은 개인정보가 중국 정부로 유출될 수 있다는 말이다.

하지만 다수의 전문가들은 이 같은 조치가 화웨이 제재 때와 유사한 기술 패권 다툼 때문이라고 보고 있다. 미국 주요 언론이 틱톡과 위챗 제재를 일컬어 '제2의 화웨이 사태'라고 하는 이유도 여기 있다. 로버트 오브라이언 전 백악관 국가 안보 보좌관에 따르면 바이든 행정부에서도 틱톡과 위챗의 금지 조치는 이어질 것으로 보인다. 미국 법원의 결정과 별도로 바이든 행정부가 틱톡과 위챗의 데이터 호스팅, 콘텐츠 전송 서비스나 기타 거래를 금지하는 행정명령을 발동하면 미국 내 사용이 사실상 금지된다.

미국의 중국 때리기는 화웨이, 틱톡, 위챗, 반도체 제조사인

SMIC에 그치지 않고 연이어 계속되고 있다. 미국은 2019년 10월부터 중국 기관과 기업 중 블랙리스트라 할 수 있는 엔티티 리스트(Entity List)를 만들어 수출 거래를 제한하고 있다. 엔티티 리스트란 국가 안보에 위협이 되거나 위험 요소가 있다고 판단되는 기관이나 개인의 목록으로, 미국 기업과의 거래가 제한된다.

블랙리스트에 오른 기업에는 신장 위구르 자치구 공안국, 19개 산하 정부 기관, 중국 최대 반도체 파운드리업체인 SMIC, 중국해양석유(CNOOC), 중국통신건설(CCCC), 하이크비전, 다화기술 등이 있다.

신장 위구르 자치구는 위구르족 무슬림 거주 지역으로, 수백만 명이 재교육 명목으로 구금돼 있어 인권 탄압이라는 비난을 받고 있다. 미국은 소수 민족에 대한 인권 탄압을 이유로 신장 위구르 자치구에서 생산한 면세품 수입을 금지시켰는데, 강제노동으로 제품이 만들어졌을 것으로 보고 무역 제재를 하는 것이다.

중국 때리기에는 미국은 물론 FTSE, S&P 다우, MSCI 등 세계 3대 주가지수가 모두 동참하고 있다. S&P DJI는 각종 주식·채권 지수 구성 종목으로부터 중국 기업 21곳을 제외시켰다. S&P DJI는 S&P 500 지수와 다우존스 산업평균 지수(DJIA) 등 각

바이든의 미국 (97)
엔티티 리스트

국가 안보에 위협이 되거나 위험 요소가 있다고 판단되는 기관과 개인 명단으로 이들은 미국과 거래할 수 없다.

바이든의 미국 (98)
세계 3대 주가지수

미국은 물론 FTSE, S&P, MSCI 등 세계 3대 지수가 중국 기업들을 주가지수 편입에서 잇따라 퇴출하고 있다. 퇴출당하면 주가가 떨어지고 자금이 빠져나간다.

종 벤치마크 지수를 산출한다. 중국 최대 반도체 파운드리업체인 SMIC와 감시카메라 제조업체 하이크비전 등 10개 중국 기업이 여기 포함됐다. 세계 최대 주가지수 산출업체인 MSCI도 중국 기업 7개사를 지수에서 제외시켰다. MSCI는 세계 최대 뉴욕증권거래소(NYSE)로 지수 편입만으로도 주가 상승과 자금유입 효과가 막대하다. 여파는 영국 증시로도 확산됐다. 영국의 FTSE 러셀 지수에서 8개 중국 기업이 편출됐다. 미국이 중국 군부와 연계된 기업에 대한 투자를 막은 데 따른 조치다. 하이크비전, 중국철건, 중국위성, 중국교통건설, 중국핵공업건설, 중국중처, 중커수광, 중국화학공정 등이다.

세계 3대 지수에서 중국 기업이 퇴출되면서 한국 시장으로 해외 자금 유입이 늘어날 것으로 보여 한국의 반사 이익이 예상된다.

미 국무부는 중국 공산당원이나 직계 가족이 취득할 수 있는 미국 방문 비자인 B1·B2 비자의 유효기간 상한을 기존 10년에서 겨우 1개월로 단축해 공산당원까지 압박하고 있다. 중국 공산당의 악의적인 영향력으로부터 미국을 보호하겠다는 것이다. 이로 인해 중국 내 공산당원 9,200만 명, 가족 포함 약 2억 7,000만 명이 영향을 받을 것으로 전망된다. 미국의 중국 때리기에 맞서 중국도 중국의 국가, 기업, 개인의 합법적 이익을 해치는 외국 기업과 개인의 대중 무역·투자 활동을 제한·금지하는 내용의 '외국 기업 블랙리스트 제도'를 도입했다.

미중 패권 전쟁이 전방위적으로 깊숙이 진행되고 있는 것이다.

바이든 시대 중국의 반격은 더 위험한 미중 갈등을 연출할 것으로 보인다. 수년간 전개돼온 미국과 중국의 무역, 기술 갈등이 더욱 격화할 것으로 보이기 때문이다.

밸류체인 재편 _ 미국 산업 위해 전세계 기업 줄 세운다

바이든 시대 미중 무역 갈등은 완화되기는커녕 그대로 유지되는 차원을 넘어 더욱 고조될 전망이다. 한국과 같은 전통적인 미국의 우방이자 동아시아의 맹주인 중국에 대한 의존도가 높은 국가들은 '양자택일'의 거센 압력을 받을 가능성이 높아졌다. 이러한 상황은 한국을 포함한 동맹국들에게 큰 부담으로 작용해 신냉전 분위기를 가속화할 우려까지 있다.

트럼프 대통령은 임기 중 강력한 무역 제재를 앞세워 미중 무역 전쟁을 이끌어왔다. 이러한 미중 무역 전쟁의 여파는 미국과 중국 두 국가의 수출에 모두 의존하고 있는 한국 경제에는 어느 정도 악재로 작용해왔다. 그러나 반대로 중국에 대한 압박이 강해지면서 반도체, 휴대전화 등 중국과 경쟁 관계에 있는 한국 주력 산업이 반사 이익을 보는 결과도 얻어낼 수 있었다. 우리가 관심 있는 것은 과연 바이든 체제하에서 피해와 수혜 중 어느 쪽이 더 커질까 하는 점이다.

미국은 자국의 산업 경쟁력을 강화하는 쪽으로 전세계 기업들

기업 줄 세우기

미국은 자국의 산업 경쟁력을 높이는 쪽으로 전세계 기업들을 줄 세우기 시작했다. 미국이냐, 중국이냐는 선택을 강요하는 것이다.

을 줄 세우기 시작했다. 미국이냐, 중국이냐를 놓고 '미국과 손잡기'를 동맹국 기업들을 대상으로 압박할 것으로 보인다. 〈워싱턴포스트〉는 "바이든은 한국, 유럽, 캐나다에 대한 관세를 강화하는 대신 무역 협력을 더 중시하며 미국이 전세계 기업가와 과학자로부터 환영받는 존재로 만들기 위해 노력할 것"이라고 내다봤다. 나아가 이 신문은 "바이든은 특유의 원숙한 외교 정책을 통해 트럼프가 의도적으로 붕괴시켰던 오랜 동맹과 글로벌 리더십을 재건해 긍정적인 변화를 이끌어 낼 것"이라고 전망했다.

이 말은 바이든 체제하에서 펼쳐질 미중 무역 전쟁의 경우 미국이 동맹국을 '내 편'으로 만들어 중국을 압박하는 방식으로 진행될 것임을 암시한다. 동맹국 사이에서 미국의 리더십을 강화시킴으로써 중국을 견제하는 방식이다. 통상 정책 역시 다자주의와 동맹의 관점에서 추진될 전망이다. 바이든은 두 차례 상원 외교위원장을 맡은 만큼 통상을 외교의 일환으로 여기는 경향이 강하다. 전통적으로 보호무역주의를 표방해온 민주당 내 주류 세력과는 달리 자유무역을 옹호하기도 한다. 미국, 멕시코, 캐나다 간의 협정인 USMCA(신북미무역협정)에 대한 지지를 표명하였으며 TPP(환태평양경제동반자협정) 재협상과 재가입도 강력히 주장하고 있다.

다자주의 핵심은 바로 세계무역기구(WTO)다. 어이없게도 트럼프는 여기서도 탈퇴했다. 하지만 바이든은 WTO에 재가입했다.

그의 노림수는 WTO의 기능과 권한을 강화시켜 중국을 견제하기 위해서다. 중국의 불공정 행위로부터 피해를 입은 동맹국들을 동원해 입체적으로 압박하는 다면적 전략을 구사하게 된다. 특히 중국 정부가 첨단 산업을 육성하기 위해 사용하는 불법 보조금 문제를 강하게 물고 늘어질 것으로 보인다.

WTO는 무역 분쟁의 최고 판정 기구로, 미국은 WTO 제소와 관련된 위원들을 미국인들로 포진시켜서 중국 기업의 불공정 이슈에 대해 '규칙 준수'를 요구할 가능성이 높다. 그렇게 되면 중국에 고율의 관세를 부과해 싸우는 양자 대결의 소모적인 정면승부를 피하고, 동맹국과 협력해 중국을 포위하는 형태로 태세 전환이 된다.

중국과 무역 전쟁을 펼칠 또 하나의 방편은 바로 '밸류체인'(공급 가치사슬)의 재구축이다. 코로나19로 인해 수입, 특히 중국으로부터 수입에 의존하는 기존의 밸류체인을 더 이상 방치해선 안 된다는 위기의식이 발동했다. 즉 어떠한 상황에서도 누군가의 영향력에 휘둘리지 않고 안정적으로 산업을 유지시킬 구조적 재편이 필요하다는 여론이 조성된 것이다.

밸류체인 재편은 중국이 아닌 미국 중심이나 동맹에게 맡김으로써 중국 기업에 대한 의존도를 낮추는 게 목표다. 밸류체인 미국화란 제조업의 미국 회귀를 의미하고, 동맹국에 맡긴다는 것은 중국이 아닌 다른 나라로의 전환을 의미한다. 이러한 기조는 미국의 대표적인 동맹국인 한국 기업에 게는 새로운 기회가 될 수 있다.

바이든은 국내 복귀 유턴 기업에게 인센티브를 주고, 반대로 생 산기지를 해외로 옮기는 미국 기업에게는 추징세를 물림으로써 징벌을 하겠다는 공약을 했다. 그러나 미국의 여건상 모든 산업 을 유턴시킬 수는 없다. 어쩔 수 없이 동맹에 의존하는 전략이 병 행된다. 동맹을 중시하는 통상 정책이 오히려 여러 신흥국들의 대 (對) 미국 통상 환경에 다소 숨통을 틔워줄 전망이다. 바이든은 동 맹국 중에서도 한국, 일본, 호주, 뉴질랜드, 유럽연합(EU)과의 결 속을 유난히 강조하고 있다.

철강, 알루미늄, 세탁기, 태양광 패널 등 한국산 수입품에도 무차 별적으로 보복 관세를 부과했던 트럼프와는 다른 대응이 나올 것 으로 보이는 이유다. 바이든은 "트럼프가 정작 북한, 중국, 러시아 등 폭력배들은 놔두고 동맹국들의 뒤통수만 쳤다."고까지 말했다.

우주로 쏘아 올린 미중 경쟁 _ 본격 우주전쟁 시작된다

데탕트(화해)의 공간이었던 우주에서도 미국과 중국 사이의 냉 전이 곧 시작될 조짐이다.

트럼프 전 대통령은 2018년 10월 우주군(Space Force) 창설을 선언했다. 그는 "미래에 미국이 우주를 지배해야 한다."면서 공군과 별도로 우주군을 갖게 될 것이며, 둘은 별개의 군사 주체로 대등한 지위를 가질 것이라고 강조했다. 미군은 원래 육군, 해군, 공군, 해병대, 해안경비대 등 5개의 군으로 구성돼 있다. 트럼프는 여기에 우주군을 더하기로 한 것이다.

바이든 역시 우주군 창설을 지지한다. 우주군의 임무는 외계인과 싸우거나 우주를 정벌하는 것이 아니라, 정밀 타격용 목표물에 대한 정보와 미사일 방어용 탐지 정보를 확보하는 데 있다. 우주에서의 활동이 갈수록 군사적으로 중요해짐에 따라 우주에서의 위협을 선제적으로 차단하고 억제하기 위한 조치라고 할 수 있다. 우주 공간을 군사적으로 활용하는 기술을 선점하는 것이 우주군 창설의 목적인 셈이다. 특히 미국은 중국에 비해 우주에서 군사력을 키우는 데 뒤처지고 있기 때문에 우주군을 설립해 격차를 따라잡는 데 집중할 것으로 보인다.

바이든이 우주군을 창설하면 미국 군대는 1947년 공군이 육군에서 떨어져 나온 뒤, 72년 만에 새로운 군사 주체를 맞이하게 된다. 우주사령부에서 일하게 될 1만 6,000명가량의 비행사와 민간인이 기존 군 조직으로부터 소속을 바꿔 우주 사령부에 배치될 예정이다.

미국 국방부는 "중국과 러시아는 위기나 충돌이 있을 경우 미국이나 동맹국들의 인공위성을 교란하거나 파괴하는 기술을 개발하는 데 이미 착수했다."고 밝혔다. 우주군 창설이 중국과 러시아의 움직임에 대응하기 위한 조치라는 것이다. 국방장관이었던 마크 에스퍼 역시 "이미 우주 공간은 전쟁의 새로운 영역으로 편입되었다."면서 "우주에서 전략적 우위를 유지하는 것이 우주군의 임무"라고 설명했다. 중국에도 미국의 우주군과 비슷한 전략 지원군이 있는 것으로 알려졌다. 그 규모와 활동이 무엇인지 정확히 알려져 있지 않아 오히려 두려움을 자아내게 하는 존재다.

　미국은 군사적으로 중국을 겨냥해서 인도·태평양 전략을 펼치고 있다. 주목할 만한 사건은 미국 의회가 2021 회계연도 국방 예산안에 '태평양 억지 구상'(Pacific Deterrence Initiative)을 신설했다는 사실이다. 그 예산이 무려 22억 달러(약 2조 5,000억)에 달한다. 이는 순전히 인도·태평양 지역에서 중국을 견제하기 위한 목적으로, 중국에 대한 미국의 군사력과 대응 태세를 강화하기 위한 조치다. 상·하원 모두의 찬성으로 바이든 행정부 출범을 앞두고 예산을 선제적으로 편성함으로써 중국에 대해 한층 강경하게 대응할 것을 초당적으로 주문했다. 미중 신냉전 시대를 예고하고 있는 것이다.

바이든의 미국 (102)
태평양
억지 구상

인도 · 태평양 지역에서 중국을 견제하기 위해 미국 상 · 하원이 행정부에 요구한 미군 장비의 현대화 및 군사력 강화 방안

　바이든 행정부는 이 구상을 구체화하기 위해 인도·태평양 지역에 주둔할 미군 장비의 현대화 및 군사력 강화 방안을 만들어 의회에 제출해야 한다. 의회는 법안을 통해 중국 견제라는 방향성만 제시했을 뿐, 구체적인

견제 전략은 행정부가 수립해서 추진해야 하기 때문이다.

  태평양 억지 구상이라는 콘셉트는 2014년 러시아의 공세에 맞서 북대서양조약기구(NATO) 동맹을 결성하고 거기에 미군이 주둔함으로써 저지선을 그었던 유럽 억지 구상으로부터 나온 것이다. 미국은 국방 수권 법안을 통해서도 버지니아급 공격용 잠수함 2척을 새로이 건조해 막강한 중국의 해군력에 대응할 것을 주문하고 있다.

바이든 시대, 암호 화폐 쾌속 질주할까?

암호 화폐가 다시 주목받고 있다. 특히 암호 화폐의 대표주자 비트코인이 블록체인 산업의 주역으로 다시금 주목받고 있다. 가장 큰 이유는 미국 연준의 양적 완화 확대 기대감 때문이다.

연준이 코로나19에 대응하고 경기를 활성화하기 위해 적극적인 양적 완화를 시작하자 달러 가치가 하락하고 대체 투자 수단으로서 가상자산(암호 화폐) 가치가 상승했다. 경기 부양을 위해 쏟아질 천문학적인 규모의 달러 자금을 흡수할 수 있는 자산으로 금 또는 비트코인이 주목을 받기 때문이다.

또한 암호 화폐 생태계에 다소 우호적인 바이든 정부의 영향도 크다. 바이든 시대에도 연준을 통한 통화 정책과 큰 정부의 재정 정책이 맞물려 이와 같은 유동성 확대는 지속될 것으로 보인다. 아울러 연준법 개정을 통해 '실시간 지급 결제 시스템' 구축이 시작되면 여기 블록체인 암호 화폐 기술이 접목될 것으로 기대된다.

바이든 정부 하에서 법인세와 소득세, 주식 양도세 등이 인상되면 탈세 수요가 늘고 그것이 자연스레 비트코인으로 옮겨갈 가능성이 높다는 분석도 유력하다.

암호 화폐가 투자 수단을 넘어 화폐로서 실효성을 발휘하려면 현실 세계에서 유통되느냐가 중요한 기준이 될 것이다. 이런 점에서 CBDC(중앙은행 디지털 화폐) 정책 변화, 페이팔의 비트코인 결제 서비스 시작, 모바일 DIO(분산 신원인증) 서비스 도입, 특정금융정보법(특금법) 시행 등이 암호 화폐의 미래에 긍정적인 영향을 줄 전망이다.

G2 글로벌 리더십 전쟁
'미국편 만들기' 동맹국 줄 세운다

미국 예외주의 _ 미국인의 자존심을 다시 세우다

예외주의(Exceptionalism)란 특정 국가나 사회, 기관이 독특하거나 대단해서 통상의 규칙이나 원리를 적용해선 안 된다는 의미다. 미국이 구사하는 외교 정책의 핵심 철학은 바로 '미국 예외주의'다. 미국은 다른 국가와는 차별화된 '특별한 국가'라는 의미다. 1830년대 미국을 면밀히 관찰했던 프랑스

바이든의 미국 (103)
미국 예외주의

미국은 다른 국가와는 차별화된 특별한 국가라는 뜻이다. 미국만의 자부심과 우월주의, 세계 사회에 대한 소명의식을 드러내는 용어다.

사회학자 토크빌이 처음으로 이 말을 만들어냈는데, 여러모로 미국을 분석하는 데 의미 있는 용어다.

예외주의란 미국인들의 특별한 자부심이자 미국만의 우월주의를 극명히 드러내는 단어다. 미국 편이 아니라면 그 누구라도 '적'으로 간주한다는 이분법적 의미로도 해석된다. 미국은 자신들이 다른 어느 나라와도 다른 차별성을 가진 특별한 나라라는 의식을 갖고 있다. 이러한 의식은 자신들이 지구촌을 이끄는 리더가 되어야 한다는 믿음으로 발전했다. 미국 예외주의 신봉자들은 '미국이 세계를 이끌어야 한다'는 일종의 소명의식을 갖고 있다. 나아가 민주주의, 시장 경제, 지구 평화와 번영, 세계화 등에 있어서 그 주인공이 되어야 한다고 믿는다. 미국은 스스로를 계급과 인종의 차별을 없애고 봉건주의를 극복하고 민주주의와 자본주의의 성취를 이룬 독보적 존재라고 믿는다.

바이든의 미국 (104)
고립주의 외교

세계의 리더, 세계의 경찰이 되기를 포기하고 트럼프가 선택했던 실용적 이익 중심의 미국 우선주의 외교

그런데 트럼프는 스스로 '세계의 리더', '세계의 경찰'이 되기를 포기하고 고립주의 외교를 선택했다. 그러면서도 미국 우선주의를 내세우며 예외주의 가치가 아닌 금전적이고 실용적 이익을 극대화하는 방향으로 의사결정을 해나갔다. 특별한 리더가 되어야 하는 미국을 돈과 이익이나 밝히는 얌체로 만들며 이미지에 스크래치를 낸 셈이다.

바이든은 트럼프의 고립주의를 버리고 미국 예외주의를 전면적으로 부활시킬 것을 예고한다. 민주당은 대선 후보를 지명하는 전

당대회를 통해 바이든 시대 정강 정책에서 미국 우선주의를 공식 폐기했다. 대신 전통적 미국 외교 정책의 근간인 동맹 강화와 국제기구를 통한 다자주의 회복을 내걸었다. "우리는 건강한 민주주의, 공정한 사회, 포용적 경제가 미국의 국제적 리더십을 위한 필수적 전제조건이라고 믿는다."라면서 트럼프의 아메리카 퍼스트야말로 오히려 미국을 홀로 되게 만들었고, 미국의 명성과 영향력은 누더기가 됐다고 주장했다. 동맹을 강화하면서 그들에게 방위 능력을 증대시키고 지역 안보에 대한 책임감을 공유하며 공정한 분담 기여를 권장하겠지만, 결코 트럼프처럼 '폭력단 갈취 행위'로 동맹을 대하지는 않을 것이라고 강조했다.

중국에 편향됐다는 이유로 탈퇴했던 WHO에 재가입했고, 포괄적 핵실험 금지조약(CTBT) 비준도 추진할 것으로 보인다. 이란과 맺었던 핵 합의도 복귀할 전망이다. 유럽 안보의 핵심인 북대서양조약기구(NATO)도 다시금 강화한다. 러시아와의 신전략 무기 감축협정인 New START도 연장하고 아프가니스탄에 대한 추가 철군, 예맨 전쟁 종식과 같은 화해 제스처도 취할 듯하다.

그러나 단순한 동맹 회복만으로 상처 난 미국의 자존심을 회복하기는 힘들다. 갤럽이 발표한 '2020 세계 지도자 순위' 보고서에 따르면 국가별 글로벌 리더십은 독일 44%, 미국 33%, 중국 32%, 러시아는 30% 순으로 변했다. 오바마 임기 마지막 해였던 2016년 미국의 리더십 지수가 48%였던데 비하면 크게 추락한 상태다. 바이든은 이렇듯 뒤처진 미국의 글로벌 리더십을 복원하는 데 공을

**아메리카
리드법**

미국이 경제·외교·교
육 전 영역에서 중국을
압도하는 글로벌 리더
십을 발휘해 인도·태
평양 지역에서 리더 국
가가 돼야 한다는 법안

들일 것이다.

이미 민주당 소속 상원 의원 11명이 중국의 부상
에 대응하기 위한 전략을 담은 '아메리카 리드' 법안
을 발의했다. 여기에는 경제, 교육, 외교 안보 전 영
역에 걸쳐 중국을 견제하기 위한 글로벌 리더십 발
휘 방안이 담겨 있다. 미국 경쟁력 강화를 위한 투
자, 동맹과 파트너 지원, 가치 중심의 대외 정책 복
원과 발전, 중국의 약탈 행위에 대한 대가 지불 보
장 등 4가지 주제를 앞세워 인도·태평양 지역에서의 리더십을 다
시금 확보하겠다는 구상이다. 구체적으로 한국, 일본, 필리핀, 호
주, 태국 등 동맹국과 타이완, 아세안(ASEAN) 같은 파트너 국가들
과의 협력을 강화해나갈 방침이다. 이들 국가들과의 협력에서 궁
극적으로 얻고자 하는 바는 아시아 지역에서의 리더십을 회복하
고 중국의 부상을 견제하는 것이다.

통화 전쟁 _ 위안화 절상 통해 권력의 시소 바꾼다

바이든 시대에는 '달러 약세'가 미국 통화 정책의 기조가 된다.
달러를 무제한 풀어 경제를 살려야 한다고 믿는 이른바 '슈퍼 비
둘기' 3인방이 미국 경제를 진두지휘하고 있기 때문이다. 슈퍼 비
둘기 3인방이란 바이든 경제 정책의 양대 수장이 되는 재닛 옐런

재무장관과 재러드 번스타인 백악관 경제 자문위원, 그리고 제롬 파월 연준 의장을 가리키는 말로, 이니셜을 따서 3J라고도 부른다. 이들은 천문학적인 규모로 돈을 풀어야 미국 경제를 살려낼 수 있다고 믿는 케인지언들이다.

달러화 가치는 2020년 한 해에만 고점 대비 10% 넘게 떨어졌는데, 2021년에 들어서도 그 기조를 유지하거나 그보다 더 떨어질 것이라고 보는 전망이 지배적이다. 과거 글로벌 금융 위기를 전후한 시기 수준의 초(超) 약 달러 시대가 다시 올 것이라는 관측까지도 등장하고 있다. 바이든 정부의 대대적인 경기 부양책과 미국 제품 수출 확대 전략이 맞물리면 달러 약세는 불가피한 흐름이다.

심지어 1달러에 1,000원 환율 시대가 온다는 전망까지도 나오고 있어서, 한국 수출 기업들로서는 곤혹스런 상황이다. 엔화, 유로화, 파운드 등 주요 6개국 통화 대비 달러 가치를 나타내는 달러 인덱스는 연일 하락을 거듭하고 있다. 1973년 3월 처음 인덱스가 개시된 시점을 기준점 100으로 해서 변동 추이를 보여주는 달러 인덱스는 비둘기파이자 케인지언인 옐런이 연준 부의장 혹은 의장으로 연준을 이끌던 2010년부터 2018년까지 줄곧 70~80대를 기록하면서 약세를 보였다.

전문가들은 바이든의 민주당 행정부가 등장하는 데 따른 정치

바이든의 미국 (106)

슈퍼 비둘기 3인방(3J)

천문학적인 돈을 풀어 미국 경제를 살려내야 한다고 믿는 옐런 재무장관, 번스타인 백악관 경제 자문위원, 파월 연준 의장의 이니셜을 따서 3J라 부른다.

바이든의 미국 (107)

초 달러 약세

대대적인 경기 부양책과 미국의 수출 확대 전략이 맞물려 달러 약세가 지속될 것이라는 전망. 씨티그룹은 2021년 20% 하락을 내다봤다.

적 불확실성 해소에 더해, 대규모 경기 부양책을 펼칠 것이라는 기대감에 의한 달러 약세가 상당 기간 지속될 것으로 보고 있다. 마이크 윌슨 모건스탠리 CIO는 "앞으로 1년간 달러화는 10%가량 더 떨어질 수 있다."고 예측했다. 달러 인덱스가 80 안팎까지 내릴 것이라는 의미다. 그는 이렇게 전망하는 이유로 코로나19 위기에서 가장 큰 피해를 입었으며 그에 따라 가장 적극적인 재정 정책을 펼칠 나라가 바로 미국이기 때문이라는 분석을 내놨다. 씨티그룹 역시 2021년에 달러화가 20% 추가 하락할 것이라고 점쳤으며, 골드만삭스와 ING도 각각 6%, 10% 하락할 것으로 내다봤다.

달러 약세는 상대적으로 위안화와 원화 등이 강해지는 효과를 내기 때문에, 해당 국가로의 투자 유입이 늘어나 금융 시장 활황이 조성되는 등 수혜도 있지만 수출 국가의 경쟁력이 상실되는 등 부작용도 생길 것으로 예상된다.

그러나 여기서 주의할 점도 있다. 중국의 위안화 절상(달러 대비 위안화 환율 하락) 기조는 중국 정부 나름대로 고도의 전략이라는 분석도 있기 때문이다. 중국은 전세계에서도 거의 몇 안 되는 정부의 환율 조작이 가능한 나라 중 하나다. 그런 중국이 자국의 수출 산업을 희생시키면서까지 위안화를 절상시키는 데는 매달 거둬들이는 미국 대상의 어마어마한 무역수지 흑자를 인위적으로 줄여서 향후 무역 분쟁의 빌미를 주지 않겠다는 속내도 작용한다는 것이다. 또한

바이든의 미국 (108)
위안화 절상

달러 약세에 맞춰 중국 정부는 위안화 절상 정책으로 무역 흑자를 줄여 무역 분쟁의 빌미를 없애고 수입 물가 안정, 내수 확대, 수출 의존도 축소 등을 꾀할 방침이다.

저절로 수입 물가가 하락해 경기 부양의 방편으로도 유용하다. 앞으로 쌍순환, 즉 내수 확대로 수출에 대한 경제 의존도를 줄인다는 거시적인 계획과도 부합한다. 더군다나 위안화가 1달러에 6위안 부근으로 절상되면, 중국 증시의 매력도가 높아져 MSCI 지수 등 아시아 신흥국을 추종하는 증시 지수들이 중국 비율을 높일 가능성도 있다. 그렇게 되면 상대적으로 비중이 줄게 될 한국 증시에서 일시에 자금이 빠져나가고 그 주요 대상은 삼성전자나 SK하이닉스 같은 대형주가 될 가능성이 크므로, 위안화 절상이 우리에게 무작정 위협이 없는 것은 아니다.

바이든 시대 미국은 중산층 회복을 통한 안정적 성장에 정책의 초점을 맞출 것이다. 경기 부양에 정책의 초점이 맞춰지기 때문에 통화 정책의 기조는 '저금리'에 맞춰질 전망이다. 무엇보다 바이드노믹스의 통화 정책 수립자들이 현대통화이론(MMT)의 신봉자들이기 때문이기도 하다. 이들은 채권 발행이나 세금 징수 같은 정책보다는 화폐 발행을 통해 유동성을 무한대로 공급함으로써 경기를 부양할 수 있다고 주장한다. 이러한 주장은 월가로부터도 전폭적인 지지를 받고 있다.

저금리 정책은 경기를 일으키고 재정 정책을 확대하는 데 용이하다. 연준 의장이었던 앨런 그린스펀도 "미국은 언제든 돈을 찍어낼 수 있고 그 돈으로 어떤 부채든 갚을 수 있기 때문에, 채무 불이행 가능성이 없다."는 말로 달러 무제한 공급의 패러독스를 역설한다. 연준은 이미 2023년까지 초저금리, 즉 사실상 제로금리를

제로금리

바이드노믹스의 통화
정책 수립자들은 무제
한 화폐 발행을 통해 유
동성을 공급하는 제로
금리의 신봉자들이다.

유지하겠다는 계획을 밝혔다.

저금리는 높아진 미국의 정부 부채 부담을 감안할 때도 훨씬 유리하다. 지난 10년 동안 미국 GDP 대비 정부 부채 비율은 계속 높아져왔다. 엎친 데 덮친 격으로 코로나19로 경기가 심각하게 침체되고 실업이 늘어난 상황이기 때문에, 현재로서는 저금리 통화 정책을 통해 시장 유동성을 늘리는 정책을 구사할 수밖에 없다. 최소한 바이든 집권 1기 동안 미국의 통화 정책 기조는 제로금리 국면으로 장기화할 가능성이 높다.

문제는 인플레이션에 대한 우려가 중장기적으로 경기나 금융 시장의 불안 요소로 작용할 수 있다는 점이다. 이 때문에 주류 경제학자들은 다량의 화폐 발행으로 인한 급격한 물가 상승이 경제를 불안하게 만드는 결정적 요인이 될 것이라며 우려하고 있다.

글로벌 금융 시장 활황 _ 전세계 증시 고점 뚫는다

바이드노믹스의 영향으로 글로벌 금융 시장은 전례 없는 호황기를 맞을 전망이다. 바이든이 만들고자 하는 새로운 글로벌주의, 즉 신세계화의 기조는 글로벌 경제 순환에 모멘텀을 제공함으로써 성장 동력을 만들어줄 것으로 보인다.

먼저 미국 우선주의가 막을 내리면서 경직됐던 금융 시장이 활기를 찾게 된다. 미국과 중국의 대립 완화로 글로벌 투자 시장이 생기를 되찾고, 미국의 대규모 경기 부양으로 달러화가 약세를 보이게 됨에 따라 달러가 신흥국 시장으로 대거 이동하게 된다. 이로 인해 신흥국 증시는 물론 투자 시장에도 훈기가 불 것으로 보인다.

바이든의 미국 (110)
투자 훈풍
미국의 막대한 유동성 공급은 달러가 신흥국 시장으로 대거 이동하게 함으로써 증시 등 투자 시장에 훈풍을 불게 할 전망이다.

이미 한국 증시는 상승세를 탔으며, 2021년까지는 오름세가 예상되고 있다. 외국인들이 한국 시장에 투자하면 주가 상승에 따른 이익과 함께 달러 약세에 따른 환차익까지 동시에 챙길 수 있는 매력적인 시장이 된 것이다.

유럽 국가들과의 관계 개선으로 교류가 확대됨에 따라 글로벌 자금 이동 역시 활기를 띠게 된다. 금융 시장의 활력은 글로벌 증시 호황에서 시작된다. 트럼프 행정부에서 추진했던 관세를 통한 직접 규제가 금융 시장 전반에 부정적인 영향을 줬다면, 바이든 행정부는 직접 규제 수위를 대폭 낮출 예정이다.

관세 인상이나 기업 규제보다 중국의 변화를 유도하는 원칙적 대응책이 등장하게 된다. 필요한 대응을 할 때도 국제기구를 통해 정해진 룰에 따라 이루어질 것이다. 견제는 꾸준히 존재하겠지만 돌발행동으로 양쪽이 강하게 부딪히고 그로 인해 다른 나라들까지 영향을 받는 일이 비교적 적어진다는 말이다. 미국과 중국이 표면적으로 갈등해봐야 양자에게도 도움이 될 게 없다는 것을 잘 알기에, 적절히 서로의 이익을 주고받는 전략적 선택도 나올 것이

바이든의 미국 (111)
유럽 친화적

바이든은 유럽 국가들
과의 관계 개선으로 교
류를 확대할 것으로 보
인다. FT는 바이든을
가장 유럽 친화적인 대
통령이 될 것이라고 평
가했다.

다. 중국 정부 역시 다혈질의 트럼프보다 바이든 쪽
이 더 대하기 힘든 까다로운 상대라는 것을 알기에
침착하고 전략적인 태세로 전환될 가능성이 높다.
미국과 유럽 국가들과의 극적인 관계 개선도 기대
된다. 〈파이낸셜타임스〉는 바이든을 일컬어 "가장
유럽 친화적인 미국 대통령이 될 것"이라고 보도하
기도 했다.

금융 시장은 미래를 가장 먼저 읽어낸다. 대선 결
과에 불복하던 트럼프가 연방 조달청에 정권 인수를 지시하고 바
이든이 주요 인선을 시작하자 곧바로 금융 시장이 들썩였다.

2020년 11월 24일 '슈퍼 비둘기'인 재닛 옐런 전 연준 의장이 재
무장관에 내정되자, 다우 지수는 사상 최초로 3만을 돌파하며 미
국 증시의 랠리를 예고했다. 다우 지수가 3만 고지에 올라선 것은
증시 개장 이래 124년 만의 일이다. 미국 증시가 랠리를 보이자 세
계 증시도 일제히 상승세를 탔다.

일본 니케이 지수는 29년 만에 최고치를 기록했다. 일본 니케
이 255 평균 주가는 2만 6,000선을 돌파했다. 버블 붕괴 직후였던
1991년 6월 이후 29년 6개월 만에 최고치다. 한국 증시는 더 힘차
게 반응했다. 코스피 지수가 사상 처음으로 2,600선을 돌파하고
다시 9거래일 만에 2,700선마저 뚫으며 기세 좋게 강세 행진을 이
어갔다.

한국 시장에서는 코로나 백신 개발 속도가 빨라진다는 뉴스와

함께 글로벌 경기 회복 기대감까지 겹친 가운데, 달러 대비 원화 가치가 빠르게 상승(원·달러 환율 하락)하면서 외국인 매수세가 대거 유입돼 '코스피 랠리'를 이끌었다. 코스피가 2,500에서 2,600이 되기까지 무려 3년 1개월(2017년 10월~2020년 11월)이 걸렸는데 9거래일 만에 2,700선을 돌파한 것은 실로 경이적인 기록이다. 팬데믹 이후 개인들이 이른바 '동학 개미운동'을 주도하며 지켰던 증권 시장에 다시 외국인들이 귀환하면서 시장 분위기를 바꿔놓은 것이다. 원화 값 강세까지 이어지며 2020년 연말에는 사상 최초로 2,800선을 돌파했다.

바이든의 미국 (112)
코스피 랠리

달러 약세, 원화 강세, 풍부한 유동성의 영향으로 외국인들이 한국 기업을 주시하며 '코스피 랠리'가 연출됐다. 코스피 3,000에 대한 기대감마저 높다. 이럴 때는 옥석을 가려내야 한다.

영국의 투자 은행 바클레이는 '바이드노믹스의 정책들이 유럽 증시에 호재가 될 것'이라고 전망했다. 무역 불확실성이 줄어들고 미국과 유럽 간의 관계가 더 긴밀해지면서, 미국 정부의 재정 부양책이 유럽 경제로까지 긍정적인 영향을 미칠 수 있기 때문이다.

스위스 투자 은행 UBS의 전략가들도 시장을 긍정적으로 전망한다. "바이드노믹스 정책은 미국 증시나 아시아 증시보다 유럽 증시에 더 긍정적인 요인으로 작용할 것"이라고 분석했다. 바이든이 제안한 법인세 인상이 미국 기업의 실적에 실질적인 악영향을 미치고 미국의 경기 부양책에 힘입어 유럽 기업들이 수혜를 입게 됨에 따라 상대적으로 더 큰

바이든의 미국 (113)
유럽 수혜

바이드노믹스는 미국이나 아시아보다 유럽 기업에 실질적인 혜택을 제공해 유럽 증시가 수혜를 입게 될 전망이다.

실적 반등이 예상되기 때문이다. 구체적인 유럽의 유망한 섹터로 자동차, 유틸리티, 부동산, 건설, 금융 관련 종목들을 추천하기까지 했다.

또 하나 유럽 경제에 긍정적인 영향을 미칠 이유로 꼽은 것 중 하나는 바이든의 정책 상당수가 유럽이 이미 채택한 수정 자본주의의 방향성을 띠고 있기 때문이다.

바이든이 내세운 주요 대선 공약 중 하나가 '이해관계자 자본주의'의 도입이다. 이해관계자 자본주의란 과도한 자본 집중으로 인해 고장 난 주주 자본주의에 대한 반발로 등장한 개념이다. 주주는 물론 직원, 고객, 거래 기업, 지역 사회 등 모든 이해관계자를 아우르는 방향으로 기업을 경영해야 한다는 기업의 사회적 책임을 강조하는 정책 기조를 말한다. 장기적으로는 그렇게 해야 기업 평판이 좋아지고 결국 오래도록 영속하는 기업이 될 수 있다는 경영 이념이다.

바이든은 기업 지배구조 개편과 테크 기업에 대한 규제를 강화함으로써, 자본주의 시스템을 구조적으로 개혁해야 한다는 소신을 갖고 있다. 소득 불평등, 양극화 해소, 빈부 격차, 사회구조적 불평등과 불공정 등 자본주의가 직면한 다양한 문제를 해결하려면 법과 제도 개혁이 불가피하다고 보는 것이다. 이런 관점에서 대기업과 부유층에 대한 과세와 규제 강화, 중산층 가정에 대한 세 부담 완화 등 다양한 방식이 동원된다. 이는 노동자 계층과 중산층 가정이 제도 개혁의 혜택을 받을 수 있도록 사회 구조적 변화가 시도된다는 뜻이다. 더 나아가 기업이 주주에게만 책임을 지는 주주 자본주의 시대를 끝내고 한 걸음 더 나아가 기업이 노동자, 지역 사회, 국가에 더 큰 책임을 지는 구조, 즉 이해관계자 자본주의로 미국 사회를 전환하겠다는 의미다.

바이든의 측근인 엘리자베스 워런 상원 의원 역시 이 사안에 대해 매우 적극적이다. 그는 '책임 있는 자본주의법' 제정을 제안하고 나섰다. 이 법은 미국의 대기업들이 모든 이해관계자의 이익을 경영에 반영해야 한다는 내용을 골자로 한다.

바이든의 미국 (114)
**이해관계자
자본주의**

주주는 물론 직원, 고객, 지역 사회 등 모든 이해관계자를 아우르는 방향으로 기업을 경영해야 한다는 개념으로 바이든이 고장 난 미국의 자본주의를 바로잡기 위해 도입을 추진하고 있다.

바이든은 금융 규제도 강화하고자 한다. 루스벨트 시절 도입됐던 상업 은행과 투자 은행의 업무를 엄격하게 분리하는 글라스-스티걸법을 다시 도입하겠다고 천명했다. 또 도드-프랭크법을 강화해 초대형 은행이 경영 부실 혹은 도덕적 해이 등으로 인해 해체될 때 그 손실을 구제 금융 형태로 납세자에게 전가하지 못하도록 하는 규제를 더 강력히 적용하겠다고 공약했다. 나아가 거대 테크 기업의 해체, 합병 재조정 및 규제 강화를 통해 독점적 시장 구조를 개편하고 기업 간 공정 경쟁이 이뤄질 수 있도록 시장 환경을 조성하겠다고 밝혔다.

이 같은 공약의 배경에는 미국 자본주의에 대한 반성이 큰 역할을 했다. 금융 위기 이후 본격화된 '월가를 점령하라' 시위는 주주 이익을 중심으로 운영돼온 신자유주의에 대한 미국인들의 반감

을 반영하고 있다. 집권당인 민주당도 월가 중심의 주주 우선주의
가 빈부 격차를 심화시켜온 요인이라 보고, 자본주의 체제 자체를
개편하는 데 입법의 초점을 맞추기 시작했다.

에너지 전쟁 _ '에너지 사용 전환' 기업 숨통 조인다

바이드노믹스의 핵심 철학인 '2050년 탄소 중립 선언'은 향후
전세계의 화두가 될 전망이다.

탄소 중립이란 온실가스 배출량과 흡수량이 같아 순배출량이
'제로'(0)가 되는 경제를 말한다. 이 목표를 2050년까지 달성하겠

바이든의 미국 (115)
문명 전환

'2050 탄소 중립 선언'
은 인류 문명의 패러다
임을 바꿔야 하는 핵폭
탄급 정책선언이다. 규
제와 규범을 엄격히 지
켜도 달성하기 힘든 도
전과제이다.

다는 게 바로 '2050 탄소 중립 선언'이다. 그런데 탄
소 중립 국가의 꿈을 이뤄내려면, 말 그대로 국가
경제 정책의 프레임 자체를 완전히 바꾸지 않으면
안 된다. 탄소 중립이라는 게 듣기 좋은 표현인 것
같지만, 실은 문명의 패러다임을 바꿔야 하는 핵폭
탄급 정책 선언이다. 꿈의 '2050 탄소 중립' 시대를
열려면 각종 규제와 규범을 엄격히 지켜야 하고, 막
대한 자금을 쏟아 부어야 한다. 그래도 달성하기 힘
든 꿈과 같은 도전이다. 따라서 바이든 시대 펼쳐질 4년은 트럼프
시대 4년보다 더 예측하기 힘든 급진적 변화를 만들어낼 것으로
보인다.

미국은 청정에너지와 친환경 인프라 구축을 위해 4년간 무려 2
조 달러(약 2,200조)를 투자하겠다고 밝혔다. 한국의 2019년 기준
GDP인 1조 6,421억 달러보다 더 많은 금액이다. 그
리고 이러한 기조는 탄소 중립을 위해 거의 준비가
되지 않은 대한민국에도 커다란 도전을 안겨줄 전
망이다. 미국이나 유럽과 같은 국가는 제조업 의존
도가 낮기 때문에 상대적으로 탄소 중립을 달성하
기 용이하지만, 신흥국은 수출과 제조업 의존도가
높아 뼈를 깎는 노력을 하지 않고선 이를 달성하기
힘들다. 특히 탄소 배출형 산업 구조인 한국은 '탄
소 쇼크'의 충격이 불가피하다.

바이든의 미국 (116)
탄소 쇼크

한국이 탄소 중립 국가
의 목표를 달성하려면
매년 삼성전자 규모의
사업장 하나씩을 문 닫
아야 할 정도로 충격적
인 '탄소 쇼크'가 불가
피하다.

에너지 부문을 포함해서 2018년 기준, 한국 산업계의 탄소 배
출량은 4억 500만 톤으로 한국 전체 배출량의 55.7%를 차지한다.
2050년 탄소 중립을 이루려면 단순 계산을 해보아도 앞으로 매년
1,350만 톤씩 줄여나가야 한다. 삼성전자 하나의 2019년 온실가
스 배출량이 약 1,380만 톤인 점을 고려하면 매년 삼성전자 규모
의 사업장 하나씩을 닫아야 달성 가능한 목표다.

산업연구원 연구 결과에 따르면, 2050년 탄소 중립 국가가 되
기 위해서는 제조업 부문 생산은 최대 44%, 고용은 최대 134만
명 감소할 것으로 추정했다. 철강(1억 500만 톤), 석유화학(5,800만
톤), 시멘트(3,600만 톤), 정유(3,000만 톤), 반도체(1,700만 톤), 디스
플레이(1,200만 톤), 자동차(450만 톤) 등 한국 산업의 탄소 배출량

은 막대하다. 철강이나 석유화학, 시멘트 같은 업종은 탄소 배출을 줄이려면 유연탄, 나프타, 석회석 등의 원료를 아예 바꿔야 한다. 반도체, 디스플레이는 공정 단계에서 완전히 새로운 기술이 적용돼야 한다. 게다가 석유나 석탄 등 전통적인 화석연료 에너지를 사용하지 않고, 태양광이나 풍력 같은 친환경 에너지로 생산된 전기만 사용해 제품을 만들어야 한다. 이것이 이른바 기후변화 선진국들이 강요하는 RE(Renewable Energy)100, 즉 재생 가능 에너지 100% 생산 요건이다.

바이든의 미국 (117)
RE100

화석 연료 에너지를 사용하지 않고 재생 가능 에너지를 100% 활용해 제품을 생산해야 한다는 비영리 기구 '더 클라이밋 그룹'의 캠페인

기업뿐 아니라 국민들 모두 화석연료에 의존하던 생활을 단기간 내에 바꿔야 한다. 비단 연료나 에너지원의 문제만이 아니다. 에너지와 산업, 건물, 운송 등 우리 삶을 구성하는 모든 요소들을 대전환시켜야 한다는 것을 의미한다. 물론 그중 핵심은 에너지 활용에서의 대전환이 될 것이다. 석탄은 가장 많은 온실가스를 내뿜는데, 한국은 2020년 9월 현재 전체 에너지 발전량 중에서 석탄 발전이 36.89%로 가장 많은 비중을 차지한다. OECD(경제협력개발기구) 국가 평균인 25.8%와 비교해도 석탄 발전 의존도가 지나치게 높다. 신재생 전력생산량은 6.8%에 불과하다. 그나마 원자력 발전소의 비중이 없다면 실질적으로 탄소 중립을 실현하기가 어려운 상황인데, 노후 원전은 위험성을 안고 있고 정부는 정책적으로 탈원전을 선언한 상황이다.

화석연료 사용을 줄이려면 화석연료 시설에 대한 보조금 지급을 중단하고 규제를 강화해야 한다. 경유차를 감축하고 내연기관 자동차 판매도 중단하는 극단적 조치가 필요하다. 전기 충전소를 확대하는 등 재생에너지 인프라도 전국토에 걸쳐 구축해야 한다. 전기 자동차나 수소 자동차 구매 보조금을 지급함으로써 관련 산업 육성에 앞장서야 한다. 배터리 산업을 육성하고 청정에너지 관련 R&D 사업도 적극 지원해야 한다.

도로, 철도, 해운, 항공 등 운송 수단의 에너지 혁신을 이뤄내야 한다. 건물에 사용하는 조명, 난방, 환기 등 생활용품에 이르기까지 전환이 불가피하다. 건물 역시 친환경 건물로 리모델링하거나 다시 건축해야 한다. 모두 막대한 예산을 필요로 하는 일들이다. 그렇다고 미국이나 EU처럼 마음대로 돈을 찍어낼 수도 없다. '뱁새가 황새 쫓아가다가 가랑이 찢어진다'는 속담이 여기 딱 맞아떨어진다. 수출에 의존하는 한국 경제가 따라가야 할 규범은 저 멀리에 있는데, 우리에게 충분한 자원과 재정은 부족하다.

혹자는 이러한 재생에너지 산업이 육성되는 시대에 수요가 줄어드는 석유, 즉 유가는 하락 추세를 놓일 것이라고 보기도 한다. 그런데 단기간 내로 그런 일은 일어나지 않을 것으로 보인다. 월가는 바이든 시대에 오히려 유가가 강세를 보일 것이라 예측하고 있다. 골드만삭스는 향후 유가가 상승세를 탈 것이라고 전망

바이든의 미국 (118)
유가 상승

재생 에너지 산업 육성으로 유가의 하락세가 예상되지만 경기 회복에 따른 수요 증가가 상당 기간 유가 상승세를 이끌 전망이다.

했는데, 경제 회복세에 힘입어 늘어나는 수요를 현재의 원유 공급 추세로는 맞추기 힘들다는 이유에서다

바이든의 친환경 에너지 우선 정책, 화석연료에 대한 견제 방침은 미국에서 생산되는 셰일 생산을 위축시켜 전세계적인 공급을 줄이는 효과를 발휘하게 된다. 그렇다고 당장 재생에너지 생산 기반이 확보된 것도 아니다. 그린 뉴딜이 속도를 내려면 아직 시간이 많이 걸린다. 그러므로 향후 몇 년간 유가는 계속 상승세를 탈 전망이라는 것이다. 코로나19 백신이 개발되고 억눌렸던 경제 활동이 폭발하면, 원유 수요가 오히려 팬데믹 이전보다 더 늘어날 것이기 때문에 유가를 위로 끌어올리는 힘은 더욱 커진다.

바이든의 미국 (119)
셰일 규제

바이든은 재생 에너지 개발을 촉진하기 위해 셰일 생산을 규제하고 새로운 석유와 가스 시추를 중단시킬 방침이다.

바이든은 자연 보호와 기후변화 비용을 고려해서 연방정부의 땅과 연안에서 새로이 석유와 가스 시추를 시작하는 것을 막고 풍력 같은 재생에너지 개발을 촉진하겠다는 취지로 공약했다. 이러한 기후변화 공약을 지키기 위해 2035년까지 전력 생산에서 탄소 배출을 없애려면, 셰일 오일로 대표되는 석유 산업에 대해 다양한 규제를 도입할 수밖에 없고 결국 세금도 늘릴 수밖에 없다. 규제로 셰일 석유 생산이 줄어드는데다 생산 비용마저 증가해 유가 상승 요인이 커지게 되는 것이다. 골드만삭스는 바이든 행정부의 세금 인상으로 배럴당 석유 생산 가격이 최대 5달러까지 증가할 것으로 전망했다. 달러 약세 추세도 원유 가격의 상승 요인이 될 수 있다는 분

석도 내놓고 있다. 골드만삭스는 바이든 행정부가 이란 핵 합의로 복귀해 OPEC(석유수출국기구)의 2위 산유국인 이란의 석유가 다시 국제 석유 시장에 풀린다고 해도, 규제 강화에 따른 미 셰일 석유 감소 폭이 더 클 것이어서 유가는 오를 것이라고 내다봤다.

금, 은, 구리 원자재 가격 상승에 주목하라

골드만삭스 보고서에 따르면 2021년 공급 부족, 달러 약세, 물가 상승 위협 등으로 인해 원자재 시장은 강세를 보이며, S&P 원자재 지수 대응 상품 수익률도 30%가량 될 것으로 보인다. 특히 "금속과 농업 관련 비에너지 원자재의 경우 타이트한 공급과 궂은 날씨 탓에 중국 내 수요가 높아질 것"으로 보았다. 게다가 재고 부족으로 인해 가격 상승 요인이 더해진다. 전문가들은 "역사적인 재정 부양책과 계속되는 낮은 금리 때문에 물가 상승 우려가 다시금 제기되고 있다."면서 물가에 대한 헤지 수단으로 원자재에 투자하는 투자자들이 늘어날 것으로 본다.

금은 2020년에 26%가 올랐다. 잠시 주춤해지기는 했지만 2021년에도 꾸준히 올라서 온스당 2,300달러까지 갈 것이라는 예상도 있다. 달러 약세 기조 역시 원자재 가격 상승 요인이다. 구리만 봐도 향후 5년간 수요가 매년 2% 증가할 것으로 보인다. 은도 만만치 않다. 태양광 에너지 수요 급증으로 가장 수혜를 보는 원자재가 은이다. 태양광 설비 산업은 은 산업 수요의 18%, 은 총수요의 10%를 차지한다. 태양광 패널, 5G 장비에 사용되므로, 그 수요는 꾸준히 늘어날 전망이다. 포스트 코로나 시대 산업의 정상화가 가져다줄 원자재 수요 변화를 주목할 필요가 있다.

특히 백신의 보급으로 집단 면역을 형성하는 국가가 늘어나면서 경기가 회복돼 원자재 수요가 폭발적으로 늘어날 가능성도 있다.

BIDEN ECONOMY

바이든시대 예측 불가능성이 사라지고

대대적인 경기 부양으로 인한 혜택까지 돌아온다.

바야흐로 역대급 케미스트리를 만들어낼 수 있는

최적의 조합을 만난 우리에게 향후 몇 년간

엄청난 도약을 할 수 있는 기회가 시작될 것이다.

그러나 그 길에서 조심해야 할 것도 많다.

격돌하는 중심 국가들 사이에서 균형을 잡아야 하며

새로이 변화하는 세계 질서의 룰을 잘 익혀야 한다.

섣부른 아마추어리즘으로는 헤쳐가기 힘든 구간이다.

무엇을 준비하고 공략할 것인가?

PART 4.

BIDEN IMPACT ON KOREA

바이든 시대 한국의 전략

위기와 기회 속 전략적 줄타기 필요하다

더 위험한 미국, 한국 경제에 줄 충격은?
호재 쏟아지며 첨단·녹색 산업 기회 열린다

경제 기상도 _ 유동성 · 다자 무역 · 동맹 강화 호재 넘친다

바이든 시대를 맞아 한국 경제는 다시 부활의 날개를 달게 된다. 바이든의 통상 정책은 '다자주의', '동맹 중시'를 기본원칙으로 하며, 한국은 많은 동맹국 가운데 가장 혜택을 많이 받게 될 것으로 보인다.

미국의 대규모 경기 부양책에 따른 낙수 효과 역시 지금으로선 한국 기업이 가장 많이 받게 된다. 현대경제연구원은 '미국 대선

한국 경제

한국 경제는 미국의 대
규모 경기 부양책에 따
른 낙수 효과로 잠재
성장률이 0.2%p 가량
높아질 전망이다.

결과가 한국 경제에 미치는 영향' 보고서를 통해
바이든의 승리가 한국 수출에 더 도움이 된다고
분석했다. 코로나19로 침체된 경제를 살리기 위
해 달러를 쏟아 붓게 되고, 코로나19가 극복되
기 시작하면 미국 경제 반등이 가속화할 전망이
다. 바이든이 제시한 경기 부양 패키지 1조 달러
는 미국 국내 총생산(GDP)의 5% 수준에 달할
정도로 큰 규모다. 현대경제연구원은 미국 경제 성장률이 1% 상
승하면 한국 수출 증가율이 2.1%, 경제 성장률은 0.4% 상승하고,
바이든의 승리로 한국 수출은 0.6~2.2% 증가하고 경제 성장률은
0.1~0.4% 높아질 것이라고 전망했다.

기재부 역시 "확장 재정 등을 통한 미국 경기 회복은 대(對) 미
수출 수요 증가 요인으로 국내 거시경제 전반에 긍정적 영향을 줄
것"이라고 내다봤다. 바이든 정부의 중산층 감세 등 주요 공약 역
시 미국 국민 소득 여건을 개선시켜 소비재 등의 수요를 높이고
이것이 곧 우리 수출 증가로 이어지는 쌍방 요인이 될 것으로 봤
다. 미국은 글로벌 공급망을 동맹국 중심으로 재편을 하게 되고
한국은 가장 각광받는 파트너가 될 가능성이 높다.

우리금융 경영연구소는 미국의 재정 지출 확대로 2021년 미국
GDP가 개선되고 전세계 교역 물량도 늘어나 한국 GDP 성장률이
0.1% 내외 높아질 것으로 추정했다. 또한 미중 갈등 관련 불확실
성이 완화됨에 따라 국내 투자와 소비 심리에 긍정적 영향을 미

처 한국 GDP 성장률이 최대 0.2% 높아질 것이라고 기대했다. 중장기적으로 바이든 행정부의 정책 기조를 효과적으로 활용하면 한국 경제의 잠재 성장률이 0.2% 내외 가량 높아질 것으로 내다봤다.

바이든의 통상 전략이 중국 압박과 다자 협상으로 전개되면서 한국 수출 기업들 역시 전반적으로 수혜를 입게 된다. 중국 수출에는 다소 영향이 있겠지만, 통상 마찰에 따른 불확실성이 사라지기 때문에 글로벌 교역량이 전반적으로 크게 늘어날 것으로 관측된다. 백신과 치료제에 힘입어 코로나19 환자가 크게 줄어들면 자연스럽게 글로벌 경제는 활력을 찾게 된다. 국제 무역이 정상 궤도를 찾아가게 되고 경제 활성화가 속도를 내면서 국내 수출 기업들은 새로운 기회를 찾게 된다.

다만 원·달러 환율 하락은 국내 수출 기업의 가격 경쟁력을 악화시키는 요인이 되기 때문에, 국내 기업들은 신기술 도입, 신제품 개발, 디자인 혁신, 품질 향상 등 비가격 경쟁력을 향상시키기 위해 노력해야 한다.

바이든의 미국 (121)
한국 수출 기업
미국의 경기 부양과 글로벌 공급망 재편, 중국 압박 등에 힘입어 한국 수출 기업들이 수혜를 입게 된다.

증시와 투자 환경_ 외국인 귀환하며 아시아 TOP 성장 구가한다

바이든의 통상 정책 기조는 여러 번 강조했듯이, 다자주의와 동맹 중시다. 트럼프는 모든 통상 관계를 미국 대(對) 상대국의 관점에서만 바라봤다. 양국 간의 문제로만 보고 나홀로 플레이에 몰두함으로써 고립주의를 자초했다. 미국이 관련되지 않은 통상 문제에 대해서는 관심을 기울이지 않았고, 그것이 장기적으로 자국에 미칠 영향도 전혀 고려하지 않았다.

하지만 바이든은 다르다. 통상 분쟁을 '동맹국과의 동반자 관점'에서 바라본다. 이에 따라 통상 분쟁 해결에 대한 방법론 자체가 동맹국과 연대를 통한 방식으로 바뀌게 된다. 그만큼 모든 국제 분쟁에 미국이 적극 개입하게 된다. '나홀로 견제' 대신에 동맹과 함께 중국을 압박하는 '포위 전략'을 사용할 가능성이 높다.

이러한 바이든식 통상 해법 찾기가 한국 경제에는 어떤 영향을 미치게 될까?

산업연구원은 '2020년 미 대선 전망과 한국의 통상 환경에 미칠 영향' 보고서에서 "바이든은 동맹국과의 협력 강화를 통한 대중 견제 전략을 사용할 가능성이 높아, 한국 입장에서는 미중 간의 양자택일을 강요받는 입장에 처할 수 있다."고 전망했다. 보고서는 나아가 "미국의 중국에 대한 견제가 더 강화될 가능성이 높다."면서 "환경과 노동 문제에 대한 중시가 통상 환경에 반영될 가능성이 있다."고 밝혔다.

주식 시장은 떠났던 외국인들이 귀환하면서 활기를 띠게 될 것으로 보인다. 코로나 사태가 진정세에 들어서는 데 힘입어 2021년

바이든은 통상 분쟁을 해결할 때 통상 문제를 동반자 관점에서 바라보고 '나홀로 견제' 대신에 동맹과 함께 중국을 압박하는 '포위 전략'을 사용할 가능성이 높다.

한국 금융 시장은 국채 금리 상승, 원화 절상, 주가 강세 등 전반적으로 우호적인 환경이 조성될 것으로 예상된다. 기재부는 "다자 무역주의 회복, 글로벌 무역 환경 개선 등이 기대됨에 따라 수출 비중이 높은 국내 증시엔 우호적인 요인으로 작용할 것"이라고 분석했다.

주식 시장에서는 기업들의 실적 기대감 외에도 원화 가치 상승에 따른 환차익까지 기대되는 상황이라, 외국인 투자가 물밀듯 밀려들게 된다. 실제 원화가 미국 달러화는 물론 중국 위안화, 일본 엔화에 비해서도 압도적으로 강세를 보이고 있어 외국인 투자자들은 투자 수익 외에 환차익까지 기대할 수 있다. 세계적인 투자 은행인 JP모건은 2021년 신흥국 증시가 최대 20%까지 상승할 것으로 내다봤으며, 그중에서도 한국을 비롯해 브라질, 인도네시아, 태국 등이 유망하다고 꼽았다. 모건스탠리 역시 아시아 지수가 2021년 말까지 19% 올라 글로벌 증시 상승률 예상인 15%를 상회할 것으로 전망했다. 크레디트스위스도 아시아가 내년에 이익 슈퍼 사이클에 들어갈 것으로 기대된다면서, 아시아 증시의 수익률 중에서도 EPS(주당 순이익) 성장률 43%가 기대되는 한국을 최대 선호 국가로 꼽았다.

바이든의 미국 (123)
원화 환차익

외국인들은 신흥국 가운데 한국을 최대 선호 투자 국가로 보고 있다. 원화 값 상승으로 환차익은 물론 투자 수익까지 기대할 수 있기 때문이다.

바이드노믹스가 펼칠 '녹색 혁명'은 현재 유럽에서 활발하게 진행되고 있는 친환경 산업 트렌드와 발맞춰 전세계적인 '그린 레볼루션'을 가져올 전망이다.

유진투자증권 한병화 연구위원이 작성한 〈완벽한 그린 혁명〉 보고서는 변화의 흐름을 생생하고도 상세하게 그려내고 있어 한국 기업들에게 좋은 가이드라인을 제시한다. 전세계 경제 대국들이 2050년 전후로 탄소 중립 시대에 진입할 것을 선언하고 나섰고, 이로써 지구적인 규모의 완전한 그린 혁명이 일어날 전망한다. 한 위원은 "탄소 배출 순제로(Net Zero) 정책 목표 달성을 위해 향후 전력과 교통 부분은 100% 탄소 배출 제로가 돼야 하며, 제조 과정에서 탄소를 배출하는 산업들 역시 탄소 배출을 최소화해야 한다."고 밝혔다. 이 같은 목표를 달성하지 못하는 국가나 기업은 경쟁에 뒤처지게 된다.

바이든의 미국 (124)
그린 뉴딜

바이든식 그린 뉴딜의 여파가 전세계에 그린 혁명을 촉발시켜 탄소 배출 제로 세상을 만들기 위한 압박이 거세질 전망이다.

녹색 혁명은 더 이상 미룰 수 없는 세계적 과제가 되었는데, 탄소 배출로 지구 온난화가 점점 더 심각해지고 기후변화로 생태계가 파괴되고 있어 앞으로는 인류조차 살 수 없는 환경이 되어버리기 때문이다.

인류는 지난 300년 넘게 석탄과 석유 등 화석연료, 즉 탄소를 기반으로 해서 초고속 성장을 구가했다. 이제 향후 최소한 30년간은 다시 이를 되돌리는 데 인류가 갖은 노력을 더 기울여야 한다. 탄소 배출 제로 세상을 만들지 못하면 인류의 생존 자체가 불투명하기 때문이다. 화석연료 사용을 멈추려면 재생에너지와 전기 자동차를 사용하고 수소 산업을 일으켜야 한다. 이를 위해 기업들이 변신을 서둘러야 하는 것은 당연한 수순이다.

한병화 위원에 따르면 탄소 배출 제로를 위한 전세계 기업, 특히 유럽 기업들의 친환경 드라이브는 발 빠르게 진전되고 있다. 탄소 배출이 가장 많아 '기후 악당'이라는 오명을 입고 있는 철강 산업의 경우는 발등에 불이 떨어진 상황이다. 영국의 NGO 기후그룹(The Climate Group) 등은 탄소 배출량 제로 강재 이용을 촉진하는 단체 '스틸 제로'까지 조직했다. 탄소 제로 철강이 아니면 사용하지 않는 운동을 통해 탄소 중립을 강하게 압박하고 있는 것이다. 덴마크 풍력 발전 회사 오스테드, 호주 건설사 레이튼 그룹, 영국 부동산 대기업 그로브너 그룹 등 강재를 사용하는 8개의 수요 기업이 여기에 참여를 결정했다. 건설, 전력 외 자동차 회사 등 철강재 수요 기업들까지 가세하고 있다.

스웨덴 특수강 회사 오바코는 수소를 활용한 철강 생산에 성공했다. 쇳물을 굳힌 철강 반제품(슬래브)을 가열하는 데 사용하는 연료를 LPG에서 수소로 전환한 것이다. 같은 스웨덴 철강회사 SSAB는 철광석 회사 LKAB, 전력 회사 바텐팔과 함께 하

바이든의 미국 (125)
스틸 제로

탄소 제로 철강이 아니면 사용하지 말라는 운동을 펼치고 있는 단체. 탄소 배출이 가장 많아 '기후 악당'으로 불리는 철강 회사들은 수소를 활용해 무탄소 철강을 생산하기 시작했다.

이브리트(HYBRIT)라는 합작사를 세우고, 철을 생산하는 과정에서 화석연료를 일절 쓰지 않는 세계 첫 '화석연료 제로' 제철 공장을 건설했다. 2026년까지 이산화탄소를 배출하지 않는 무(無)탄소 철강 생산이 목표다. 세계 최대 철강업체인 아르셀로미탈도 철강 공정 부산물인 코크스 가스에서 나오는 수소를 고로에 주입하는 방식을 스페인 아스투리아스 제철소에 적용하기로 했다. 독일 철강 회사 티센크루프도 2050년까지 탄소 배출이 없는 수소 기반 제철 공정으로 전환하기 위해 제철소 설비 교체에 100억 유로(약 13조 3,000억)를 투자하기로 했다.

국내 철강업계도 움직임이 바쁘다. 포스코와 현대제철은 국책연구 과제로 '수소 환원 제철 공법' 개발에 참여했다. 이 공법은 철광석을 녹여 쇳물을 뽑을 때 이산화탄소를 배출하는 기존의 석탄이나 천연가스와 같은 환원제 대신 수소를 사용한다.

다가올 미래에 산업이 직면한 패러다임 전환의 환경은 그저 자연을 위해 탄소 배출을 줄여야 한다는 캠페인 차원을 넘어선다. 탄소 배출을 줄이지 못하면 수출도 힘들어지는 등 생존이 불가능한 세상이 되고 있다. 탈탄소 경쟁이 본격화하고 있는 것이다.

바이든이 추구하는 그린 뉴딜의 가장 큰 목표 역시 '탄소 중립'이다. 바이든은 기후 위기에 대응하기 위해 2050년까지 온실가스 배출량 순 제로 달성을 목표로, 10년간 1조 7,000억 달러(약 1,900조) 투

바이든의 미국 (126)
탈탄소 경쟁

탄소 배출을 줄이지 못하면 생존이 불가능한 세상이 됨에 따라 사회 시스템을 경쟁적으로 탈탄소 형으로 전환시켜야 한다.

자 방침을 밝히며 전세계가 여기 따라올 것을 압박하고 있다. 탄소 제로 정책은 신규 및 기존 석유·가스 운영 시설을 강력히 규제하고 청정 대기법의 이행을 강력히 촉구하고 있다. 또 바이오 연료 상용화를 가속화하고 전기 자동차 충전소를 50만 개소 설치하는 등 친환경차 보급도 강제하고 있다.

다행히 한국 정부도 '2050 탄소 중립'을 선언하고 재생에너지·수소·에너지 정보기술 등 3대 에너지 신산업을 육성하기로 했다. 또 탄소 중립 생태계로의 전환 지원을 위한 통합 기금도 새로 조성하기로 했다. 이를 위해 '탄소세'도 도입할 방침인데, 탄소 배출량이 많은 기업에 세금을 물리겠다는 것이다. 배출권 거래제도 도입된다. 온실가스 감축을 위해 정부가 매년 기업의 탄소 배출 총량을 정해 배출권을 할당하고, 배출권이 모자라는 기업은 남는 기업으로부터 구입해 충당하는 제도다.

대한민국 역시 산업 구조를 탄소가 배출되지 않는 친환경 경제 구조로 대전환함을 의미한다. 그를 위해 에너지 활용 패턴도 완전히 바뀌게 된다. 정부는 경제 구조의 저탄소화, 유망 저탄소 산업 생태계 조성, 탄소 중립 사회로의 공정 전환, 탄소 중립 제도적 기반 강화 등 4대 정책 방향을 수립했다. 그에 따라 에너지 전화 가속화, 고탄소 산업 구조 혁신, 미래 모빌리티로 전환, 신유망 산업 육성, 혁신 생태계 저변 구축, 순환 경제 활성화, 취약 산업·계층 보호, 지역 중심의

바이든의 미국 (127)
3대 에너지

한국은 탄소 중립 국가를 만들기 위해 재생에너지, 수소, 에너지 정보기술 등 3대 에너지 신산업을 집중 육성할 방침이다. 특히 탄소세, 배출권 거래제, 탄소 국경세를 추진한다.

탄소 중립 실현, 탄소 중립 사회에 대한 국민 인식 제고 등 실천 과 제를 수립했다.

경제 구조를 '탄소 제로' 배출 체제로 전환하려면 화석연료에 대한 의존도를 대폭 낮춰야 한다. 특히 철강, 석유화학 등 온실가스 배출량이 많은 주력 수출 산업은 친환경 대체 연료로 산업 구조를 재편해야 하고, 내연기관 자동차 운행을 줄이고 전기 자동차와 수소 자동차로 이동 혁명을 일으켜야 한다. 태양 전지, 건물 일체형 태양광, 초대형 터빈, 부유식 풍력, 가상 발전소 등 신산업의 육성도 시급하다. 건물 분야에선 신규 건축물의 제로 에너지 건축(ZEB) 의무화를 비롯해, 국토 계획 수립을 할 때에도 탄소 중립을 우선 고려해야 한다.

기업이 자발적으로 참여하는 RE100(재생에너지 100% 사용)이 글로벌 뉴노멀이 되고, 탄소 국경세가 도입되면 사실상 이것이 신종 무역 장벽으로 작용하게 된다. 그만큼 탄소 배출이 기업 성장의 발목을 잡을 정도로 부담을 주게 된다. 탄소 국경세란 온실가스 배출 규제가 상대적으로 허술한 국가에서 수입하는 제품에 대해 부과하는 세금이다.

한국형 첨단 산업 _ 전기차, 태양광, 해상 풍력, 5G 뜬다

바이드노믹스의 핵심축인 친환경 산업은 한국 산업이 준비해야 할 규제와 변화의 대상이다. 하지만 무엇보다 미국 내에서 새로이 각광받게 될 신수종 산업 섹션으로 막대한 규모의 새로운 시장을 열어줄 전망이다.

바이든 정부는 청정에너지 및 기후변화 대응 인프라에 4년간 2조 달러(약 2,200조)를 풀 예정이다. 따라서 한국 풍력·태양광 등 친환경 에너지업계와 전기 자동차 배터리 산업 등이 직간접적으로 그 수혜를 받게 될 것으로 예상된다. 마찬가지로 이들 미국 기업과 관계를 맺고 있는 국내 친환경 에너지 및 인프라 구축 관련 기업들에게도 새로운 기회가 열린다.

특히 미국 내 전기 자동차 충전소가 5만 개 확충될 예정이기 때문에 LG에너지솔루션과 SK이노베이션, 삼성SDI 등 글로벌 2차 전지 시장을 선도하는 기업들로서는 큰 기회를 잡을 수 있다.

전기 자동차 및 수소 자동차 시장에서도 큰 변화가 예상된다. 트럼프 행정부가 후퇴시켰던 연비 규제 기준을 바이든 정부 하에서는 캘리포니아주 기준, 즉 리터당 약 21km로까지 다시 옥쥘 전망이다. 규정이 강화되면 이 연비에 도달하지 못하는 자동차는 미달된 연비만큼 벌금을 물어야 한다. 게다가 매우 빠른 속도로 내연기관 자동차가 축출되고 있는 상황이므로 기존 자동차 생산업체는 바이든 정부의 자동차 정책 변화에 촉각을 곤두세우며 크게 긴장하고 있다. 성장의 발목을 잡힐 수 있기 때문이다. 한국 등 미국에 자동차를 수출

바이든의 미국 (128)
연비 규제

바이든은 탄소 배출 내연기관 자동차를 축출하기 위해 자동차의 연비 규제를 리터당 21km까지 강화할 전망이다.

하는 기업들 역시 자동차 연비 기준을 강화해 탄소 배출량을 줄이려는 바이드노믹스의 환경 정책을 잘 파악하고 있지 않으면 안 된다. 특히 더욱 강해진 환경 관련 압력 단체들의 입김 때문에 연비 효율이 낮은 자동차에 대해서는 그 명단이 공개되고 불매 운동으로까지 이어질 수도 있다. 기술 혁신만이 살 길이며, 전기 자동차나 수소 자동차와 같은 친환경 자동차 개발만이 유일한 해답이다.

2035년까지 태양광 패널 5억 개를 설치하겠다는 바이든의 공약 역시 국내 기업들로서는 환영할 만한 대목이다. 미국 태양광 시장 점유율이 높은 한화큐셀이나 LG전자 등이 수혜를 입을 것으로 전망된다.

한국 정부는 친환경, 보건, 바이오 분야에서도 바이든 행정부와 경제 협력을 강화함으로써 국내 기업의 미국 진출 기회를 확대한다는 방침이다. 구체적으로 태양광, 친환경 자동차, 탄소 포집 기술 등의 분야에서 미국과 공동 연구개발을 추진하고, 미국 내 청정에너지 실증 사업에 국내 기업의 참여를 지원할 계획이다. 보건 분야에서도 코로나19 팬데믹 상황으로 확대되었던 진단키트, 마스크, 소독제 등의 대미 수출 확대 추세를 백신 공동 생산 등으로까지 이어감으로써 수출 동력이 유지될 수 있도록 지원한다는 방침이다.

달러 약세와 친환경 인프라 구축 흐름에 힘입어 건설 분야에서도 수출 호조가 기대된다는 전망이 나온다. 특히 친환경 기조에 대비해 미리 신사업을 구축해온 건설사에는 기회가 될 수 있다.

KTB투자증권은 "풍력, 연료 전지, 수 처리 등 친환경 사업을 영위하던 건설사들에는 수혜가 될 수 있을 것"이라고 내다봤다.

삼성물산은 업계 최초로 '탈석탄'을 선언하고 LNG 복합 화력 및 저장 시설, 신재생에너지(풍력·태양광) 등 친환경 사업 포트폴리오를 확대해나가기로 했다. SK건설은 태양광·풍력 등을 포함해 LNG 발전, 노후 정유·발전 시설의 성능 개선 및 친환경화 등으로 사업을 확장하고 있다. 친환경 연료 전지 생산도 본격화했다. GS건설도 해외 수처리, 태양광 개발 사업, 배터리 재활용 사업에 속도를 내는 등 주요 건설사들이 속속 친환경 사업으로 빠르게 전환하고 있다.

바이든 당선으로 그동안 막혔던 중동 시장 진출이 재개될 수 있다는 기대감도 생기고 있다. 바이든은 트럼프가 탈퇴한 국제 협약에 재가입하는 등 외교 동맹을 강화할 것으로 기대되기 때문이다. 국내 대형 건설사들은 2016년 이란 경제 제재 해제 직후 2017년까지 수조 원 규모의 공사를 수주했지만, 트럼프 정부 출범 후 경제 제재가 다시 복원되면서 대부분 계약을 해지했다. 한국건설산업연구원은 "바이든 정부의 중동 전략 변화가 건설업계에 결정적인 외부 요인으로 작용할 수 있다."면서 "바이든이 중동 지역의 지정학적 리스크를 감소시킬 가능성이 높아 중동 건설 시장이 우호적으로 변할 가능성이 있다."고 분석했다.

해상 풍력은 탄소 배출 산업이라는 오명을 쓰고 있는 조선, 철강 업계의 새 희망이 되고 있다.

해상 풍력 발전은 바다에 풍력 발전 단지를 만들어 전기를 생산한다. 육상 풍력에 비해 설비비가 비싸지만 입지 제약으로부터 자유롭고 대형화하기 좋다는 장점이 있다.

세계풍력에너지협회(GWEC)에 따르면 2025년 해상 풍력이 전체 풍력 발전 비중의 20%를 넘어설 전망이다. 향후 15년간 한국 12GW, 대만 15.7GW, 일본 10GW, 베트남 6.9GW 등 해상 풍력 설치가 계획돼 있다.

해상 풍력 발전에 가장 앞선 나라는 대만이다. 대만은 2025년까지 해상 풍력 5,500메가와트를 설치하는 것을 목표로 해상 풍력 발전에 집중하고 있다. 이를 통해 2025년까지 석탄 화력은 30%로 줄이고 재생에너지는 20%로 늘릴 계획이다. 세계 최대 해상 풍력 회사 중 하나인 한국의 씨에스윈드나 삼강엠엔티는 대만 해상 풍력에 대한 수출에 참여하고 있으며, 대만이 대한민국 일자리 창출의 큰 공신이라는 말까지 나올 정도다. 대만뿐 아니라 영국, 덴마크, 스웨덴과 같은 유럽 국가를 중심으로 해상 풍력은 급속도로 확대되고 있다.

대한민국도 전남 신안 앞바다에 11조 원을 투입해 오는 2028년까지 해상 풍력 단지 조성을 추진 중이다. 한국 기업은 여기서 기회를 창출해야 한다. 해상 풍력은 거대한 풍력 발전기를 달고 있는 초대형 구조물이 장기간 바다에서 운영되므로, 한국의 앞서 있는 조선, 철강 분야 설비와 기술이 응용될 수 있기 때문이다.

바이든 집권으로 촉발되는 친환경 흐름을 타고 바야흐로 전세계는 탈탄소, 수소 경제 활성화, 재생에너지 비중 확대에 초점을 맞춰 경제의 틀을 새로 짜게 될 것이다.

국제에너지기구(IEA)가 발표한 '신재생에너지 2020' 보고서에 따르면 2025년에는 재생에너지가 전세계 에너지의 3분의 1을 공급하게 됨으로써, 가장 큰 전력 공급원이 될 전망이다. 또한 태양광이나 풍력 발전 용량이 2023년에는 천연가스를 넘어서게 되고 2024년에는 석탄을 능가하게 된다.

이처럼 탄소 제로 사회가 전세계가 모두 지향하는 길이라면, 우리 역시 재생에너지 시장을 활성화하고 경쟁력을 확보하기 위해 다양한 제도를 적극적으로 도입·활용해야 할 필요가 있다. 우선 재생에너지로 전기를 발전하면 주는 신재생에너지 공급 인증서(REC) 제도를 적극 도입할 필요가 있다. REC는 재생에너지로 전기를 생산했다는 것을 증명하기 위해 의무적으로 발급하도록 돼 있는 세계적인 공인 증명 제도다.

또한 발전 설비 용량이 50만kW 이상인 사업자나 판매 사업자에게 총 발전량이나 총 판매량의 일정 비율 이상을 신재생에너지로 공급 또는 판매하도록 하는 의무할당제, RPS 역시 더 활발히 적용할 필요가 있다. 현재

바이든의 미국 (131)
**재생에너지
공급 인증서**

재생에너지로 전기를 생산했다는 증명서로 재생에너지 사용을 독려하는 세계적인 인증이 되고 있다.

**재생에너지
의무할당제**

발전 설비 용량이 50
만kW 이상인 사업자
나 판매 사업자는 총
발전량이나 총 판매량
의 일정 비율을 신재생
에너지로 공급 또는 판
매해야 한다.

의무 비율은 겨우 7%로 이들 대다수는 RPS를 지키기 위해 직접적으로 신재생에너지 발전 설비를 도입하거나 다른 신재생에너지 발전 사업자의 REC를 구매해 의무 할당량을 채우고 있다. RPS 의무 비율을 이행하지 못하면 기준 가격의 1.5배 범위에서 과징금이 부과된다.

문제는 REC를 시장에 판매해야 하는 중소 규모 태양광 발전 사업자는 3만여 개에 달하는 반면, 구매자는 겨우 21개사로 수요와 공급 간의 불균형이 심각한 상황이라는 점이다. 대규모 발전 설비가 한전 등에 의해 독점적으로 운용되는 것도 변화를 느리게 하는 주요 원인으로 꼽힌다. 결국 REC 가격이 폭락해 태양광 사업자들의 수익성이 지속적으로 하락하게 되고, 이로 인해 중소 규모 태양광 발전 사업자들의 발전 비용 보전은 기대할 수 없는 시장이 되고 말았다. 재생에너지를 육성한다는 취지와 걸맞지 않은 현실이다. 시장을 활성화하고 재생에너지 소비를 촉진시키기 위해서는 더 적극적으로 실질적인 대책을 마련해야 한다.

반도체 패권 _ 중국과 미국의 무역 전쟁 속 기회 포착하라

산업화 시대 '산업의 쌀' 역할을 했던 반도체는 4차 산업혁명 시대 디지털 강국을 만드는 핵심 소재로 더욱 각광을 받게 될 것이다. 반도체는 컴퓨터, 스마트폰, 카메라 센서, 디스플레이, 통신장비, 로봇, 자율주행 자동차, 우주선에 이르기까지 첨단 제품을 만드는 '첨단 산업의 쌀'로 진화하고 있다. 내연기관 자동차가 전기 자동차로 대거 바뀌는 시대가 되면 반도체 비중은 70%로 높아진다. 인공위성, 드론, 미사일 같은 첨단 무기도 두뇌 역할을 하는 반도체에서 결정적 차이가 생긴다.

산업화 시대 '산업의 쌀' 역할을 한 반도체는 이제 로봇, 드론, 자율주행차, 우주선 등 첨단 제품을 만들어내는 '첨단 사업의 쌀'로 진화하고 있다.

그만큼 반도체는 미래 인류의 삶 모든 영역을 지배하고 장악하는 핵심 요소로 자리할 것이다.

세계 1등 반도체 강국인 미국과 떠오르는 중량급 도전자 중국이 반도체 패권 전쟁을 벌인 데는 바로 이러한 이유가 있다. 반도체 굴기를 선언한 중국은 반도체 국산화, 더 나아가 반도체 세계 제패를 외치며 미국을 빠른 속도로 추격해오고 있다.

당황한 미국은 중국 최대의 반도체 파운드리업체인 SMIC를 수출 제한 제재 기업으로 지정해 블랙리스트에 올렸다. 미국 기업이 블랙리스트에 지정된 SMIC와 거래를 하려면 미 정부의 사전 승인(라이선스)을 받아야만 한다. SMIC의 손발을 묶어버린 것이다. 반도체를 만들고 싶어도 장비가 대부분 미국산이기 때문에 원활히 만들 수 없다. 또한 거꾸로 반도체를 만들어 미국에 수출하는 길도 막혔다.

미국이 중국의 반도체 기술 추격을 늦추기 위해 초강수를 두고 있는 것이다.

미국산 반도체 장비 공급이 중단되면서 당장 SMIC의 매출과 시장 점유율은 추락을 시작했다. SMIC가 블랙리스트로 지정되면 그것을 공급받는 스마트폰, 5G 장비, 나아가 중국 내에서 활발히 성장하고 있는 전기 자동차도 원활히 생산하기 어려워진다. 5G 장비 업체인 화웨이 제재로 세계 최대 반도체 파운드리업체인 대만의 TSMC가 이미 거래를 중단했기 때문에, SMIC마저 차질을 빚게 되면 중국 내수 시장도 공급에 어려움을 겪게 된다. 밸류체인의 연쇄 공정에 있는 중국 중소 스마트폰이나 통신업체뿐만 아니라 5G 이동통신 기지, 미사일 유도장치 개발 등에까지 타격을 입힐 수 있다. 결국 중국 IT산업 전반이 휘청거릴 수 있다. 중국의 부상을 견제하기 위한 미국의 노림수가 실로 무서운 이유다.

물론 중국의 반도체 굴기 역시 이 같은 제재에 순순히 무릎을 꿇을 만큼 허술하지 않다. 중국 정부는 미국 기술이 들어가지 않는 3세대 반도체 생태계를 완전히 새롭게 구축함으로써 미래 반도체 시장을 노린다는 포석을 깔고 있다. 수율(투입 대비 완성률)도 신경 쓰지 말고 흑자를 낼 필요도 없이 양산만 하면 지원한다는 통 큰 정책을 구사한다. 기술이 체화된 미국 내 중국 엔지니어들을 유턴시켜 활용한다는 전략도 있다. 전세계 노트북이나 스마

중국은 반도체 없이 IT 대국을 만들 수 없다. 이에 반도체 굴기를 선언하고 미국을 추격하기 시작했고 미국은 반도체 패권을 놓지 않기 위해 중국 기업에 부품 공급을 중단시켰다.

트폰, 디지털 TV의 주된 소비국이 중국이기 때문에, 내수를 위해서라도 반도체는 놓칠 수 없는 영역이다.

그렇다면 반도체 수출 의존도가 높은 한국은 어떻게 해야 할까?

삼성전자와 SK하이닉스 등 한국 기업들은 당장에 이루어지는 미국의 중국 때리기로부터 반사 이익을 챙기는 동시에, 미중 반도체 전쟁이 향후 글로벌 밸류체인을 어떻게 바꿔놓을지 먼 미래를 내다보는 혜안을 가져야 한다. 기술 경쟁력을 쌓고 장기적으로 중국의 기술 독립이 가져다줄 파장에도 대비해야 하는 것이다.

특히 바이든 행정부가 중국의 반도체 굴기를 막기 위해 어떤 치명상을 입힐 계획인지도 점검해야 한다. 실제 미국의 제제로 중국 '반도체 굴기'의 상징으로 꼽혀온 칭화유니그룹이 심각한 유동성 위기가 이어지면서 또다시 부도를 선언했다.

바이드노믹스는 중국이 아닌 미국이 중심에 서도록 밸류체인을 재편할 방침이다. 미국 내 투자를 확대해 제조업을 부흥시킴으로써 중산층을 복원하기 위해서다. 이미 제조업 비중이 줄어든 미국에 다시 공장이라도 짓겠다는 의미일까? 그렇지 않다. 미국에 언제든 적대적이고 위협적으로 나올 수 있는 중국을 배제하고, 그 자리에 자국에 우호적이며 협력적인 동맹을 채워 넣는 '동맹 줄세우기'를 통해 밸류체인 재편을 하겠다는 말이다. 중국과 대만의 정치적 대립을 은근히 조장하고 중국 기업 대신 대만 기업을 거래상대로 내세우는 이유도 여기 있다. 한국 역시 자동차, 반도체, 의료 장비 등 강점이 있는 분야에서 이러한 흐름을 이용함으로써 기

한국 반사 이익

미국과 중국의 반도체 패권 전쟁으로 미국이 중국 기업을 제재함에 따라 한국 기업들이 반사 이익을 얻고 있고 특히 삼성전자가 수혜를 입었다.

회를 잡을 수 있다.

바이든이 화웨이와 반도체 파운드리업체 SMIC 등을 위시로 중국 규제를 이어가게 되면 자연스레 국내 반도체와 스마트폰업계는 반사 이익을 구가하게 된다. 미국과 중국이 기술 패권 경쟁을 벌이는 동안 자연스레 미국이 중국 기술의 성장을 막아주는 격이 되어, 한국의 정보 통신 기술(ICT) 기업은 그 진공 상태 안에서 경쟁력을 유지할 수 있다. 미국이 생산을 하지 않고 반도체 설계만 하는 이른바 팹리스 기업인 하이실리콘을 제재하고 있는 가운데, 또 다른 중국 팹리스들도 제재할 것으로 보인다.

이는 트럼프가 이미 펼쳤던 규제 방법으로 미국의 기술과 장비를 활용해 만든 반도체가 화웨이로 가는 길을 막고, 하이실리콘이 개발한 칩을 대만 TSMC나 중국 자국의 SMIC에서도 생산하지 못하도록 강도 높은 제재를 이어왔다. 그리고 사실상 한국은 이러한 미국의 중국 기업 제재로 인한 효과를 톡톡히 봤다. 화웨이를 제재하자 긴급 주문이 한국으로 몰려 최대 실적을 기록했고, 스마트폰 시장에서도 삼성전자가 폭발적으로 성장할 수 있었다. 이런 이유로 '미국과 동맹을 통한 미국 내 제조'를 표방하는 밸류체인 재편은 인공지능, 양자 컴퓨터, 5G 등 신기술에 대한 투자 확대로도 이어질 전망이기 때문에 이러한 측면을 잘 공략하면 여기서도 국내 기업들이 기회를 찾을 수 있을 것으로 보인다.

한국 철강·석유화학…
관세와 규제 이중고 닥친다

현재도 고전하고 있는 전통 산업인 석유화학, 철강업계에 새로운 환경 규제 정책이 단기 악재로 작용할 전망이다. 한국 철강업계는 트럼프 취임 이후 미국의 반덤핑 관세(AD)·상계 관세(CVD) 등 강화된 통상 규제를 받아왔다. 2018년부터는 미국 국가 안보 위해 가능성을 이유로 수입을 제한하거나 고율 관세를 부과하는 무역확장법 232조도 개시됐다. 사실상 중국을 겨냥한 제재인데, 우리 역시 중국산 철강 우회 수출국으로 낙인찍히면서 덩달아 직격탄을 맞았다. 그러나 바이든 취임 후 미국 경기가 회복되고 유가가 오르면 자동차, 건설 등 철강 수요가 늘고 석유화학 제품 수출 단가도 회복될 테니 호재로 전망된다.

하지만 탄소 다(多) 배출 업종으로 지목되는 철강, 석유화학, 정유, 시멘트 업종 등은 빠른 시일 내에 저탄소 구조로 전환하지 못할 경우, 생존이 어려울뿐더러 산업 기반 자체가 흔들릴 수 있다.

철강의 경우 수소 환원 기법과 전기로 도입, 시멘트 산업에는 석회석 대체 원료와 수소 기반 소성로 도입이 시급하다. 석유화학업계의 경우 나프타를 바이오나 수소와 이산화탄소 결합 원료로 대체해야 한다. 정유 산업은 연료를 전환하고 이산화탄소를 회수하는 신기술을 적용할 필요가 있다. 탄소 다 배출 업종 공히 탄소 배출을 줄이는 이산화탄소 포집 및 저장, 활용(CCUS) 기술과 에너지 효율 개선, 그린 수소 활용 등의 활로를 찾아야 한다.

더 위험한 미국, 한국 외교·안보에 줄 충격은?
미·중 양자택일 압박 더 거세진다

현안 압박 줄어들고 동맹 강화된다

바이든이 추구하는 한반도 정책의 핵심은 한미 동맹 강화에 있다. 트럼프처럼 주한미군 감축을 내세워 한국을 갈취하지 않겠다는 게 기본 철학이다. 대신 한국과의 동맹 관계를 앞세워 동아시아와 그 너머의 지역 평화까지 지키는 '동맹 협력'을 강화한다. 바이든은 "나는 원칙에 입각한 외교에 관여하고 비핵화한 북한과 통일된 한반도를 향해 계속 나아갈 것"이라고 한반도 안보 정책에 대한 기본 입장을 밝혔다.

바이든은 톱다운 방식으로 해결을 시도하는 트럼프와는 달리 북한 문제에 대한 해법을 '외교'에서 찾는다. 안보 문제에 있어서는 중국도 적극적으로 관여시키고자 하며, 이를 위해 다양한 외교 채널을 가동할 것이다. 그는 "북한의 지속되는 위협을 해결하는 데 있어 중국도 북한과의 합의의 일부가 돼야 한다."는 입장을 줄곧 밝혀왔다. 특히 그는 "협상가들이 북한 문제 해결을 주도할 수 있어야 한다."고 말해 대북 실무 협상팀이 향후 중요한 역할을 할 수 있음을 시사했다. 트럼프처럼 대통령인 자신이 직접 톱다운 방식의 문제 해결사로 나서지 않겠다는 것이다.

바이든의 미국 (136)
**대북 실무
협상팀**

바이든은 북한 문제를 푸는 데 있어 대통령이 직접 나서는 톱다운 방식이 아니라 실무 협상가들이 전면에 나서고 중국을 앞세우는 전략을 사용할 방침이다.

김정은 국무위원장을 바라보는 시각도 트럼프와는 다르다. 트럼프는 김 위원장을 '친구'로 표현하며 친분을 과시했지만, 바이든은 그를 줄곧 독재자, 폭군, 심지어 폭력배라고 지칭해왔다. 바이든은 민주당 대선 후보 경선 당시 공개한 방송 광고에서도 "종잡을 수 없고 불안정한 대통령 때문에 세계는 위기에 처하게 됐으며, 독재자와 폭군들이 칭송받고 동맹들은 밀려났다."고 말하기도 했다.

바이든 대통령이 문재인 대통과의 첫 통화해서 언급한 핵심적인 단어는 '린치핀'이다. 이 말에 한국 안보의 미래가 모두 담겨 있다고 해도 과언이 아니다. 린치핀이란 오바마 전 대통령이 2010년부터 한미 동맹의 중요성을 강조하며 자주 썼던 말로 핵심축이라는 뜻이다. 즉 미국의 안보와 외교 문제 해결에 있어 한반도가 '핵심축'이 된다는 의미다. 미국 입장에서 한국은 일본과 함께 중국을 견제하고 북한 문제를 해결하는 중심 국가 역할을 하는 주요 동맹국이다.

실제 바이든은 민주당 대선 후보 수락 연설에서 "동맹 및 우방과 함께하는 대통령이 될 것"이라고 천명했다. 대선 승리 연설에서도 미국의 국제적 지도력을 강조하며, 한국과 일본 등 동맹과의 연대 강화를 시사했다. 한미 동맹을 매우 중요하게 여기고 있음을 보여주는 대목이다. 이 같은 입장을 볼 때 주한미군 주둔 비용 분담 문제와 주한미군 축소 같은 논쟁적 주제들은 쉽게 해결될 것으로 보인다. 바이든은 한국이 이미 충분히 비용을 분담하고 있으며 미국의 안보를 위해 여러모로 중요한 기여를 하고 있다고 여긴다. 방위비 분담금 협상이나 전시작전권 전환 같은 한미 현안에서는 합리적인 수준에서 협의가 이뤄질 것으로 보인다.

미국과 다양한 외교 채널 만들어 강한 동맹 형성하라

주지하듯이 바이든 행정부는 '더 나은 재건'이 국정 화두다. 첫째는 코로나 종식이며, 둘째는 코로나로 무너진 경제 재건이고, 셋째는 추락한 글로벌 리더십의 회복이다. 바이러스로부터 미국 국민을 지켜내야 하고 경제를 부흥시켜야 하며 망가진 외교 전략을 다시 짜야 한다. 외교 안보 정책, 북미 관계, 미중 대결에서도 현명한 해법을 찾아내야 한다. 미국의 대통령이라는 자리는 비단 미국인에게만 영향을 미치는 것이 아니라 전세계인들의 다양한 삶의 양상에 막강한 영향력을 미친다.

따라서 우리는 바이든 주도로 펼쳐질 세계 경제 질서 재편이 대한민국에 어떤 영향을 미칠지 면밀히 검토하고, 적극적으로 대비해야 한다.

70년 넘게 대한민국의 역사는 미국과의 외교적 동맹 관계에 따라 큰 영향을 받았다. 한미 상호 방위조약, 베트남 전쟁 파병, 걸프전, 북핵 위기, 악의 축과의 전쟁 등 미국에 놓였던 수많은 역사적 사건들이 한국 국민들에게 영향을 줄 정도로 미국의 입장은 항상 대한민국을 흔드는 중요한 요인으로 작용해왔다.

바이든은 일단 클린턴-오바마로 이어지는 민주당 정부의 전통을 이어갈 전망이다. 그 관점에서 바이든 행정부를 지배하는 기본 철학을 이해하고, 핵심 정책 담당자들의 정책 방향에 주목해야 한다. '우리가 바라보는 미국'이 아니라 '미국인들이 바라보는 미국'의 관점에서 대응 전략을 수립해야 한다는 말이다.

2020 미국 대선의 특징은 승자인 바이든과 패자인 트럼프가 모두 사상 최대의 표를 얻었다는 점이다. 트럼프와 공화당의 세력이 여전히 건재함을 수시로 드러낼 것이다. 그만큼 바이든이 정책 집행의 한계를 맞을 수 있다는 뜻이기도 하다. 그럼에도 바이든 행

바이든의 미국 (137)
미국의 노선

대한민국은 미국의 정책에 따라 큰 영향을 받았다. 바이든이 펼칠 정책 변화 역시 한국에 많은 영향을 줄 전망이다.

정부는 친환경, 경기 부양, 다자주의, 동맹, 북핵 압박 등의 방향으로 기본적 노선을 변경할 것으로 예상된다. 이 노선에 따라 국가 경영의 틀을 바꿔나갈 것이다.

우리 정부는 이러한 미국 행정부의 변화 흐름을 잘 읽어내 요소마다 자리하는 핵심 인사들을 파악, 그들과의 관계를 정립하기 위한 노력을 기울여야 한다. 미국 정치는 로비가 생명이라 할 정도로 다양한 이권과 세력이 얽혀 있는 집단들이 존재한다. 미국 정·관계 요직의 지한파들을 발굴해서, 그들을 통해 한미 동맹을 영국, 일본, 이스라엘 수준으로 격상시키는 꾸준한 노력이 필요하다.

바이든 특유의 친화력 공략해 특별한 밀월 관계 구축 필요

상원 외교위원장까지 지낸 바이든에게 외교의 기본을 알려준 스승이 있다. 1940년대부터 1970년대까지 민주당 행정부의 핵심 인사로 꼽혔던 애버렐 해리먼(Averell Harriman)이다. 지금은 외교 전문가가 된 바이든이 초선 의원이던 시절에, 해리먼은 마치 개인 교사처럼 외교를 가르쳐준 스승이라고 말하기도 했다. 그는 두 가지를 가르쳤다. 첫째, 다른 나라 혹은 그 나라의 지도자에 대해 누군가에게 들은 이야기를 그대로 받아들이지 말고 직접 가서 만나보라는 것. 둘째, 모두가 적이라고 말하는 상대라도 계속해서 관계를 형성함으로써 이익이 되는 관계로 전환해내라는 것이다. 친구는 가까이, 적은 더 가까이 두라는 말처럼 아무리 적대적인 상대라도 대화를 멈추지 말라는 말이다.

이러한 바이든의 실용적 외교 태세를 잘 활용한다면, 한반도 정세를 우리에게 유리하게 가져가는 일도 충분히 가능할 것으로 보인다. 그는 동맹과의 관계를 중시하는 외교적 태도를 견지하기 때문에, 한미 간의 문제뿐 아니라 북한이나 중국과 관련된 문제를 풀어갈 때도 가급적 동맹국인 한국의 견해를 깊이 파악하고 싶어 할 공산이 크다. 게다가 중국과의 격화되는 무역 경쟁을 고려할 때, 바이든에게 아시아·태평양 지역 동맹은 매우 중요한 요소가 된다. 이 지역에서 중국의 부상을 견제하려면, 한국이 가장 강력한 동맹국 역할을 해야 한다.

바이든의 친화력과 커뮤니케이션 강점을 최대한 활용해, 한미 간의 밀월 관계를 형성하는 것이 여러모로 우리 외교 안보에 중요하다. 특히 바이든 민주당 정부가 들어서게 되면, 우리로선 20년 만에 같은 컬러를 가진 정권의 조합이 성사되는 셈이다. 김대중·클린턴이 만들어냈던 조화와 협력의 외교 안보 모델이 재현될 수 있다는 희망이 생겨나는 이유다.

외교 안보 라인 인선에 수개월이 걸리고 실무자 협상 중심의 보텀업 방식을 선호하는 등 민주당 정

> **바이든의 미국 (138)**
> ## 20년 만에 같은 컬러
>
> 바이든 정부와 문재인 정부는 20년 만에 같은 컬러를 가진 정권의 조합이다. 바이든의 친화력을 활용하면 특별한 한미 밀월 관계를 만들 수 있다.

권의 성향만 고려하면, 빠른 시일 내에 한반도 평화 프로세스 구축이라는 성과를 거두기 어려워 보인다.

그러나 역설적으로 그런 특성 때문에 우리 정부가 더욱 적극적으로 나서야만 일이 성사될 수 있다. 바이든은 캠페인 과정에서 "김정은을 무조건 만나지는 않겠지만, 핵 능력 축소에 동의할 경우 만날 용의가 있다."고 말했다. 실무적으로는 보텀업 방식으로 일을 진행시켜나가되, 성과를 보여야 하는 바이든의 입장을 고려해 그가 돋보일 수 있는 기회를 만들어주는 것도 그가 가진 특유의 친화력과 외교력을 활용하는 좋은 방편이 될 것이다.

미중 선택 압박 속 영리한 저글링 전략 필요

바이든 행정부는 트럼프 행정부와 마찬가지로, 혹은 다른 의미에서 더 강하게 중국을 압박할 전망이다. 미국의 전략적 경쟁자이자 견제의 대상으로 중국을 바라보고 있기 때문이다. 미국은 통신과 반도체 등 기술 분야에서 중국 배제를 추구하는 '클린 네트워크'와 경제 블록, 외교, 나아가 군사 부문 등 4가지 포위망으로 중국을 압박할 것으로 보인다.

블링컨 국무장관은 중국을 '기술 독재 국가'라고 지칭하면서 기술 패권은 중국이 아니라 미국이 쥐

바이든의 미국 (139)
클린 네트워크

미국은 통신과 반도체 등 기술 분야에서 중국 기업들을 철저히 배제시키는 '클린 네트워크' 정책으로 중국을 압박하고 있다.

어야 한다고 강조했다. 미국과 중국이 가장 충돌하는 지점은 군사와 첨단 기술 분야다. 게다가 미국은 중국을 다자주의 국제 규범을 저해하는 요주의 국가로 보고 있다. 따라서 중국을 국제 규범 속으로 들어오게 하려면 동맹과 파트너 국가들의 힘을 동원해서 미국 주도의 국제 질서를 만들어야 한다고 미국은 믿고 있다.

미국은 한국과 같은 자국의 동맹국들과 연대 체제를 만들어 중국을 강하게 견제하는 방법이야말로, 규범을 깨뜨리고 있는 중국, 러시아, 북한 같은 악당 국가들을 압박하는 데 효과적이라고 생각한다. 이런 측면에서 미국은 한반도를 개별 국가가 아닌 아시아 요충지, 즉 미중 전략 경쟁의 핵심축으로 바라보고 있다.

바이든은 세계를 이끌 민주주의 연합체를 제안하고 나설 것이다. 시리아와 북핵 문제 등 현안에 잘 대처하려면 미국이 한국과 독일 등 민주주의 성향의 주요 9개국들과 민주주의 10동맹, 즉 D-10 협조 체제를 구축해야 한다고 믿기 때문이다. D-10은 미국의 핵심 동맹국인 영국, 프랑스, 독일, 이탈리아, 캐나다, 일본, 호주, 한국, 유럽연합(EU) 등으로 구성되며, 이들 모두는 특정 위협에 대처하려는 열의가 있고 민주주의 가치를

바이든의 미국 (140)
D-10

민주주의 가치를 지키려는 한국, 영국, 독일, 일본 등 미국의 10개 핵심 동맹국이다.

지키려 하는 등 비슷한 성향을 가졌다. 바이든은 트럼프처럼 1:1로 맞대결하기보다는 민주주의 국가들의 모임을 통해 권위주의 국가의 대표주자로서의 중국을 자연스럽게 견제하겠다는 구상이다.

바이든은 "미국은 세계 경제의 25%를 차지하고 있다."면서 "또

다른 25% 혹은 그 이상인 다른 민주주의 국가와 협력할 필요가 있다."고 밝혔다. 그러면서 "중국이 아니라 미국이 세계의 통상 규칙을 정할 수 있어야 한다."고 강조했다.

미국은 왜 그토록 중국을 견제하는 것일까? 현재 경제 성장 속도로 중국이 미국 경제를 추월하는 건 시간문제이기 때문이다. 게다가 인구로 보면 중국은 미국의 4.3배다. 미국 혼자만의 힘으로 중국을 견제하기가 어렵기 때문에, 동맹국과의 연대가 절실하다. 미국이 D-10과 연대를 하게 되면, 전세계 경제의 52%이자 중국의 3배에 달하는 D-10 국가들의 막강한 파워를 동원해 미국 중심으로 세계 경제 질서를 재편할 수 있다.

한국은 필연적으로 미국과 중국이 펼치는 패권 전쟁에서 선택을 강요받을 수밖에 없다. 중국 주도의 세계 최대 자유무역 협정인 RCEP(Regional Comprehensive Economic Partnership, 역내포괄적경제동반자협정)이 출범한 가운데, 미국이 트럼프 행정부 출범 당시 탈퇴했던 TPP(Trans-Pacific Strategic Economic Partnership, 환태평양경제동반자협정)에 재가입하게 되면, 우리로선 양자택일을 요구받을 수도 있다. 우리로선 RCEP에 미국의 전통적 우방인 일본과 호주도 참여하고 있으며 대부분 개발도상국들 위주로 느슨한 형태의 무역 협력을 추구하기 위한 것임을 설득해야 한다. 또한 더 다양한 거대 경제 블록에 적극적으로 참여함으로써 미중 어느 한쪽으로의 의존 비중이 높아지지 않도록 조절하는 편이 외교적으로 대응하기에 더 유리할 수도 있다.

북한 비핵화 _ 평화적 해법 유도하고 남북 협력 강화해야

2018년 6월 사상 최초로 싱가포르에서 북미 정상 회담이 열리면서 북핵 해법에 대한 기대가 컸다. 이어 2019년 2월 열린 하노이 회담에서도 해법을 모색했지만, 회담이 결렬되면서 비핵화 협상은 교착 국면에 빠져 있다. 모든 게 제자리가 됐고 원점으로 돌아온 셈이다. 그렇다면 바이든 시대 북핵 문제는 어떻게 될까?

주목할 만한 사실은 북한이 이미 핵 개발 단계를 넘어 핵 능력 국가 단계에 진입했다는 것이다. 과거 클린턴 행정부가 펼쳤던 대북 포용 정책이나 오바마 행정부가 보여줬던 전략적 인내 정책으로 해결할 수 있는 단계를 넘어선 것이다. 바이든 역시 이 같은 상황 변화를 잘 알고 있다. 따라서 북핵 문제는 바이든 행정부의 최우선 선결 과제가 되고 있다.

바이든 행정부의 북한 비핵화를 겨냥한 정책 기조는 밑으로부터 즉 보텀업을 통해 준비된 협상을 매개로 한 스몰딜이라고 할 수 있다. 실무 전문가들이 다수의 전략적·단계적인 작은 딜들을 연이어 성사시켜 나감으로써 최종적으로 '완전한 비핵화'에 이르게 한다는 구상이다. 트럼프가 톱다운 방식의 직접 협상을 벌인 것과 반대되는 방법론이다. 실무 차원에서 세부 사항을 다 논의한 다음, 정상끼리는 만나서 조인만 하는 방식으로 전략이 다시 선회하게 된다.

바이든의 미국 (141)
스몰딜

바이든 북한 비핵화를 겨냥한 정책 기조는 실무 전문가들이 다수의 스몰딜을 전략적·단계적으로 성사시키는 것이다.

실제 바이든은 오바마 행정부에서 부통령의 지위로 포괄적 공동 행동 계획이라는 합의 결과를 스몰딜 방식으로 도출해낸 결과, 이란 핵 문제를 해결할 수 있었다. 그러므로 북한 핵 역시 지난한 전문가 실무 협상을 이어가 결론에 도달하는 방식이 선호될 것이다. 바이든은 김정은과 회동을 위한 전제 조건으로 '핵 축소'가 선행되어야 한다고 밝히고 있고, "김 위원장이 이에 동의하지 않으면 북미 정상 외교는 하지 않겠다."는 입장을 분명히 했다. 단, 북한 핵 능력의 폐기가 아니라 축소를 조건으로 정상 회담을 하겠다는 여지를 두긴 했다. 협상 전략으로 단계적 비핵화를 택하고 있으며, 실질적인 비핵화 조치 없이 어떤 외교적 행보를 하지 않겠다는 뜻이다. 트럼프처럼 만나고 보자는 식이 아니라 실무 협상팀에서 상당한 수준의 합의점에 도달했을 때라야 비로소 정상 회담을 열 수 있다는 신중한 접근법이다.

이 같은 바이든의 입장을 잘 알고 있는 문재인 대통령은 당선을 축하하는 수석 보좌관 회의에서 유엔총회 연설 이후 줄곧 이야기했던 종전 선언 대신에 평화를 6차례나 강조했다. 문 대통령은 "한미 간 튼튼한 공조와 함께 남과 북이 한반도 문제의 당사자로서 더욱 중요한 역할을 해나갈 수 있게 되기를 바란다."면서 '남북 당사자론'을 강조했다.

바이든 행정부의 초대 국무장관과 국가 안보 보좌관에 각각 토니 블링컨과 제이크 설리번이 임명된 것도 주의 깊게 보아야 할 대목이다. 블링컨은 20년간 바이든 외교·안보 정책을 조언한 인

물로 '이란 핵 합의'를 이끌어낸 주역이다. 또 설리
번은 이란 핵 합의 협상 초기 토대를 만드는 역할
을 했다. 둘 다 대북 강경파로 북한 문제에 대해 단
계적 접근을 시도하면서 향후 제재를 앞세워 대북
압박에 나서야 한다는 입장을 갖고 있다. 결국 북
한 비핵화 방정식에도 '이란식 해법'을 적용할 가능
성이 높다는 뜻이다. 블링컨 장관은 "북한을 쥐어짜
협상 테이블로 나올 수 있도록 진정한 의미의 경제
압박을 만들어야 한다."고 입장을 밝혔다.

바이든의 미국 (142)
이란식 해법

바이든은 북한 비핵화
를 해결하는 방법으로
'이란식 해법'을 적용
할 가능성이 높다. 강
력한 제재를 앞세워 대
북 압박에 나설 것으로
보인다.

그는 2018년 6월 〈뉴욕타임스〉에 '북한과 핵 협상에서 최고의
모델은 이란'이라는 제목의 칼럼을 게재하고, 트럼프의 북핵 협상
을 '최악의 거래'라고 평가했다. 그러면서 "북한이 모든 핵 프로그
램을 공개하고, 국제적인 감시 하에 농축과 재처리 인프라를 동결
하며, 핵탄두와 미사일 제거를 보장하면 일부 경제 제재 해제가
가능하도록 중간 합의에서 접점을 찾을 수 있다."고 밝혔다.

미국은 북한 제재를 통해 중국을 압박하는 전략도 활용하고 있
다. 미국 재무부는 북한의 석탄 밀수출에 관여한 무역 회사와 선
박을 상대로 제재를 단행했다. 밀수출에 관여한 중국 기업들을 대
북 제재 이행을 고리로 제재함으로써 중국을 우회적으로 압박하
고 있는 것이다.

김준형 국립외교원장은 "민주당은 보텀업 방식을 중요시하는
데, 북한이 제일 싫어하는 게 실무 협상"이라면서 "북한의 인권 문

미국은 북한이 핵 탄두와 미사일 제거를 보장하면 일부 경제 제재를 해제하는 방식으로 실무 협상을 계획하고 있지만 북한은 실무 협상을 가장 싫어한다.

제와 함께 북미 관계의 약점"이라고 꼽았다. 원활한 북미 대화 유도를 위해서는 한국 정부의 더욱 적극적인 중재와 개입이 필요한 대목이다. 그는 바이든 캠프의 외교 안보 라인을 크게 대북 강경파, 로버트 갈루치나 크리스토퍼 힐 같은 협상파, 밴 잭슨과 같은 비핵화 전문가, 종전선언 결의안을 찬성한 의원 등 4개의 그룹으로 구분하고, 한반도 평화 프로세스 구축을 위해서는 이들 핵심 우군이 될 의원들을 상대로 한 외교에 주력해야 한다고 당부했다.

한일 관계 _ 일방적 보복 넘어 관계 개선 모색

바이든 행정부 시대에는 지난 수년 동안 경색되었던 한일 관계에도 훈풍이 불 것으로 보인다. 바이든 행정부는 외교 문제에서 미국의 리더십 복원과 동맹 재건을 가장 중시한다. 특히 향후 펼쳐질 글로벌 패권 경쟁에서 중국과 미국의 대결이 불가피한 만큼, 미중 갈등 현안을 해결하는 데 한국의 역할에 큰 기대를 걸고 있는 실정이다. 이에 따라 미국은 한·미·일 공조 체제를 강화할 것이며, 나아가 한일 관계 개선까지 강력히 요구할 것으로 보인다.

진창수 세종연구소 수석연구위원은 "미중 전략 경쟁 시대에 한일 양국이 당면한 딜레마는 유사하다."고 분석하고 있다. 그는 "앞으로 미국은 중국 기업에 대한 제재 범위를 확대하려 하기 때문에, 이 여파가 한일 양국 기업에 심각한 영향을 미칠 것이다."라고 전망한다. 최근 몇 년 사이 한국과 일본 모두 중국의 완성품 제조 공정에 소재, 부품, 장비를 공급하는 이른바 중국 밸류체인에 대한 의존도가 높아졌기 때문에 미국이 양자택일을 요구할 경우 곤란한 상황에 처하게 되는 입장이 유사하다는 것이다. 또한 앞으로 한일 양국은 북한 문제나 미국과의 방위비 분담금 협상 등에서도 협력할 필요가 생겨날 것으로 보인다.

바이든의 미국 (144)
한일 관계 개선

바이든은 한·미·일 공조를 중시하기 때문에 일본을 압박해 '위안부 합의'를 측면 지원했던 것처럼 한일 관계 개선을 위한 중재자 역할을 할 가능성이 높다.

특히 포스트 아베 정권을 이끄는 스가 총리가 한일 관계 개선 의지가 확실한 만큼, 대립보다는 협력의 태세를 취하는 편이 향후 동아시아 정국을 헤쳐 나가는 데 도움이 될 것이다. 미국 민주당 정부는 꾸준히 한·미·일 공조를 중요시해왔고, 오바마 행정부 당시 부통령이던 바이든은 2013년 12월 방한한 자리에서 한국과 일본의 관계 개선 필요성을 강조하기도 했다. 실제 그는 당시 일본을 압박해 '위안부 합의'를 측면 지원한 일이 있다. 마찬가지로 미국은 강제징용 문제 해결에도 적극적 중재자 역할을 할 가능성이 높다. 아무래도 한일 간 역사 해결에 치중하기보다 안보를 위한 협력을 적극 독려하지 않을까 싶다. 한·미·일 공조의 중요성을 고려할 때 오바마 정부 시절 때처럼, 3자 정상 회담까지 가능하리라는 관측도 나온다.

남북 관계 화해 무드,
돈이 되는 이유

흔히 평화는 돈이 된다고 말한다. 대립하고 부딪히는 것보다는 협력하고 공동의 이익을 도모하는 편이 경제적으로 도움이 되는 것은 당연하다. 그러나 닥쳐올 새로운 경제 트렌드 하에서 앞으로 남북이 공동의 인프라 협력을 이어갈 때 더욱 돈이 되는 영역이 있다. 바로 철도와 에너지 분야다. 북핵 문제가 해소되고 남북 간 협력 무드가 생겨나면 교통, 통신망, 에너지, 산업 기반 시설을 서로 공유할 수 있고 제도나 인력, 기술도 교류할 수 있어 시너지 효과가 난다. 그중에서도 철도는 대륙과의 새로운 그린 물류 통로로 활용도가 높아진다.

미국과 유럽이 모두 도입하고자 하는 탄소 중립 경제에서 철도는 가장 친환경적인 교통수단으로 꼽힌다. 특히 유럽의 경우 현재 통행의 70%가량을 차지하고 있는 도로의 상당 비중을 향후 철도로 대체할 계획을 수립할 정도다. 한국판 그린 뉴딜의 정점에는 어쩌면 평화 뉴딜이 자리하고 있을지도 모른다.

한국은 남북 경제 협력을 통해 국가 경쟁력과 기업 성장의 동력을 이끌어내야 한다. 이른바 평화 뉴딜을 구체화하고 공식화해서 북한 개발 특수를 만들어내고 다시 개성공단을 가동시킬 방법을 찾아내야 한다. 북한이 추진하는 금강산, 원산·갈마 관광지구 개발, 코로나 협력, 인프라 리모델링 등과 연계해 경제 협력을 강화해야 한다. 물론 UN 대북 제재 준수도 관건이다.

더 위험한 미국, 한국 기업에 줄 충격은?
'그린 규제의 덫' 기업 숨통 조인다

보이지 않는 규제 '그린의 덫'에 주의하라

바이든 행정부가 제시하는 친환경 '그린 경제' 정책에는 미국이 내세운 기술 패권의 전략이 숨어 있다. 바이든은 2035년까지 전력 부문에서 탄소 배출을 없애고, 2050년까지는 전 부문에서 100% 청정에너지 경제, 탄소 제로 배출을 달성하겠다는 비전을 제시했다.

미국은 '탄소 제로' 정책을 통해 미국이 정한 기술 표준을 따르

그린의 덫

바이든은 탄소 배출 감소라는 가면을 앞세워 친환경 규범을 따르도록 '그린의 덫'을 구상 중이다. 새로운 무역 규제에 해당하는 이 덫에 걸리지 않도록 해야 한다.

도록 할 방침이다. 첨단 기술을 확보하지 못한 기업들은 미국의 기술을 활용해야 하고, 결국 미국의 새로운 그린 표준에 부합하지 못하면 규제의 늪에 빠질 수밖에 없다.

미국은 청정에너지 기술을 전세계에 수출하고자 한다. 그래야 미국 내에서 양질의 중산층 일자리를 창출할 수 있기 때문이다. 바이든은 재생에너지 100%를 추구하는 RE100 신봉자다. RE100은 다국적 비영리 기구인 기후그룹(The Climate Group)이 제시한 기준으로, 기업에서 제품이나 서비스를 생산하는 데 사용하는 전력의 100%를 신재생에너지로 대체해야 한다는 규범이다. 바이든은 RE100을 통해 청정에너지 경제를 구현하는 일은 의무일 뿐만 아니라 미국 기업들에게 새로운 성장의 기회가 된다고 믿고 있다.

RE100은 한국과 같은 제조업 위주 국가에 매우 불리하다. 한국의 중추 산업인 반도체, 자동차, 조선, 철강, 화학 등의 산업은 막대한 전력을 소모하는데, 이를 재생에너지만으로 충당하는 것은 당장 가능하지도 않을뿐더러 산업 경쟁력을 떨어뜨리는 결과를 낳게 된다.

탄소 배출 감소라는 것은 허울 좋은 가면일 뿐, 실질적으로는 강대국 위주의 새로운 무역 규제라는 비판을 받고 있다. 그러나 이는 어쩔 수 없는 대세가 되었다. 우리 정부와 기업 모두 기후변화 대책과 신재생에너지 전환에 들어가는 재원을 비용이라고 생각하지 말고 생존과 투자의 의미로 받아들여야 한다.

그린 경제 분야에서 앞장서겠다는 미국 정부의 정책 변화는 트럼프 행정부의 후퇴로 전세계적으로도 다소 늦어졌다고도 볼 수 있다. 유럽은 그린 경제 측면에서 한참 앞서기 시작했고, 가장 낙후됐다는 비판에 시달리는 중국조차 현재는 매우 빠른 발걸음으로 움직이고 있다. 세계 최대 석탄 소비국이자 세계 1위 탄소 배출국이라는 오명을 안고 있는

바이든의 미국 (146)
탄소 배출 1위

중국은 세계 석탄 소비 및 탄소 배출 1위 국가로 시진핑 주석은 2060년까지 탄소 중립을 선언했다. 이를 잘 활용하면 한국 기업은 기회를 찾을 수 있다.

중국은 재생에너지 비율이 15%에 불과하다. 화력 발전을 위해 전 세계에 공급되는 화석연료의 절반을 소비하고 있는 게 중국의 현실이다. 이런 중국이 2060년까지 '탄소 중립'을 하겠다고 선언했다. 시진핑 국가 주석은 유엔총회 화상 연설에서 2030년 이전에 중국의 이산화탄소 배출량이 정점에 이르도록 하고, 2060년 이전에는 탄소 중립을 달성하겠다고 말했다. 과연 중국이 이 목표를 달성할 수 있을까?

중국이 이 목표를 달성하려면 엄청난 양의 풍력과 태양열을 만들어야 한다. 한국 기업이 신재생에너지 기술을 발 빠르게 확보한다면 여기에서 큰 기회를 찾을 수 있다. 바이든 행정부가 펼칠 친환경 정책으로 인해 재생에너지 분야는 새롭게 성장할 것이고, 한국은 여기서 새로운 기회를 잡을 수 있어야 한다.

탄소 국경세, 플라스틱세, 디지털세… 기업 목 조인다

탄소 배출을 줄이기 위한 정책들이 징벌적 과세의 형태로 자리 잡고 있다. 대표적인 정책으로는 탄소 국경세, 플라스틱세, 디지털세 등이 있다. 유럽연합이 도입을 결정했고 미국에서 역시 파리기후변화협약에 복귀하고 나면 등장할 것으로 예상된다.

바이든의 미국 (147)
징벌 과세

유럽은 탄소 국경세, 플라스틱세, 디지털세와 같은 징벌적 과세 제도를 도입해 기업들의 탄소 배출을 줄여나갈 방침이다.

가장 적극적인 나라는 유럽연합이다. EU는 2021년부터 플라스틱세, 탄소 국경세 등을 단계적으로 도입한다. 특히 탄소 국경세와 디지털세는 7,500억 유로(약 1,000조 8,000억)에 달하는 코로나19 경제회복 기금의 원리금 상환에 사용할 계획이다. 1단계로 2021년 1월부터 플라스틱세를 부과하고, 2단계로 2021년 상반기 탄소 국경세와 디지털세를 입법화해 2023년부터 본격 시행하겠다는 계획이다. 3단계로는 EU ETS(배출권 거래 시스템)을 개편함으로써 항공 및 해상 운송을 배출권 거래 대상에 포함시킬 방침이다. 마지막 4단계로는 금융 거래세 등 EU가 직접 징수하는 세원을 지속적으로 발굴한다. 2023년 1월까지는 EU의 코로나19 경제회복 기금 재원 마련을 위해 디지털세를 독자적으로 시행한다고 한다.

이는 기후변화와 환경 피해가 EU뿐만 아니라 전세계가 직면한 실존적 위협이라고 인식하고 있기 때문에 생겨나는 일련의 조치들이다. EU 27개국은 온실가스 배출을 2030년까지 1990년 수준 대비 최소 55%까지 감축하고, 2050년까지 EU를 '최초의 기후 중립 대륙'으로 만든다는 청사진을 담은 '유럽 그린 딜'에 합의한 상태다. 이 목표 달성을 위해서는 매우 적극적인 친환경 규제가 불가피한 상황이다.

탄소 국경세의 공식 명칭은 탄소 국경 조정세(BCA)로 자국의 탄소 감축 노력으로 자국의 산업이 추가로 부담하게 된 비용만큼을 수입 상품에 부과하는 세금을 말한다. 반대로 국내 상품이 수출됐을 때는 자국 기업에 탄소 감축 비용을 환급해준다.

바이든의 미국 (148)
탄소 국경세

온실가스를 많이 배출하는 국가에서 수입되는 물품에 탄소 국경세라는 무역 관세가 부과된다.

바이든 역시 대선 공약으로 탄소 국경세 신설을 예고했다. 바이든은 파리기후변화협약에 재가입해 환경 의무를 준수하지 못한 국가에 대해 탄소 국경 조정세를 부과하겠다고 말해왔다. 탄소 국경세는 온실가스를 많이 배출하는 국가에서 수입되는 물품에 부과하는 일종의 무역 관세이자 새로운 형태의 무역 장벽이 될 가능성이 높다. 탄소 줄이기 정책에서 앞서가는 선진국은 이익을 볼 수 있지만 준비가 안 된 개발도상국은 큰 손해가 불가피하다. 특히 시멘트, 석유화학, 철강, 반도체 등 에너지 소비량과 무역 의존도가 높은 국내 산업들의 타격이 우려된다.

플라스틱 폐기물에 대해 세금을 부과하는 '플라스틱세' 도입도 초읽기에 들어갔다. EU 27개국은 당장 2021년부터 재활용되지 않은 플라스틱 쓰레기의 무게를 기준으로 플라스틱세를 부과한다. 1kg당 대략 0.8유로(약 1,000원) 전후의 세금을 내야 한다. 국가

플라스틱세

플라스틱 폐기물에 대해 무게를 기준으로 세금을 부과하는 플라스틱세가 도입된다.

별로 과금 대상과 금액은 조금씩 다른데, 이탈리아는 일회용 플라스틱을 수입하거나 생산하는 기업에 1kg당 0.45유로(약 600원)를 부과한다. 플라스틱 병, 폴리에틸렌 비닐봉지, 세제 용기, 가전제품 비닐포장 등이 과세 대상이다. 프랑스는 2019년부터 재활용되지 않는 플라스틱 포장재를 사용한 상품에 최대 10%의 부가세를 붙이고 있다. 영국은 2022년 4월부터 플라스틱 포장세를 시행하는데, 포장된 제품을 구매할 때 소비자가 그 비용을 추가로 부담해야 한다.

해양 쓰레기로 몸살을 앓던 인도네시아도 지난 2016년부터 주요 도시 22곳에서 비닐봉지 한 장당 200루피아(약 17원)를 부과하는 플라스틱세를 도입했다.

플라스틱 소비 대국인 미국에서도 '플라스틱 오염으로부터의 자유'라는 내용의 강력한 '플라스틱 프리' 법안이 발의됐다. 집권당인 민주당이 발의한 법으로 생산자가 자사에서 생산된 플라스틱 쓰레기를 직접 수거해 재활용해야 하는 강제 조항이 여기 포함되며, 비닐봉지와 폴리스티렌(PS) 용기 등 일회용 플라스틱 제품을 단계적으로 퇴출하는 내용을 담고 있다. 주 차원에서 지정된 장소에 플라스틱 음료 용기를 가져가면 개당 10센트씩 돌려주는 환불 제도 역시 전국으로 확대할 방침이다.

전세계가 플라스틱 줄이기 운동을 벌이는 가운데, 미국 역시 폐플라스틱 법을 만들어 규제하기 시작했다. 캘리포니아, 하와이,

뉴욕 등 수많은 시에서 일회용 비닐봉지 사용을 금지하고 플라스틱세를 도입했다. 캘리포니아 주는 2023년부터 숙박업소에서는 샴푸, 세정제 등 '일회용 플라스틱 용기' 형태의 서비스 물품을 제공할 수 없다. 이미 일회용 비닐봉지를 무료로 제공하거나 일회용 플라스틱 빨대를 사용하는 것이 금지돼 있다.

바이든은 기후변화와 환경 정의 구현을 위해 연방정부 차원에서 플라스틱세 도입을 고민 중이다. 그는 "플라스틱은 해양 오염의 주범"이라고 강조하면서 "플라스틱 쇼핑백은 사라져야 하고 플라스틱 사용도 앞으로 전면 금지돼야 한다."고 말했다.

플라스틱 사용이 제품 가격 상승을 촉발시키는 한편, 기업 경영의 틀을 바꾸는 촉매제가 되고 있다. 지구를 지키기 위한 플라스틱 추방 대책들이 기업 경영에 어떤 영향을 줄지, 발 빠른 대응이 시급해지고 있다.

디지털세 도입 역시 전세계적으로 화두가 되고 있다. '구글세'라고도 불리는 디지털세는 물리적인 고정 사업장 없이 온라인을 통해 국경을 초월해 사업하는 디지털 기업에 매출을 기준으로 물리는 세금을 말한다. 미국의 IT 공룡으로 불리는 구글, 아마존, 페이스북, 애플을 겨냥한 세금이라는 점에서 이

> **바이든의 미국 (150)**
> ## 디지털세
> 구글, 아마존, 페이스북, 애플을 겨냥한 세금으로 국경을 초월해 온라인상에서 거둬들인 수입에 대해 세금을 물린다. 구글세, GAFA세라고 한다.

들 기업의 영문 앞 글자를 따 가파(GAFA)세라고 부르기도 한다. OECD를 중심으로 디지털세 도입이 강력하게 추진되고 있고, 여기에 미국만 강력히 반대하고 있는 상황이다.

프랑스는 대형 IT 기업들이 자신의 나라에서 엄청난 이익을 거둬가면서도 세금을 내지 않는 것은 부당하다며, 세계 최초로 2019년 7월 디지털세를 제도화했다. 이어 2020년 12월 GAFA에 디지털세 부과 방침을 통보했다.

미국은 "미국 기업에 대한 차별적 세금 제도"라며 강하게 반발하고 있다. 특히 트럼프 행정부는 프랑스가 과세를 강행할 경우 프랑스산 화장품과 가방, 치즈, 와인 등 13억 달러(약 1조 5,000억)어치 제품에 보복 관세를 물리겠다고 공언했다. 이른바 '와인세'로 대응하겠다는 전략이다.

디지털세를 놓고 새로운 무역 충돌마저 우려되는 상황이다. 바이든 대통령도 보복 관세를 무기로 프랑스에 맞설 것이란 전망이 우세하다.

이렇게 되면 미국과 중국 간 '무역 전쟁'이 글로벌 '기술·금융 대전'으로 확전되는 것을 넘어서 '글로벌 조세 전쟁'으로까지 비화할 가능성이 높다. 디지털세 도입은 국제 조세 제도 역사상 가장 큰 혁명이 될 전망이다. 이 제도 도입이 가져올 파장에 대해 한국의 디지털 기업도 대비가 필요하다.

텔레비전, 냉장고, 세탁기, 에어컨 등 전자 제품 폐기물들 역시 새로운 규제 대상으로 부각될 전망이다. 이들 전기 전자 제품은 다양한 금속과 플라스틱 등의 소재가 복합적으로 구성되어 있다. 폐기물

바이든의 미국 (151)
전자 제품 폐기물

텔레비전, 냉장고 등 전기·전자 제품 폐기물 감량을 위해 전자 제품 생산업체들이 폐기물을 회수해 재활용하는 제도(WEEE)가 도입되고 있다.

이 소각되거나 매립될 경우, 유해 물질을 방출함으로써 대기를 오염시키고 인체에도 유해한 영향을 미칠 수 있다. 방법은 회수를 통한 재활용뿐이다. 폐기물 감량은 동시에 이산화탄소 배출량을 줄이는 방법이 되기도 한다.

전자 제품 제조 회사들이 아이디어를 냈다. 전자 제품 생산업체들이 재활용 회사들과 협업을 통해 수명을 다한 제품들을 회수해 재활용하는 '회수 제도'를 도입하기 시작한 것이다. EU에서는 2002년부터 전기 전자 장비 폐기물 처리(WEEE) 지침을 만들었고, 이에 따라 폐기되는 전기 전자 제품의 회수 및 재활용을 위해 대상 제품과 목표 등을 구체적으로 수치화해 관리하고 있다.

생산자는 국가별로 70~80%의 재활용 의무화 비율을 달성해야 한다. 수출 기업은 무료 수거 시스템과 재처리 시스템을 구축해야 하기 때문에 기업이 부담해야 할 금액은 매출액 대비 4~5%에 달한다. 수출업체는 수출 대상 국가들의 지방자치 단체와 협의를 통해 폐가전 수거업체와 대행 계약을 체결하는 등의 방식으로 폐가전 제품 무료 수거 시스템을 구축하고, 수출할 때 이를 증명 서류로 제출해야 한다. 생산자가 목표 시점까지 재활용 의무 비율을 달성하지 못했을 경우 벌금이 징수되기 때문에 그에 해당하는 비용만큼을 은행에 예치한 뒤 잔고 증명서도 제출해야 한다.

이렇듯 폐전자 제품 처리를 둘러싼 규제는 물론, 전기 전자 제품 내 유해 물질 제한 규제(RoHS) 등

바이든의 미국 (152)
RoHS

바이든은 폐전자 제품 규제와 함께 전기·전자 제품 내 유해 물질 제한 규제(RoHS)를 확대할 방침이다.

친환경 규제가 바이든 시대 기후변화 대응 정책과 맞물려 전세계로 확대될 전망이다. 전자 제품 강국인 우리나라 역시 이러한 기후변화 정책에서 뒤처져서는 곤란할 것이다.

새로운 보호주의 _ 메이드 인, 바이 아메리칸의 덫에 주의하라

바이든 행정부는 바이(Buy) 아메리칸을 기본 정책으로 한다. 미국에서 생산한 제품을 우대하는 것으로 그 본질은 트럼프 시기와 같다. 즉 보호 무역주의라는 점이다. 미국 밖에서 생산한 제품은 불이익을 받을 수밖에 없기 때문에 출발부터 불공정한 대우에 직면하게 된다. 바이든은 "자동차부터 생필품에 이르기까지, 우리는 미국 제품을 구입할 것"이라며 "미국에서 제품을 생산하지 않는 기업엔 어떤 정부 계약도 주어지지 않을 것"이라고 분명히 했다.

바이든의 미국 (153)
아메리칸 덫

미국에서 생산한 제품을 우대하는 '바이 아메리칸' 정책은 한국 수출 기업에 큰 도전 과제가 될 전망이다.

미국 연방정부에서 사들이는 조달 규모는 연간 5,000억 달러로, 여기 포함되는 구입 대상을 모두 미국 제품으로 제한하겠다는 보호 무역주의를 밝힌 것이다. 한국 기업이 미국 밖에서 생산한 제품들은 정부 조달 대상에서 제외되기 때문에 판매에 적잖은 영향을 받을 전망이다.

미국인에 의한 미국 내 제조를 의미하는 메이드 인 아메리카 역시 바이든이 유세 기간 내내 내세운 핵심 공약이다. 자국 기업 우선주의와 탈중국, 리쇼어링, 이를 통한 미국 내 일자리 확대와 제조업 부흥이 바이드노믹스가 추진하는 일관된 산업 정책 기조다.

물론 탈중국 기조로 인해 우리가 입는 수혜도 있다. 국내 연구기관들의 발표에 따르면, 그 효과로 우리 경제 성장률이 최소 0.1%에서 최대 0.4%까지 높아질 것으로 예상된다. 바이든이 계획하는 일자리 창출은 주로 친환경 인프라 건설을 통해서 이뤄진다. 배터리, 태양광, 전기 자동차 등 친환경 관련 품목의 수요가 늘어날 것으로 예상된다. 이에 따라 한국의 배터리, 친환경차, 신재생 에너지업계로서는 파이가 커지는 상황을 맞이하게 된다. 미국은 우리나라 태양광 셀 수출의 90%를 차지하는 주력 시장인데다 세계 2위 규모의 전기 자동차 시장이다. 미국에서 태양광 사업을 하는 한화솔루션과 LG전자, 수소 사업을 확대하고 있는 효성 계열사, 수소 연료전지를 만드는 두산퓨얼셀 등 친환경 에너지 관련 기업들이 탄력을 받을 전망이다.

단, 이들은 미국의 메이드 인 아메리카 기조로 인해 생산 시설이나 투자의 상당 부분을 미국으로 이전하라는 압박에 시달릴 수 있다. 동종의 다른 나라 경쟁사들이 일찌감치 이런 속내를 간파하고 속속 미국으로의 리쇼어링 압력에 굴복하고 있기도 하다.

대대적인 경기 부양을 통한 소비 촉진도 기대된다. 한국의 가전, 전기 자동차, 스마트폰, 반도체, 5G, 인공지능 등의 산업이 긍정적인 영향을 받게 된다. 다만, 바이 아메리칸 정책 효과로 미국 내 생

미국 생산

바이든 시대 미국의 경기 부양 혜택을 받으려면 미국 내 공장을 짓거나 미국 기업과 합작 투자를 통해 기회를 잡아야 한다.

산 제품에 수혜가 집중될 가능성이 높다. 미국 현지 공장을 갖고 있거나 신규 공장을 건설 혹은 증설하는 가전 기업들은 혜택을 입을 수 있다. 미국 소비자 입장에서 세금이 증가해 가처분 소득이 줄어들어 소비가 위축될 것이라는 우려가 있지만, 경제 호황 효과가 더 클 전망이다. 환경 관련 규제에 따라 기업들은 에너지 고효율 가전이나 인증 제품을 생산해야 하기 때문에 생산 비용은 다소 늘어날 가능성이 높다.

문제는 생산 기지가 미국 밖에 있는 제품들이다. 철강, 화학, 자동차 등이 큰 피해를 볼 것이고 섬유, 원단, 의류 중소기업들도 타격이 불가피할 것으로 예상된다. 포스코와 현대제철 등 대형 철강업체의 주력 상품인 열연강판은 2019년 7월 반덤핑 관세까지 받은 상태다.

미국산 제품의 사용이 강화되고 중국과 경쟁이 치열한 기계와 디스플레이, 무선 통신에서는 수혜가 상대적으로 낮을 것으로 보인다.

바이든 행정부는 오바마 케어를 뒷받침하기 위해 대형 제약사들과의 협상력을 강화해 약값을 떨어뜨리고자 하는데 이를 위해 복제 약(바이오시밀러) 처방 장려 정책을 펼 것으로 보인다. 셀트리온, 삼성바이오로직스 등 국내 바이오시밀러업체가 수혜를 볼 것으로 전망된다.

미중 무역 전쟁 _ 충돌의 여파로 양자택일 강요 받는다

미국은 1970년대 옛 소련이 자신들의 GDP 40% 수준에 이르자
집중 견제를 시작했다. 이어 1985년 일본의 GDP가
자국 대비 32%에 이르자 플라자 합의를 통해 '일본

바이든의 미국 (155)
양자택일

미국과 중국의 패권
전쟁 틈새에서 한국은
미국이냐 중국이냐 선
택의 갈림길에 놓이게
된다.

죽이기'를 결행했다. 이제 다음 차례는 중국이다. 중
국은 2009년 미국 GDP의 40%를 넘어섰고, 2020년
현재 70%에 달한다. 8년 뒤 아예 경제 대국의 순위
가 바뀌게 된다. 미국으로서는 중국을 견제하지 않
을 수 없다.

그런 맥락에서 미국은 한국 정부에 5G 네트워크에서 중국 회사
들을 배제하자는 미국의 구상인 '클린 네트워크'에 참여할 것을 다
양한 외교 채널을 통해 주문하고 있다.

미 의회가 마련한 국방 수권 법안(NDAA)에 따르면 미국은 앞
으로 미군 배치 여부를 결정할 때 해당국이 중국업체의 5G 기술
을 사용하는지 여부를 중요한 결정 요인으로 삼을 예정이다. 화웨
이 장비를 사용하는 나라에는 사실상 미군을 주둔시키지 않겠다
는 협박이다.

한국으로서는 미중 사이에서 줄타기를 해야 하는 난처한 상황
에 놓이게 된 것이다.

중국 공산당이나 군 소유, 혹은 이들의 통제를 받는 중국 기업에
대한 투자를 금지하는 행정명령까지 등장했다. 미국 투자 회사나

바이든의 미국 (156)
투자 금지

미국은 중국 공산당이나 군 소유 혹은 이들의 통제를 받는 중국 기업에 대한 투자를 금지하는 행정 명령까지 발동했다.

연기금은 중국 기업 31개의 주식을 매수할 수 없다.

기대와 달리 트럼프 행정부가 자국 이익 중심으로 펼쳤던 산업 정책의 상당수가 바이든 행정부에서 더욱 고착화할 것으로 보인다. 핵심은 글로벌 밸류체인에서 중국을 철저하게 배제하는 일이다. 미국의 기술 패권에 도전하는 중국을 철저하게 따돌려, 중국의 부상을 가로막겠다는 구상이다.

글로벌 밸류체인(GVC)이란 기업이 생산 활동을 할 때 원자재를 생산하고 부품과 중간재를 조달해서 최종재를 완성하기까지, 여러 국가의 기업들과 분업화를 통해 제품 생산이 이루어지는 부가가치 창출 프로세스를 말한다. 예를 들어, 항공기 제조의 경우 여러 국가별 가치 창조 사슬을 통해 생산된 부품들이 결합해 항공기라고 하는 최종 결과물이 완성된다.

그동안 선진국들은 자본 집약적인 생산 단계, 주요 부품 생산, 디자인, 기획 같은 것들만 남겨두고 단순 노동 집약적인 생산 단계는 저임금 국가로 오프쇼어링함으로써, 국가 간의 수직 분업을 통해 전체 생산 단계의 생산성을 향상시켜왔다.

그런데 이 글로벌 밸류체인이 코로나19 사태, 미중 기술 패권 경쟁, 미국의 바이 아메리칸 강화, 보호 무역주의, 리쇼어링, 탄소 배출 규제 등의 새로운 이슈가 등장하면서 다시 재편되려 하고 있는 것이다.

〈파이낸셜타임스〉는 "바이든이 대통령이 되면 중국이 잃을 게

많다."고 내다봤다.

WTO에 따르면 코로나19 팬데믹으로 인해 제2차 세계대전 이후 국제 교역량이 최대 폭으로 감소하면서 북미와 아시아 교역이 가장 큰 타격을 입었다. 업종별로 GVC 활용 비중이 높은 전자·자동차 업종에서 가장 큰 피해가 뒤따르고 있다. 미국 제조업 밸류체인의 변화 중에서 가장 큰 특징은 탈중국 현상이 가속화하고 있다는 점이다. 특히 미국은 동맹국들에게 탈 중국 대열에 동참할 것을 공개적으로 요구하고 있다.

미국은 친미 국가들로 구성된 경제 협력체인 경제 번영 네트워크와 인도·태평양 전략을 통해 GVC에서 중국의 영향력을 약화시키려는 중이다. 또한 코로나19 이후 봉쇄 여파로 생산과 물류 차질이 나타난 GVC 문제를 해결하기 위해, 해외 생산기지를 본국으로 회귀시키려는 움직임도 구체화되고 있는 것이다. UBS 조사에 따르면 중국 내 외국 기업 중 약 76%가 생산 시설 철수 및 다른 국가로의 이전, 즉 탈중국을 계획하고 있다고 밝혔다.

미국의 리쇼어링 정책에 따라 애플, 구글, 마이크로소프트가 중국 생산 공장의 동남아 이전을 추진 중이고, 일본과 유럽 국가들도 법인세율 인하 등을 통해 리쇼어링을 지원함에 따라 탈중국 현상이 가속화되고 있다. 영국도 주요 의약품 등 전략 물자 등의 중국 의존도를 낮출 방침이다. 중국이 이래저래 타격을 입는 상황이 올 것으로 보인다.

코로나19 팬데믹으로 북미와 아시아 교역이 가장 큰 타격을 입었다. 특히 탈중국으로 중국 기업의 영향력이 약해졌다.

중간재 수출

한국은 반도체 등 중간
재 수출이 전체의 70%
에 달할 만큼 글로벌
밸류체인 의존도가 높
다. 이제 중국에서 동
남아시아 국가로 다변
화해야 한다.

한국은 반도체, 디스플레이 등 중간재 수출이 전체의 70%를 차지할 만큼 글로벌 밸류체인 의존도가 높다. 중국과 미국이 만드는 스마트폰과 TV, 노트북, 전기 자동차 모두에 핵심 부품을 공급하고 있다. 한국 기업들은 제품을 생산할 때는 주로 일본 소재, 중국 조립의 도움을 받고 있다. 미국이 탈중국을 압박하고 있는 상황에서 국내 기업들은 이제 핵심 부품 생산 기지를 동남아시아 국가로 다변화해야 하는 상황에 직면했다. 게다가 중국이 우리나라 주력 수출 제품인 철강, 석유화학 부문에서 자급 생산 체계를 구축함에 따라 그들과도 무한 경쟁을 해야 한다. '한국-일본-중국'이라는 분업 밸류체인 구조가 깨지고 있기 때문이다.

따라서 한국의 조립·부품 산업이 일본의 소재·장비를 공급받아 성장했듯 한국도 중국에 같은 역할을 할 수 있도록 변신해야 한다. 나아가 소재·부품·장비 기술 자립을 통해 이른바 '소부장' 공급 국가로 거듭나야 한다. 산업통상자원부에 따르면 2019년 한국 기업의 소부장 관련 수입액은 1,888억 달러(약 210조)로 중국(28.4%), 일본(17%), 미국(12.2%), 대만(6.7%), 독일(5.1%) 등으로부터 그중 70%를 조달하고 있다. 이들 기업이 한국 수출을 줄이면 우리 제조업은 큰 타격을 입을 수밖에 없는 구조적 문제점을 안고 있다.

한국은 바이든 정부의 입김 하에서 GVC 구도에서 탈중국을 해야 하는 상황에 직면할 수밖에 없다. 반드시 불리한 것만은 아니다. KB증권의 분석에 의하면, 중국의 GVC 위상이 약화될 경우 대만, 한국, 태국, 일본, 멕시코, 말레이시아 순으로 그 수혜를 입을 것으로 전망된다.

미국 법인세 인상 _ 한국 기업 이익 악화시킨다

바이든 행정부가 법인세 최고 세율을 21%에서 28%로 올리면, 기업 경영에는 얼마나 큰 타격을 주게 될까? 또 기업들의 국외 소득에 대한 증세는 기업 이익을 얼마나 줄어들게 할까?

뱅크오브아메리카 애널리스트들은 정보 기술, 통신 서비스 분야 기업들의 수익을 10% 이상 줄어들게 될 것으로 예측했다. 애플, 마이크로소프트, 구글, 페이스북, 아마존이 직접적인 영향을 받는다. S&P 500 전체 기업의 미국 내 매출 비중은 60.3%에 달하고, 기술 기업들의 비중은 무려 43.5%에 달한다.

이런 상황에서 미국에 진출한 한국 기업은 어떤 영향을 받게 될까? 법인세 인상분만큼 수익이 줄어든다고 보면 된다. 법인세는 기업으로부터 세금을 더 걷어 복지 재원을 확충하기 위한 용도다. 통상 법인세를 낮추면 기업 이익이 증가해 일자리 창출과 성장으로 이어진다. 법인세를 올려서 거둬들

바이든의 미국 (159)
법인세 인상

미국에 진출한 한국 기업은 법인세 인상분만큼 수익이 줄게 된다. 동시에 강화된 환경과 노동 기준까지 준수해야 한다.

이는 재원으로 경기 부양을 효과적으로 해내지 못할 경우 장기적으로는 오히려 경제에 부담을 준다. 법인세와 함께 바이든 정부는 강화된 환경과 노동 기준까지 더해 기업들의 경영 부담을 가중시킬 것으로 보인다.

한국 기업의 경우 바이든 정부의 내연기관 자동차 규제 강화, 법인세율 인상으로 자동차 현지법인 등이 직격탄을 맞게 된다. 전자와 반도체 분야의 경우 개인 소득세율이 38%까지 오르기 때문에, 자칫 소비 심리를 위축시켜 우리의 주력 수출 제품인 TV, 세탁기 등 가전의 수요 감소가 우려되고 있어 이익률 악화가 올 수 있다. 바이든 행정부가 친환경을 강조하며 탄소 배출, 연비 등을 강화함에 따라 내연기관 자동차의 매출 둔화와 수익률 둔화도 예상된다.

그럼에도 한국의 반도체나 전자업계는 바이든 정부의 중국에 대한 직·간접 규제에 힘입어 반사 이익을 크게 볼 것으로 예상된다. 다만 중국산 부품 조달 차질로 발생할 수 있는 가전제품 납기 지연, 원가 상승 등의 돌발 상황에 충분히 대비해야 한다.

반면, 전기 자동차를 비롯한 친환경 자동차는 법인세가 인상되더라도 친환경 정책에 덕분에 수혜를 입게 된다. 바이 아메리칸 정책에 따른 매출 증가 혜택과 친환경 정책 효과가 법인세 인상폭을 상쇄시켜줄 것으로 예상되기 때문이다. 바이든 정부에서 구매할 모든 이동 수단이 전기 자동차로 바뀌고 전기 자동차 충전소도 5만 개로 늘어나게 된다. 바이든의 플러스 효과를 이용하려면 현대자동차 등 국내 양산 기업은 현지 친환경차 생산량을 늘리는 데 집중해야 할 것이다.

LG에너지솔루션, 삼성SDI, SK이노베이션 등으로 대표되는 이른바 K배터리업계 역시 법인세 인상과 관계없이 수혜를 입게 된다. 현재 LG에너지솔루션과 SK이노베이션은 테슬라를 제외하고는 미국 내 단일 공장 가동만으로 배터리 공급이 가능하다. 바이든 정부의 미국 내 생산·구매 우선 정책은 K배터리에 호재가 될 전망이다. 미국에 공장이 있는 현대일렉트릭과 효성중공업과 같은 신재생에너지 기업도 수혜가 예상된다. 바이든이 국영 철도 인프라를 교체하고 수소 열차를 추진할 경우, 현대로템도 진출을 모색할 수 있다.

법인세 인상에 따른 타격을 우려하기보다는 바이든이 벌이게 될 루스벨트식 경기 부양이 갖는 위력과 가능성에 베팅하며, 한국 기업이 미국에서 더 큰 기회가 포착할 수 있기를 바란다.

친환경 수혜

친환경 자동차는 바이든 시대 미국에서 가장 큰 수혜를 입게 된다. 국내 자동차 회사는 친환경차 현지 생산시스템 구축을 서둘러야 한다.

ESG, 기업 투자의 새로운 표준이 되다

전세계적으로 ESG가 기업 경영의 핵심 가치가 되고 있다. ESG는 환경 (Environmental), 사회(Social), 지배구조(Governance)의 약자로 기업이 처한 대외적인 상황에 맞춰 합리적이고 보편 타당한 경영을 해나가야 하며, 그 것이 곧 기업 이윤이나 투자 유치와도 연결됨을 의미한다.

E에는 기후변화 대응, 탄소 배출 감소, 폐기물 및 오염물 처리, 재생에너 지, 자원 고갈 대책 등의 이슈가, S에는 근로 환경과 노사 관계, 제품 품질 과 안전, 고객 만족, 지역사회 기여, 보건과 안전 등의 이슈가, G에는 기업 지배구조, 주주 권리 보호, 윤리와 기부, 탈루와 부정 개선 등의 이슈가 포 함된다.

이들은 모두 비재무적 요소지만 기업 투자를 결정하는 핵심 기준으로 부 상하고 있다. ESG 등급을 평가받는 기업 역시 약 9,000곳으로 10년 전에 비해 4배 이상 늘었다.

딜로이트에 따르면 ESG 원칙에 의해 운용되는 자산은 그렇지 않은 자산 과 비교해 3배 빠르게 성장해 2025년 전체 투자 자산의 절반에 이를 전망 이다. MSCI, FTSE, S&P, JP모건 등이 경쟁적으로 ESG 인덱스 개발에 뛰 어들었다.

앞으로는 기업이 경영만 잘해서는 안 되고 '경영 이외의 것'까지 고려해야 한다. 특히 실적에만 급급했던 한국 기업들의 신속한 대응이 시급하다. 기 업들은 환경을 보호하고 사회적으로 옳은 일을 추구하면서도 건전한 지배 구조를 갖춰 '착한 기업'으로 거듭나야 한다.

더 위험한 미국, 한국 투자자에게 줄 충격은?
자산가치 줄상승… 마지막 재산증식 기회 온다

무제한 돈 풀기 _ 세계 경제 상당 기간 호황 맞는다

국제 거래에서 중심이 되는 돈들이 있다. 이른바 기축통화(Key Currency)다. 미국 달러, 유로존의 유로, 영국 파운드, 일본 엔화, 중국 위안화가 세계 5대 기축통화로, 이들 돈은 IMF의 특별 인출권(SDR)에 편입되어 SDR을 다른 바스켓 통화와 정해진 환율에 따라 교환할 수 있다. SDR 기반 통화 편입 비율은 미국 달러화 41.73%, 유로화 30.93%, 위안화 10.92%, 엔화 8.33%, 파운드화

기축통화

달러, 유로, 파운드, 엔화, 위안화는 세계 5대 기축통화로 통화로서 가치와 위상이 높아 발권국은 무제한 찍어 경제 위기에 대응할 수 있다. 하지만 신흥국들은 기축통화가 부족하면 심각한 경제 위기를 겪게 된다.

8.09%로 되어 있다. 통화로서 가치와 위상이 높아 외환 보유액으로 인정되는 만큼, 모든 나라는 이들 통화를 외환 시장 안정을 위해 확보하고 있다.

이들 기축통화가 코로나19로 침체된 경제를 살려내기 위한 수단으로 더 많이, 아니 사실상 무제한으로 풀릴 전망이다. 미국의 중앙은행인 연준은 바이든의 루스벨트식 경기 부양을 위해 무제한 양적 완화를 선언했고, 유럽중앙은행(ECB)도 기준 금리를 0%로 동결하고 확장적 통화 정책을 펴기로 했다. 중국과 일본 역시 양적 완화에 나섰다.

이들 5개국 기축통화를 가진 나라는 국제 사회에서 막강한 경제 파워를 갖고 있기 때문에 무제한 양적 완화를 통해 자국의 경제를 살리는 수단으로 돈을 무한정 찍어낼 수 있다. 하지만 기축통화를 사용해야 하는 다른 나라, 특히 신흥국들은 금융 위기가 닥쳤을 때 기축통화가 부족하면 심각한 경제 위기에 직면해야 하고 심지어 IMF의 통제까지 받아야 한다.

무언가 심각하게 불공평한 것 같지만 그것이 현실이다.

1997년 외환 위기 때 한국은 달러 부족으로 사실상 경제 주권을 IMF에 빼앗겼다. 2008년 리먼 사태로 글로벌 금융 위기가 발생했을 때에는 외국인 자금이 썰물처럼 빠져나가 원화 값이 폭락했다. 기축통화국이 아닌 변방국들이 겪어야 할 공통된 현상이다.

코로나19가 세계적 대유행으로 번지자 미국과 유럽은 각각 달러와 유로화를 찍어 무제한 양적 완화에 나섰다. 기축통화 발권 국가는 외환 위기와 거리가 멀다. 돈이 없으면 찍으면 되고 돈이 남으면 돈을 다시 거둬들이면 되기 때문이다. 경제 권력을 가진 강대국의 횡포라고도 할 수 있다. 경제 위기나 호황이 왔을 때, 제각각 경제를 살리거나 인플레이션을 막기 위한 명목으로 각국은 돈의 양을 늘리고 줄이는 방식의 처방전을 사용한다.

시중에 돈을 푸는 것을 양적 완화(QE, Quantitative Easing)라 하고 돈의 양을 줄이는 것을 긴축 혹은 테이퍼링(Tapering)이라 한다. 테이퍼링은 '점점 가늘어진다'는 뜻으로 양적 완화 규모를 점점 줄여가는 정책이다. 돈이 시중에 많이 풀리면 가치가 떨어지게 되고 돈의 양이 줄면 가치가 오르게 된다. 마찬가지로 '자산 축소'는 달러의 양이 줄기 때문에 금리 인상과 함께 달러의 가치를 높이는 수단이 된다. 이처럼 미국이나 유럽은 연준이나 ECB를 동원해 돈을 찍고 회수하는 손쉬운 방법으로 경제 상황에 대처한다. 나름의 특권인 셈이다. 그러나 우리는 특히나 외국인 투자 표적 국가여서 달러 값의 향배에 따라 금융 시장이 출렁이는 특성을 가졌다. 달러 가치 상승이 예상되면 신흥국 통화를 갖고 있으면 손해가 되기 때문에 증권 시장에서 달러가 썰물처럼 빠져나가는 반면, 달러 가치가 떨어질 것으로 예상되면 외국인 자금이 밀물처럼 밀려든다. 한국을 비롯해 신흥 국가는 이제 다시 무제한 양적

바이든의 미국 (162)
양적 완화

국가가 시중에 돈을 푸는 것을 양적 완화라고 하고 돈의 양을 줄이는 것을 긴축 혹은 테이퍼링이라고 한다. 전세계는 코로나19로 침체된 경제를 살리기 위해 돈을 살포하고 있다.

완화를 선언한 바이든 행정부의 '돈 풀기'가 세계 경제에 가져다줄 경제상황 변화와 돈의 움직임에 대비해야 하는 것이다.

달러 하락 추세 _ 물가 안정되고 자산 가격 오른다

월가에선 달러 가치가 2021년에 최대 20% 폭락할 수 있다는 '달러 폭망론'까지 나오고 있다. 유로, 일본 엔, 영국 파운드, 캐나다 달러, 스웨덴 크로나, 스위스 프랑 등 6개 국제 통화 대비 달러 가치를 보여주는 달러 인덱스 역시 2018년 이래 최저 수준이다.

달러가 약세를 보이는 데는 두 가지 요인이 작용하고 있다. 최대 요인은 백신 보급이다. 코로나19 퇴치는 시간문제라고 여기는 기대가 커지면서 안전자산인 달러의 매력이 떨어지고 있다. 백신 접종으로 집단 면역이 생기고 경제가 정상화되기 시작하면 달러의 약세는 더욱 가속화할 수 있다.

바이든의 미국 (163)
자산 가격

돈이 대거 풀리게 되면 통화 가치가 떨어지고 반대로 주식과 부동산과 같은 자산의 가치가 올라가게 된다. 유동성이 만들어낼 자금 이동에 주목해야 한다.

대규모 경기 부양에 대한 기대감도 달러 약세를 부추긴다. 대규모 재정 투입을 통해 시중에 돈을 푸는 것을 양적 완화라고 하는데, 이렇게 돈이 많이 풀리면 돈의 가치가 떨어지게 된다.

경제 불확실성이 높아지면 안전자산인 달러의 가치가 올라가게 되는데, 바이든 행정부의 무역 정책 기조가 불확실성을 감소시키고 있기 때문에도 달러가 약세를 보이게 된다. 달러 가치를 떨어뜨려서 상대적으로 미국 제품 값을 떨어뜨림으로써 수출을 촉진시키겠다는 바이든의 전략도 지속적인 달러 약세의 원인이 될 것으로 보인다.

이 같은 이유 때문에 시장에서는 바이든 정부 초기 달러 가치 하락을 기정사실화하는 분위기다. 시장의 관심은 '달러 가치가 떨어지느냐 마느냐'가 아니라 '어느 수준까지, 얼마나 빨리 떨어지느냐'에 쏠려 있다. 씨티그룹은 미국 달러 가치가 2021년에 주요국 통화 대비 20% 폭락할 것으로 전망했다. 달러 인덱스가 75 밑으로 떨어질 수 있다는 의미다. 이는 지난 20년간 2008년부터 2011년까지의 기간 중 단 몇 개월간을 제외하고는 한 번도 경험하지 못한 달러 약세 현상이 연출될 수 있음을 의미한다. 씨티의 예상이 적중한다면 달러 가치는 역사적 저점까지 떨어질 수도 있다. 변수는 세계 경제 회복 속도에 있다. 만약 백신 접종에 문제가 생기거나 코로나19 유행이 재확산되어서 경제 회복이 현저히 지연된다면, 안전자산인 달러에 대한 매력이 높아져 달러 값이 올라갈 수 있다.

그러므로 투자자나 기업 경영자라면 달러 약세가 가져다줄 돈의 대이동에 주목해야 한다. 달러 약세에 원화 값이 상승하면 한국의 투자 시장 특히 주식 시장의 매력은 높아진다. 실제로 2020년 12월 한국 주식 시장에는 외국인 자금이 대거 몰리면서 증시 시총이 2,270조를 돌파했고 코스피도 최고가 랠리를 이어갔다.

바이든의 미국 (164)
달러 폭락

씨티그룹은 바이든 정부의 달러 약세 정책에 힘입어 2021년 미국 달러의 가치가 주요국 통화 대비 20% 폭락할 것으로 전망한다.

글로벌 투자 은행 골드만삭스는 '바이든 시대에 유가가 오를 것' 이라는 내용의 보고서를 내놓았다. 그 이유는 무엇일까?

코로나19로 전세계는 글로벌 이동이 완전히 멈추는 산업 사회 이래로 사상 첫 경험을 하게 됐다. 비행기가 멈춰 섰고 여행이 올 스톱 됐다. 당연히 석유 소비는 줄어들었고 석유에 대한 수요도 급감했다. 팬데믹 전까지 하루 평균 약 100만 배럴이었던 세계 석 유 수요는 항공기 운항이 중단되고 많은 사람들이 출퇴근하지 않 고 집에서 일하면서 평균 약 10% 감소했다.

물론 팬데믹이 극복되고 나면 상황은 드라마틱하게 바뀔 것이 다. 실제 코로나19 백신 출시 이후 수요 회복이 빨라질 것이라는 기대감에 유가가 순식간에 배럴당 50달러를 돌파하기도 했다. 코 로나를 통제할 수 있다면 여행 등 에너지 집약적 산업이 다시 살 아나 어느 정도의 유가 상승으로 이어지게 된다.

그렇다면 바이든과 유가는 무슨 관계가 있을까?

바이든이 대규모 경기 부양에 나서면 석유에 대 한 수요가 폭발적으로 늘어날 가능성이 높다. 게다 가 바이든 행정부의 친환경 에너지 정책에 따라 정 부 토지·해역을 임대해 화석연료를 생산하는 것부 터 제동이 걸리게 되며 신규 파이프라인 건설이 어 려워질 전망이다. 미국 셰일업계는 채굴 비용이 중

바이든의 미국 (165)
유가 상승

코로나19 상황이 회복 되면 멈춰 섰던 공장, 항공기가 다시 가동을 시작하고 사람들의 대 이동이 시작된다. 골드 만삭스는 이 같은 상황 변화가 유가 상승을 이 끌 것으로 전망한다.

동 국가들보다 훨씬 비싸져서 웬만해서는 채산성을 맞추기 어려운 구조로 변모한다. 이렇게 되면 셰일업계의 오일 생산이 위축돼 유가 상승의 원인이 된다.

이와 더불어 OPEC(석유수출국기구)과 사우디아라비아 등이 가세한 OPEC+는 2021년 원유 생산을 200만 배럴 줄이기로 합의했다. 글로벌 이동이 늘어나고 경기 회복으로 원유 수요는 늘어나는데, 공급량이 그대로라면 유가는 당연히 오를 수밖에 없다.

유가 상승은 비용을 증가시켜 인플레이션 요인으로 작용할 수 있기 때문에, 장기적으로는 금리 상승을 견인하는 배경이 될 수 있다는 점은 고려할 필요가 있다.

포용과 확장 정책 _ 미국으로의 이민 쉬워지고 기회 늘어난다

바이든 정부에서는 역사상 전례 없는 진보적 이민 정책이 펼쳐질 전망이다. 이로 인해 이민과 난민 신청이 급증할 것이란 예측까지 나왔다. 트럼프의 반(反) 이민 정책과 완전히 다른 정책이 쏟아질 것이라는 전망이다. 바이든은 "오바마 정부와 달리 추방을 완전히 중단할 계획"이라고까지 밝혔다. 오바마 행정부는 겉으로는 친(親) 이민 정책을 표방했지만, 집권 8년간 불법 이민자 300만 명을 추방해 '추방자 대통령'

바이든의 미국 (166)
이민 정책

바이든 시대 미국으로의 이민과 취업이 쉬워진다. 바이든의 포용 정책에 따른 것으로 '아메리칸 드림'이 가능하게 할 전망이다.

이라는 오명까지 얻었다.

왜 바이든은 이민 정책을 바꾸는 걸까? 바이든은 오바마 정부에서 부통령에 재임하던 때의 일을 회고하면서 "범죄를 저지르지 않은 이들을 불법으로 들어왔다는 이유만으로 추방한 것은 큰 실수였다."고 회고했다. 이는 이민 정책 변화를 시사한 발언이다.

바이든은 실제 취임 첫 100일간 불법 이민자 추방을 중단하고 이민자 가족 상봉을 지원하겠다면서 담당 TF까지 만들었다. 정치 전문 매체 〈폴리티코〉에 의하면 "바이든 행정부는 오바마의 이민 정책 실수로부터 교훈을 얻었음을 증명하려 노력한다." 바이든은 난민 수용 규모 역시 30년 만에 최대 규모인 12만 5,000명으로 늘릴 방침이다. 이민 정책도 사상 처음 쿠바 이민자 출신에게 맡겼다. 마요르카스 국토안전부 장관은 쿠바 아바나에서 태어나 어린 시절 피델 카스트로 정권을 피해 이민을 왔다.

바이든 시대 미국의 이민 정책도 달라질 것으로 보인다. 미국으로 이민을 가는 것이 더 빨라지고 더 쉬워지며 더 편안해진다. 트럼프 시대 이민국은 심사를 매우 까다롭게 했고 서류 처리 속도도 지지부진했다. 하지만 바이든 정부에서는 미국 이민에 걸리는 시간이 대폭 줄어들 전망이다. 트럼프 정부에서는 이민 서류 평균 처리 기간이 오바마 때인 4.96개월보다도 2배 가까이 늘어나 9.48개월에 달했다. 이민 심사 역시 쉬워질 것으로 보인다. 트럼프 때 이민 심사가 까다로워지는 바람에 이미 대기 중인 건수가 증가해 적체 현상이 심한 상태다. 하지만 바이든 정부 하에서는 그 현상이 줄어들 전망이다. 문턱도 낮아진다. 심사 기준이 완화되어서 이민이 더 쉬워지게 된다. '이민자의 나라'인 미국답게 바이든은 미국으로의 이민을 적극 환영할 방침이다. 바이든 공약집에는 취업 이민자 쿼터 확대, 고급 인력을 위한 새로운 취업 비자 도입, 1,100만 신분 미비자 사면과 신분 부여 같은 포용적인 정책들이 포함돼 있다.

　유학생이나 취업을 위해 미국을 방문하는 이들의 숨통도 트이게 될 것으로 보인다. 외국 유학생에 대한 장벽이 낮아지고 전문직 취업(H-1B) 등 취업 비자 발급 요건도 완화될 가능성이 크다. 한국은 중국과 인도에 이어 미국으로 세 번째 많은 유학생을 보내는 나라다. 인구를 감안하면 한국은 중국보다 3배, 인도보다는 6배나 많은 규모가 미국 유학을 한다.

　바이든은 특히 과학·기술 전문직에 대해서는 이민 문호를 대폭 넓힐 계획이다. 가뜩이나 '개발자 기근'에 국내 기업들이 미국 실리콘밸리로 원정 리쿠르팅까지 나서고 있는 상황에서 미국의 이민 정책이 전세계 인재를 빨아들이는 '인재 블랙홀'로 작동할 가능성이 높다. 같은 이유로 한국은 인재 구하기가 더욱 어려워질 수도 있다. 미국 유학이나 이민, 취업을 원하는 개인들은 달라진 미국의 유학과 이민 정책에 주목할 필요가 있다.

바이든의 미국 (167)
인재 블랙홀

바이든은 과학·기술·전문직에 대한 이민 문호를 대폭 확대할 방침이다. 이는 전세계 인재를 빨아들이는 '인재 블랙홀'이 될 가능성이 높다.

골디락스, 투자를 통한 부의 확대 기회 잡아라

글로벌 환경 속에서 살아가는 우리의 재정 상황은 전세계적 환율이나 금리의 영향으로부터 자유로울 수 없다. 한 나라의 경제는 환율이나 금리의 움직임에 따라 순식간에 희비쌍곡선을 그린다.

이들 요인들은 물가에 영향을 미쳐 인플레이션이나 디플레이션 같은 경제 환경을 창출하고, 자산 가격 상승과 하락에 영향을 미치며, 자산을 구매하는 데 들이는 비용을 좌우해 실질적인 시민들의 생활 경제에 큰 효과를 만들어낸다.

역대로 경기를 부양하기 위해 주요국들이 금융 완화 조치를 시행하고 나면 경제가 좋아지고 물가가 상승해 버블이 형성됐다. 그렇게 되면 다시 금융 당국은 금리를 올리고 돈을 거둬들여 물가를 내린다.

이때 전형적인 신흥국들은 경제 위기를 맞게 된다. 그런데 경제가 높은 성장을 이루고 있는데도 물가상승이 없는 이상적인 상황을 골디락스(Goldilocks)라고 한다. 전문가들의 예측에 의하면 2021년부터 상당 기간 골디락스가 전개될 것이며, 이 상황은 활발한 투자를 통해 자산을 효과적으로 증대시킬 수 있는 적기가 된다.

독일 최대 은행 도이치뱅크는 "2021년 신흥 시장은 골디락스의 해를 맞이하게 될 것이다."고 전망했다. 골디락스는 영국 전래동화 '골디락스와 곰 세 마리'에서 따온 말이다. 곰이 끓인 세 가지 수프 가운데 뜨겁지도 않고 차갑지도 않은 적당한 온도의 먹기 좋은 수프처럼 경제가 순풍을 달게 된다는 뜻이다. 막대한 유동성과 코로나19 종식 분위기가 맞물려 세계 경제는 그야말로 숨통이 트이게 될 것으로 보인다.

BIDEN ECONOMY

― 강동준, 2018. 2. 26., '중국 전자상거래 현황과 과제', 『인차이나브리프』 (Vol. 355), 인천연구원.

― 김민정 외, 2015. 9. 30., 〈중국제조 2025 전략과 시사점: 육성에서 혁신으로〉, 대한무역투자진흥공사(Kotra).

― 김한성·김규판 외, 2015. 10, 'TPP, 태평양을 두르는 자유무역의 거대한 고리', 《친디아 플러스》(vol. 109).

― 매일경제 국제부, 2020, 《바이드노믹스》, 매일경제신문사.

― 미국 민주당 전국위원회 홈페이지. democrats.org

― 산업통상자원부 역내포괄적경제동반자협정(RCEP) 홈페이지, fta.go.kr/rcep.

― 산업통상자원부 한·미 자유무역협정(FTA) 홈페이지, fta.go.kr/us.

― 서동혁 외, 2017. 12. 21., 〈한중 신산업 발전전략과 산업협력 방안〉, 산업연구원 연구보고서.

― 오범택, 2020. 2. 20., '[ESG) 우리는 왜 ESG에 주목해야 할까?', GS칼텍스 미디어허브.

― 정민·홍준표 외, 2020. 11. 9., 〈바이드노믹스의 특징과 시사점〉, 현대경제연구원.

― 정민·홍준표 외, 2020. 11. 2., '미국 대선 결과가 한국 경제에 미치는 영향', 《한국경제주평》(20-29호), 현대경제연구원.

― 제러미 리프킨, 2020, 《글로벌 그린 뉴딜》, 민음사.

— 조 바이든 취임식 홈페이지, bidenInaugural.org

— 조 바이든 캠프 대선 공약 홈페이지, joebiden.com/presidency-for-all-
americans

— 조 바이든 인수위원회 홈페이지, buildbackbetter.gov

— 조 바이든, 2020,《조 바이든, 지켜야 할 약속》, 김영사.

— 주현웅, 2020. 12. 21., '[ESG 열풍) 非재무적 성과 올려야 재무성과도 오른
다',《주간한국》.

— 최은수, 2012,《넥스트 패러다임》, 이케이북.

— 최은수, 2018,《4차 산업혁명 그 이후 미래의 지배자들》, 비즈니스북스.

— 최은수·MBN 중국보고서팀, 2018,《무엇이 중국을 1등으로 만드는가》. 매
일경제신문사.

— 칭화대학 중국과학기술정책연구센터, 2018. 07. 13., 〈중국 인공지능발전보
고서 2018〉(中国人工智能发展报告2018).

— 한국금융연구원, 2020. 12. 11., '현대통화이론 이해 및 점검',《금융·브리프》
(제29권 23호).

— 한국에너지공단 제로 에너지빌딩 인증시스템 홈페이지, zeb.energy.or.kr.

— Alibaba, alibaba.com.

— Baike, baike.baidu.com.

— Berry Amendment, acq.osd.mil/dpap/cpic/ic/berry_amendment_10_
usc_2533a.html.

— BYD, www.byd.com.

— Climate Group, theclimategroup.org.

— CNN politics, 'AMERICA'S CHOICE 2020', edition.cnn.com/election/2020/
results/president.

— Communications Decency Act(CDA) 230, eff.org/issues/cda230.

— Deferred Action for Childhood Arrivals(DACA), ice.gov/daca.

— Federal Open Market Committee(FOMC), federalreserve.gov/
monetarypolicy/fomc.htm.

— ITFIND, 2017. 6. 14., 〈4차 산업혁명을 대비하는 중국의 ICT 산업 및 정책 동향〉, 《ICT Spot Issue》(2017-05호).

— Keynesian Economics, investopedia.com/terms/k/keynesianeconomics. asp.

— M. Shazni, 2016. 10. 27., 'DJI Is A US $10 Billion Company Spearheading The Drone Industry-Here's 5 Facts About It', 〈Vulcan Post〉.

— North Atlantic Treaty Organization(NATO), nato.int.

— Reshoring, investopedia.com/terms/r/reshoring.asp.

— Sen. Jim Inhofe·Sen. Jack Reed, 2020. 5. 28., 'THE PACIFIC DETERRENCE INITIATIVE: PEACE THROUGH STRENGTH IN THE INDO-PACIFIC', https://warontherocks.com/2020/05/the-pacific-deterrence-initiative-peace-through-strength-in-the-indo-pacific.

— The Washington Post, 'Who Joe Biden is picking to fill his White House and Cabinet', https://www.washingtonpost.com/graphics/politics/biden-cabinet/.

— United States-Mexico-Canada Agreement(USMCA), ustr.gov/trade-agreements/free-trade-agreements/united-states-mexico-canada-agreement.

— Waste Electrical & Electronic Equipment(WEEE), ec.europa.eu/environment/waste/weee/index_en.htm.

— World Trade organization(WTO), wto.org.

— https://www.politico.com/news/2020/11/07/joe-biden-policies-issues-433636

— iMedia Research(2017), 'China Artificial Intelligence Industry Research Report'.